DIE FEINE

KÜCHE

Heinz Hanner · Christoph Wagner

DIE *feine* KÜCHE

Erlesene Rezepte aus heimischen Spitzenprodukten

Fotografiert von
Kurt-Michael Westermann

Pichler Verlag

HERZLICHER DANK

den engagierten und fleißigen
Mitarbeitern des gesamten
Hanner-Teams und speziell
Andreas Hettegger, Felix Dietz,
Matthias Meurer, Christian Haiderer
und Katharina Mariel

Heinz Hanner

ISBN: 978-3-85431-505-6

www.ichlese.at

BILDNACHWEIS
Bernd-Boscolo/pixelio.de: 106
tutto62/pixelio: 162
Rudolf Semotan: 228
Alle übrigen Fotos stammen von
Kurt-Michael Westermann

BUCHGESTALTUNG:
Bruno Wegscheider
FOTOS: Kurt-Michael Westermann
LEKTORAT: Josef Weilguni

REPRODUKTION: Pixelstorm, Wien
DRUCK UND BINDUNG:
Druckerei Theiss GmbH,
St. Stefan im Lavanttal

INHALT

Wenn nicht anders angegeben, gelten die Rezepte für 4 Personen

Was versteht man unter feiner Küche?

Fein, so könnte man sich dieser Frage diplomatisch entziehen, ist, was jemand als fein empfindet. Für den einen ist ein Schweinsbraten mit Kraut und Knödeln „etwas Feines", für einen anderen – vor allem für den sogenannten „Feinschmecker" – hat Finesse grundsätzlich etwas mit Edelprodukten wie Kaviar, Lachs, Krustentieren, Filets oder Gänseleber zu tun. Und ein dritter mag vielleicht erst dann von „feiner Küche" zu schwärmen beginnen, wenn nicht nur das Essen, sondern auch die Tafelkultur, die Umgebung und der dazu servierte Wein stimmen.

Obwohl sich über Geschmack bekanntlich streiten lässt, ist die „feine Küche" nicht bloß eine Frage individueller Vorlieben, sondern, vor dem Hintergrund der Geschichte der Kochkunst betrachtet, ein ziemlich genau definierter Begriff: Die „Feine Küche", zuweilen auch „Große Küche" genannt, hat sich, von Italien und Frankreich ausgehend, seit der Renaissance nämlich immer mehr von den Wurzeln einer bäuerlichen oder bürgerlichen Küche – auch Hausfrauenküche oder Hausmannskost genannt – weg entwickelt und ist zu einer eigenen, höchst dynamischen kulinarischen Ausdrucksform geworden, die sich immer weiter entfaltet und auch heute noch keineswegs am Ende ihrer Entwicklung angelangt ist.

Die gute Küche

Obwohl unsere Küchen im Zuge der Globalisierung durch unterschiedlichste Stile, Zutaten und Zubereitungsweisen ihr Repertoire wesentlich verbreitert haben, gibt es zu dem Thema, was denn eigentlich eine „gute Küche" sei, auch heute noch einen weitgehend akzeptierten *Common Sense*, auf den sich die meisten Menschen einigen können.

Gute Küche grenzt sich von ihrem Gegenteil, der schlechten Küche, vor allem durch ein gutes, solides Grundprodukt ab. Dieses muss gar nicht sonderlich kompliziert zubereitet werden. Simple Kochtechniken reichen, damit aus guten Grundstoffen auch gute Gerichte werden. Freilich ist die gute Küche heute mehr als früher auch eine Tochter der Zeit. Und da in unseren Einbauküchen heute alles viel, viel schneller gehen muss, als es früher in den Hausfrauenküchen der Fall war, sind eine gute Küche und die Verwendung von *„mother's little helpers"*, die vom Suppenwürfel über Trockenkräuter und Teige aus der Tiefkühltruhe reichen, durchaus miteinander vereinbar. Hauptsache, es vertreibt den Hunger – und schmeckt.

Man könnte auch sagen: Gute Küche vereint Wohlgeschmack, Verträglichkeit und ernährungsphysiologische Unbedenklichkeit, hat aber, was den kochtechnischen Anspruch betrifft, nur eine relativ niedrige kulinarische Kompetenzschwelle.

Dennoch sollte man die gute Alltagsküche keinesfalls gering schätzen. Bildet sie doch als eine Art „kulinarischer Urmeter" die notwendige Basis für jede weitere Verfeinerung.

Die feine Küche

Auf den ersten Blick verbindet die gute Küche so manches mit der feinen Küche. Ein Feinschmecker – der Begriff gilt heute schon als etwas altmodisch und wird zunehmend durch das weiter greifende, aber dafür unpräzisere Wort „Genießer" ersetzt – wird sich dennoch nicht abfinden wollen, dass er immer nur gut isst, sondern er möchte, zumindest hin und wieder, besser essen. Sein Sinn steht daher

nach einer Küche, die ohne schnelle Hilfsmittel (heute als „Convenience-Produkte" bezeichnet), ohne Mikrowelle und nach Möglichkeit auch ohne Tiefkühltruhe auskommt.

Womit die beiden wichtigsten Voraussetzungen einer feinen Küche schon genannt wären: absolut frische Produkte in absolut frischer Zubereitung.

Wer nun meint, dass in diesem Fall eine Eierspeise auch schon feine Küche sein müsse, der hat im Grunde nicht Unrecht (und nicht zufällig findet man in den Kochbüchern vieler Spitzenköche von Escoffier bis Ducasse auch zahlreiche Eierspeisen). Doch damit gute Küche wirklich zu feiner Küche wird, bedarf es meist auch einer etwas komplexeren Kochtechnik (z. B. des Pochierens der Eier) und in den meisten Fällen auch mehrerer Arbeitsschritte sowie eines entsprechend erhöhten Zeitaufwands. Ihre Finesse erhält die feine Küche nicht zuletzt durch kleinteiligere Zubereitung, raffinierteres Abschmecken und optisch anspruchsvolleres Anrichten. Convenience-Produkte haben in ihr keinerlei Platz, und in ihrem Mittelpunkt sollte – von gelegentlichen, sich aus dem Kochalltag ergebenden Ausnahmen abgesehen – das Angebot der Saison stehen.

Eine feine Küche sollte möglichst auf dem letzten Stand der Kochtechnik und Sensorik sein, ohne deren Möglichkeiten jedoch in geschmacklicher wie auch stilistischer Hinsicht zu übertreffen. Denn feine Küche stellt wohl einen kunsthandwerklichen, nicht aber einen künstlerischen Anspruch. Ihre kulinarische Kompetenzschwelle ist somit um einiges höher als jene der guten Küche, aber sie sollte dennoch von jedermann beschritten werden können.

DIE HOCHFEINE KÜCHE

Der Begriff hochfeine Küche ist ein unter Spitzenköchen und Gourmets gängiger *Terminus technicus*, der selten über die besten (und zwangsläufig auch teuersten) Küchen eines Landes hinausdringt. Auch dieser Begriff wurde in Frankreich geprägt, wo Jules Gouffet lange vor Escoffier sein 1867 erschienenes *„Livre de Cuisine"* in zwei Bände teilte. Der Lieblingskoch Kaiser Napoleons III. zog damit erstmals einen absoluten Trennstrich zwischen der „höheren und bürgerlichen Kochkunst" *(Cuisine de menage)*, der er 300 Seiten widmete, und der „höheren Kochkunst" andererseits, die ihm jene mehr als 500 Seiten wert war, welche die Grundlage einer modernen Hochküche *(Grande cuisine)* schufen. Für diese hochfeine Küche sind die besten am Markt erhältlichen Grundprodukte gerade gut genug. Sie verarbeitet nur die feinsten Teile von Fleisch, Fisch und Geflügel — oder aber sie konzentriert sich darauf, als „unfein" geltende Raritäten wie Hahnenkämme, Kutteln, Innereien oder Hoden durch ganz besonders sorgfältige und einfallsreiche Zutaten in den kulinarischen Adelsstand zu versetzen. Dazu dienen ihr vor allem komplexe Fonds, rare edle Essenzen, Küchenkräuter, Senfarten, Weine, Spirituosen und Gewürze sowie ausgefeilte, dem normalen Haushalt nicht oder nur schwer zugängliche Küchentechniken, die sich auch in einer entsprechend minutiösen Anrichteweise widerspiegeln.

Hochfeine Küche muss grundsätzlich frei von jeglichen Convenience-Produkten und ebenso prinzipiell saisonal sein. Regionalität ist zwar erwünscht, spielt aber gegenüber der Qualität eine untergeordnete Rolle. Hoch ist an der hochfeinen Küche vor allem der Arbeits- (und in der Gastronomie daher auch der Personal-)aufwand. Die hochfeine Küche konzentriert sich vor allem auf die Erhaltung des Eigengeschmacks der Grundstoffe, die sie jedoch bestimmten Kombinationen und Metamorphosen zu unterziehen weiß, die in weiterer Folge zu dem führen, was man heute mit einem Modewort als „Geschmacksexplosionen" bezeichnet. Solche Geschmacksakkorde sollen, wie in jeder guten Symphonie, jedoch nicht Selbstzweck sein, sondern sich als bewusst gesetzte Höhepunkte in einen harmonischen Spannungsbogen einfügen.

Hochfeine Gastronomie sollte zwar regionale Kochtraditionen keineswegs verleugnen, sich aber auch

international am höchsten Qualitätssegment messen lassen. Kreativität ist ihre *conditio sine qua non*, weswegen die hochfeine Küche in ihrem Bestreben, Kochkunst (und nicht nur Kunsthandwerk) zu sein, auch ästhetische und künstlerische Ansprüche stellt. Dank einer extrem ausgeprägten und entsprechend hohen kulinarischen Kompetenzschwelle liegt dieser Art von Küche auch das zugrunde, was in Fachkreisen heute als „kulinarische Intelligenz" bezeichnet wird.

Die Heimat dieser Küche ist daher auch die internationale Topgastronomie. Es hat wenig Sinn, sie – mehr oder minder proportional – auf die häusliche Küche zu übertragen, weil es dort sowohl an technischer Ausstattung als auch an Material- und Personalkapazität dafür mangelt.

Da das vorliegende Kochbuch jedoch eines ist, das vorzugsweise der Haushaltsküche zugute kommen soll, wird die hochfeine Küche darin keine Rolle spielen oder höchstens da und dort in Klammern erwähnt werden.

DIE FEINE KÜCHE MIT HEIMISCHEN SPITZENPRODUKTEN

Da die feine Küche dank ihren Gründervätern – Carême, Gouffé und Escoffier – ihren Ausgang in Frankreich nahm, wird sie vielfach mit den dort erhältlichen Luxuszutaten wie Hummer, Steinbutt, Bressetauben, Trüffeln, Kapaunen und Gänseleber gleichgesetzt.

All diese Produkte spielen in internationalen Top - restaurants – und daher auch beim „Hanner" in Mayerling – nach wie vor eine gewisse Rolle. Gerade in den letzten Jahren hat sich dazu jedoch, nicht zuletzt inspiriert durch den Trend zu Produkten aus biologischer Landwirtschaft und zu Nachhaltigkeit (etwa im Sinne des *Slow-Food*-Gedankens), eine Gegenbewegung entwickelt. Tafelluxus ist längst nicht mehr nur das Entlegenste, sondern vielmehr das Nahe-, ja sogar das Nächstliegende, das allerdings in der höchsten denkbaren Qualität auf den Tisch kommen sollte. In diesem Denken kann eine Stange Porree ebenso ein Luxusprodukt sein wie ein Löffelchen Kaviar, eine Bachforelle ebenso wie ein Loup de Mer, ein Flusskrebs ebenso wie eine Languste.

Gerade in den letzten Jahren hat die österreichische Landwirtschaft einen bemerkenswerten qualitativen Aufschwung erzielt und damit den Anschluss an international renommierte „Gourmetlandschaften" wie den Elsass, die Toskana, die Bresse oder das Piemont gefunden. Qualitätsbewussten Konsumenten (und somit auch jedem interessierten Haushalt) sind solche heimischen Produkte durch Bauern- und Biomärkte, Feinkostläden und gut sortierte Supermärkte auch relativ leicht zugänglich.

In diesem Buch haben wir die internationalen Zutaten der „feinen Küche", mit der wir uns hier beschäftigen wollen, daher zugunsten einheimischer Spitzenprodukte ausgespart und versucht, eine explizit österreichische Spielart der anspruchsvollen Küche in den Mittelpunkt zu stellen.

Im Sinne dieser Produktphilosophie haben wir das Buch nach einer allgemeinen Einführung in die technische Praxis jeglicher feinen Küche nicht wie die meisten Kochbücher nach der klassischen Menüabfolge, sondern nach den jeweils zentralen heimischen Zutaten geordnet, wobei einer kurz gefassten Produkt- und Warenkunde jeweils die erlesensten Rezepte aus der Küche von Mayerling folgen und zum Nachkochen daheim einladen.

Prinzipien und Grundtechniken der Feinen Küche

Der kategorische Imperativ für die feine, zeitgemäße Küche stammt nicht zufällig von einem Österreicher. Der „Koch des Jahrhunderts", Eckart Witzigmann, hat ihn einmal so formuliert: „Für ein schmack- und nahrhaftes Essen nimm das beste Produkt und mache so wenig wie nötig damit!"
Voraussetzung, um diese Maxime umzusetzen, sind regionale und saisonale Produkte aus landwirtschaftlicher Produktion, die es so schonend wie möglich und vor allem mit dem gebührenden Respekt zu behandeln gilt.
Der feinen Küche ist jedes Produkt, solange es human und artgerecht erzeugt, gehalten, transportiert und geschlachtet wurde, recht. Sie will keine sogenannten Luxusprodukte, die früher durch Angebot und Nachfrage den Preis bestimmt haben, im Gegensatz dazu zählen vielmehr Qualität, Geschmack, Einsatzfähigkeit, Regionalität und Saisonalität der Produkte.
In Zeiten von CO_2-Belastung und Spritpreisdiskussionen wird der Anspruch auf eine neue Regionalität, bis hinein in die Konsequenz eines ganz normalen Küchenalltags, immer klarer formuliert.
Um nur ein Beispiel zu nennen: Muss es wirklich immer Olivenöl sein, wo doch zwischen Neusiedler See und Bodensee weit und breit kein Olivenbaum wächst, jedoch mehr als genügend gesunde pflanzliche Öle wie Hanf, Raps, Leinsamen, Mohn u. v. m zur Verfügung stehen und zum Teil immer noch mit großen Absatzschwierigkeiten zu kämpfen haben?
Eine feine Küche kann und sollte auch auf geschmacksarme Tomaten aus fernen Ländern verzichten und sich dafür wieder der „alten" Methoden des Haltbarmachens durch Einlegen oder Trocknen bedienen.

Eine moderne feine Küche sollte also sowohl in ökonomischer als auch in ökologischer und ethischer Sicht vorbildhaft sein.
Dazu bedarf es eines gewissen kulinarischen Hausverstands, einer gehörigen Portion Leidenschaft, einer gewissen Übung im Zubereiten von Speisen sowie eines ständigen Arbeitens am eigenen Geschmackssinn. Je öfter und intensiver man seine Sensorik schult, desto leichter gelingt es einem, im Küchenalltag nicht nur gut, sondern auch fein zu kochen.

Fonds – Die Grundlagen der feinen Saucenküche

Auch wenn manche allzu eilige Köchinnen und Köche es nicht so gerne hören: Die Grundlage jeder feinen Küche sind und bleiben schmackhafte, tiefgründige Fonds, die jeder Sauce (und Saucen machen nun einmal nicht zuletzt das Wesen jeder feinen Küche aus) ihren unverwechselbaren Geschmack verleihen — das vielleicht wichtigste Unterscheidungsmerkmal zwischen einer Küche, die nur „gut", und einer, die sehr gut oder eben „fein" ist.
Fonds sind heute (allerdings in recht unterschiedlicher Qualität) im Feinkosthandel, über Internet und oft auch in Restaurant-Shops erhältlich. Sie lassen sich aber auch selbst herstellen, portionieren (z. B. in Eiswürfelsäckchen) und anschließend zum jederzeitigen Verbrauch einfrieren. Hier finden Sie die wichtigsten Grundrezepte:

Fischfond

ZUTATEN | *3 kg gewässerte Fischgräten ohne Köpfe (Steinbutt, Seezunge, Seeteufel, Zander) 500 ml trockener Weißwein | 2 l Wasser 500 g Zwiebeln | 2 Stangen Lauch (nur das Weiße) | 1 Stange Sellerie | 1 Bund Petersilie 100 g Ursalz | 10 weiße Pfefferkörner, zerstoßen*

ZUBEREITUNG | Das Gemüse waschen, schälen und in feine Würfel schneiden. Zusammen mit den 3–4 Stunden lang gewässerten Fischgräten und den Gewürzen sowie dem Meersalz in einen hohen Topf geben. Mit Wasser auffüllen, den Wein dazugeben und kurz aufkochen lassen. Den entstehenden Schaum abschöpfen. 20 Minuten leicht sieden lassen. Den Fond nicht kochen, da er sonst trübe wird. Dabei immer wieder den Schaum abschöpfen. Dann wird der Fond durch ein Tuch passiert und kaltgestellt. Sobald der Fond erkaltet ist, wird das Fett abgeschöpft – zurück bleibt der pure Fond.

Flusskrebsfond

ZUTATEN | *2 kg Krebskarkassen 3 EL Pflanzenöl | 1 Stange Lauch (nur das Weiße) 8 Schalotten | 1 Karotte | 1/2 Stange Sellerie 2 Tomaten | 1 EL feuchtes Meersalz 3 weiße Pfefferkörner, zerstoßen | 1 Estragonzweig | 1,5 l Fischfond (s. oben) 4 cl Wermouth | 4 cl Weinbrand*

ZUBEREITUNG | Die Karkassen kleinhacken und in einem Topf mit dem Öl anrösten. Das Gemüse waschen, schälen und in grobe Würfel schneiden. Mitrösten. Mit Weinbrand und Wermouth ablöschen und den Bratansatz vom Topf lösen. Mit dem Fischfond auffüllen, die Gewürze und das Meersalz zugeben und einmal aufkochen lassen. Abschäumen und etwa 1 Stunde ziehen lassen. Dabei immer wieder abschäumen. Dann wird der Fond durch ein Tuch passiert und kaltgestellt. Sobald der Fond erkaltet ist, wird das Fett abgeschöpft – zurück bleibt der pure Fond

Heller Kalbsfond

ZUTATEN | *1,5 kg Kalbsrückenknochen*
3 l Wasser | *2 Zwiebeln* | *1 Karotte* | *2 Stangen Staudensellerie* | *10 weiße Pfefferkörner, zerstoßen* | *1 Lorbeerblatt* | *1 EL feuchtes Meersalz* | *2 Petersilienstängel*

ZUBEREITUNG | Die Knochen kleinhacken und mit dem Wasser in einem Topf kurz aufkochen lassen. Das Gemüse waschen, schälen und in grobe Würfel schneiden. Zusammen mit den Gewürzen und dem Meersalz in den Topf geben und den Fond etwa 1,5 Stunden leicht köcheln lassen. Nach einer Stunde die Petersilienstängel dazugeben. Den Fond durch ein Tuch passieren und in kaltem Zustand das Fett abnehmen, damit der pure Fond zurückbleibt.

Dunkler Kalbsfond

ZUTATEN | *1,5 kg Kalbsknochen*
1/4 l geklärte Butter | *1 Möhre* | *2 Stangen Bleichsellerie* | *2 Zwiebeln* | *3 l Wasser*
1 Lorbeerblatt | *1 EL Ursalz* | *10 weiße Pfefferkörner, zerstoßen*

ZUBEREITUNG | Die Kalbsknochen kleinhacken und in einem Bräter mit der geklärten Butter anrösten. Das Gemüse waschen, schälen und in grobe Würfel schneiden. Mit in den Bräter geben und mitrösten. Dann alles in einen Topf geben und mit Wasser bedecken. Die Gewürze und das Meersalz hinzufügen und einmal aufkochen lassen. Abschäumen. Etwa 5 Stunden leicht köcheln lassen, dabei immer wieder den Schaum abschöpfen. Durch ein Tuch passieren, erkalten lassen und den Fond entfetten.

Heller Kalbsfond

Dunkler Kalbsfon

Gemüsefond

ZUTATEN | *1 kleine Sellerieknolle*
1 Staudensellerie | 2 Karotten | 1 Stange Lauch
1 Bund Blattpetersilie | 1 Bund Kerbel
10 Pfefferkörner | 2 Lorbeerblätter | 3 l Wasser

ZUBEREITUNG | Gemüse waschen, schälen und in Würfel schneiden. Kräuter waschen und grob schneiden. Mit 3 Litern Wasser in einen Topf geben und bei kleiner Hitze 2 Stunden ziehen lassen. Passieren und kaltstellen.

Klassische Rinderbrühe

ZUTATEN FÜR 4 PERSONEN |
1,8 l Rinderbouillon | 400 g Siedefleisch
(z. B. Schulterscherzl, Fledermaus o. Ä.)
1 Karotte | 1/2 Knolle Sellerie | 1 Stange Porree
1/2 Bund Petersilie | 4 Eiklar | 10 Eiswürfel
5 Pfefferkörner | 1 Lorbeerblatt

ZUBEREITUNG | Gemüse waschen und putzen, mit dem Siedefleisch durch die große Scheibe des Fleischwolfes drehen, Petersilie waschen und im Ganzen zu der Masse geben. Nun Eiweiß und Eiswürfel, Lorbeer- und Pfefferkörner unterrühren und ca. 1 Stunde im Kühlschrank lagern.
Die kalte Rinderbouillon in einen hohen Topf gießen, den Kläransatz dazugeben und unter ständigem leichtem Rühren langsam aufkochen. Es hat sich ein Klärkuchen gebildet; die Hitze reduzieren und weitere 1,5 Stunden leicht sieden lassen.
Beiseite stellen, der Klärkuchen sinkt zu Boden, durch ein feines Sieb bzw. Passiertuch mit einer Kelle seihen und mit Salz abschmecken.
Für die Einlage gibt es zahlreiche Rezepte wie Grießnockerln, Flädle, diverse Schöberl etc.

Heller Geflügelfond

ZUTATEN | *1,5 kg Geflügelkarkassen*
3 l Wasser | *1 kg Zwiebeln* | *1 Stange Sellerie*
1 Stange Lauch (nur das Weiße) | *10 weiße Pfefferkörner, zerstoßen* | *1 EL feuchtes Meersalz*

ZUBEREITUNG | Die Karkassen kleinhacken, in einen Topf geben, mit Wasser bedecken und aufkochen lassen. Abschäumen. Das Gemüse waschen, schälen und feinwürfeln. Zusammen mit den Gewürzen und dem Meersalz dazugeben. Etwa 5 Stunden ohne Deckel ziehen lassen. Zwischendurch immer wieder abschäumen. Dann wird der Fond durch ein Tuch passiert und kaltgestellt. Sobald der Fond erkaltet ist, wird das Fett abgeschöpft – zurück bleibt der pure Fond.

Dunkler Geflügelfond

ZUTATEN | *1,5 kg Geflügelkarkassen (vorzugsweise Poularde, Ente, Wachtel etc.)*
3 EL Pflanzenöl | *3 l Wasser* | *1 Stange Staudensellerie* | *2 große Zwiebeln* | *2 Karotten*
5 weiße Pfefferkörner, zerstoßen | *1 Lorbeerblatt*
1 EL feuchtes Meersalz | *400 ml Trockenbeerenauslese*

ZUBEREITUNG | Die Geflügelkarkassen kleinhacken und in einem Bräter im Backofen braun mit dem Olivenöl anbraten. Das Gemüse waschen, schälen und grob würfeln. Zusammen mit den Gewürzen und dem Meersalz zu den Karkassen geben. Etwa 30 Minuten weiterrösten. Mit der Trockenbeerenauslese ablöschen und gänzlich reduzieren lassen. Die Karkassen in einen Topf umfüllen, mit Wasser auffüllen und mit den Gewürzen etwa 5 Stunden köcheln lassen. Dabei den Schaum abschöpfen. Den Fond passieren und nochmals um die Hälfte reduzieren. So wird der Fond schön kräftig.

Entenfond

ZUTATEN | *1,5 kg Entenknochen*
1/4 l geklärte Butter | *3 Äpfel* | *2 g Karotten*
1 Stange Staudensellerie | *2 große Zwiebeln*
3 l Wasser | *1 Lorbeerblatt* | *10 weiße Pfefferkörner, zerdrückt* | *1 EL Ursalz*

ZUBEREITUNG | Die Entenknochen kleinhacken, in einem Bräter mit der geklärten Butter anrösten und gewaschene, geschälte sowie in grobe Würfel zerkleinerte Gemüse später mitrösten. In einen Topf geben und mit dem Wasser bedecken. Die Gewürze und das Meersalz hinzufügen und einmal aufkochen lassen. Abschäumen. Etwa 5 Stunden leicht köcheln lassen. Immer wieder abschäumen. Anschließend durch ein Tuch passieren, den Fond entfetten und um 2/3 reduzieren. So wird der Fond schön kräftig.

Dunkler Rehfond

ZUTATEN | *1,5 kg Rehkarkassen*
1/4 l Pflanzenöl | *1 Knolle Sellerie (von einer Knollensellerie)* | *2 Möhren* | *1 Knolle Fenchel*
1 Zwiebel | *3 l Wasser* | *4 cl Weinbrand*
1/2 l Rotwein | *1 Lorbeerblatt* | *10 weiße Pfefferkörner, zerstoßen* | *1 EL feuchtes Meersalz*

ZUBEREITUNG | Die kleingehackten Karkassen in einem Bräter im Backofen bei 200 °C in Olivenöl kräftig anrösten. Das Gemüse waschen, schälen und grob würfeln. In den Bräter geben und weitere 10–15 Minuten rösten. Mit Cognac ablöschen und mit Rotwein auffüllen. Solange köcheln lassen, bis der Rotwein um 2/3 eingekocht ist. Alles in einen hohen Topf füllen und mit Wasser auffüllen. Die Gewürze und das Meersalz dazugeben. Etwa 5 Stunden leicht köcheln lassen und dabei immer wieder den Schaum abschöpfen. Den Fond durch ein Tuch passieren und erkalten lassen. Das gestockte Fett abnehmen und den Fond auf 1/2 Liter reduzieren, damit er schön kräftig ist.

TIPP | Wenn man Hirsch-, Fasan- oder Hasenknochen anstatt Rehknochen verwendet, erhält man mit dem gleichen Rezept einen jeweils spezifischen Fond.

Heller Lammfond

ZUTATEN | *2 kg Lammknochen*
1 kg geschälte Zwiebeln | *1 Stange Bleichsellerie*
1 Stange Lauch | *5 zerdrückte weiße Pfefferkörner*
100 g Ursalz | *Wasser* | *Thymian, Rosmarin*

ZUBEREITUNG | Die Knochen in einen Topf geben, mit Wasser bedecken und aufkochen. Abschäumen, die klein geschnittenen Gemüse und Gewürze zugeben und 5 Stunden ziehen lassen. Zwischendurch immer wieder abschäumen und dann passieren.

Dunkler Lammfond

ZUTATEN | *2 kg Lammknochen, walnussgroß gehackt* | *1 Karotte* | *1/2 Stange Sellerie*
1 Stange Lauch | *10 Schalotten* | *1 Staudensellerie* | *2 Tomaten* | *Pfefferkörner* | *Lorbeerblatt*

ZUBEREITUNG | Die Lammknochen in den Bräter in den bei 220 °C vorgeheizten Ofen geben und ca. eine 3/4 Stunde anbraten, bis die Knochen von allen Seiten geröstet sind. Nun das in Würfel geschnittene Röstgemüse zugeben (Karotte, Sellerie, Staudensellerie, Schalotten, Tomaten) und noch ca. 1/4 Stunde rösten lassen. Danach den Lauch und die Gewürze zugeben und bei 150 °C noch ca. 1/4 Stunde mitgaren. Alles in einen Topf umfüllen und kaltes Wasser zulaufen lassen, bis der Ansatz knapp bedeckt ist und 4–5 Stunden köcheln lassen. Dann wird der Fond durch ein Tuch passiert und kaltgestellt. Sobald der Fond erkaltet ist, wird das Fett abgeschöpft – zurück bleibt der pure Lammfond.

Heller Kaninchenfond

ZUTATEN | *1,5 kg Kaninchenknochen*
3 l Wasser | *4 große Zwiebeln* | *1 Stange Lauch*
(nur das Weiße) | *1/2 Stange Staudensellerie*
1 Lorbeerblatt | *10 weiße Pfefferkörner, zerstoßen*
1 EL Ursalz

ZUBEREITUNG | Die Kaninchenknochen kleinhacken, mit dem Wasser in einen Topf geben und einmal aufkochen lassen. Das Gemüse waschen, schälen und in grobe Würfel schneiden. Zusammen mit den Gewürzen zum Fond geben. Den entstehenden Schaum immer wieder abschöpfen. Etwa 5 Stunden leicht köcheln lassen. Anschließend durch ein Tuch passieren, erkalten lassen und das Fett abnehmen.

Dunkler Kaninchenfond

ZUTATEN | *1,5 kg Kaninchenknochen*
3 l Wasser | *4 große Zwiebeln* | *1 Stange Lauch*
(nur das Weiße) | *1/2 Stange Staudensellerie*
1 Lorbeerblatt | *10 weiße Pfefferkörner, zerstoßen*
1 EL Ursalz | *5 EL geklärte Butter*

ZUBEREITUNG | Kaninchenknochen kleinhacken. Geklärte Butter in einem Bräter erhitzen und die Knochen anrösten, Röstgemüse dazugeben und weiterrösten, bis eine recht dunkle Farbe entsteht. Mit Wasser auffüllen, bis die Knochen bedeckt sind, Gewürze dazugeben. Ca. 4 Stunden köcheln lassen, durch ein Tuch passieren und kaltstellen.

Die wichtigsten Techniken der zeitgemässen feinen Küche

Gerade in den letzten beiden Jahrzehnten hat die moderne Küchentechnik das Repertoire der feinen Küche wesentlich erweitert. Manche dieser Techniken sind durch Übertreibung unter dem Schlagwort „Molekularküche" etwas in Verruf geraten, dennoch haben sie die Möglichkeiten einer zeitgemäßen feinen Küche, wenn man sie „mit Maß und Ziel" einsetzt, wesentlich bereichert.

Die wichtigsten dieser Techniken sind:

NIEDERTEMPERATUR- ODER „SOUS-VIDE"-GARUNG

Sie zählt zu den schonendsten aller Garungsmethoden, erhält wie keine andere den Eigengeschmack und hat überdies den Vorteil, dass man Fleisch und Fisch verlässlich „auf den Punkt" garen kann, unabhängig davon, wann die Gäste eintreffen.
Eine Voraussetzung für diese Methode ist das Vorhandensein einer Vakuumier-Maschine. Es reicht allerdings eine ganz normale, preisgünstige Haushaltsmaschine, die 70 % Luft absaugen kann.
Als Beispiel für diese durchaus auch haushaltsfreundliche Technik mag ein schönes dickes Lachsfilet dienen.
Der Lachs wird zunächst mit frisch geschrotetem Pfeffer, Dill, Petersilie und Kerbel gewürzt. Keinesfalls jedoch darf Salz dazugegeben werden, da dies Wasser ziehen und zum Austrocknen führen würde! Das gewürzte Lachsfilet wird nunmehr, um das Eindringen von Milchsäurebakterien zu verhindern, vakuumiert und für 15 Minuten in ein mittels Thermometer auf 60 °C temperiertes Wasserbad gelegt.

Eine zweite Methode wäre, den Lachs bei 45 °C für 30 Minuten ins Wasserbad zu legen. In beiden Fällen sieht der Lachs aus, als wäre er fast noch roh, ist aber in Wahrheit gut gegart. Nur die Oberflächentextur ändert sich bei längerer Garung.
Rinds-, Reh- oder Hirschfilets können auf ganz ähnliche Weise im Vakuum gegart werden. Je nach Fleischart und -sorte dauert der Garungsprozess dann allerdings etwas länger.

Lachs	200 g	61 °C	11 Minuten
Steinbutt	120 g	61 °C	3 Minuten
Saibling	120 g	61 °C	4 Minuten
Reh	120 g	61 °C	15 Minuten
Kalb	180 g	61 °C	23 Minuten
Hase	150 g	61 °C	12 Minuten
Rind	180 g	61 °C	16 Minuten
Entenleber	130 g	61 °C	12 Minuten

AUFSCHÄUMEN

In der feinen Küche wird traditionell viel gemixt und aufgeschäumt. Das war schon zu Zeiten der längst nicht mehr so neuen „*Nouvelle Cuisine*" so, wurde aber in den letzten Jahren – vor allem durch den spanischen Meisterkoch Ferran Adrià – noch wesentlich verfeinert. Die von ihm erfundene Espuma-Technik empfiehlt sich keineswegs nur für südliche Zutaten, sondern ist in allen Küchenstilen der Welt vielseitig einsatzfähig – was wohl auch ihren globalen Erfolg erklärt.
Das einzige Gerät, das man dazu benötigt, ist ein Sahnesiphon (am besten die in Österreich entwickelte *Isi-Flasche*). Dabei werden zuvor mit Gelatine, Joghurt, Suppe, Schlagobers oder Olivenöl, aber auch mit diversen Kräutern und Gewürzen versetzte, flüssige oder pürierte Grundstoffe mit Hilfe von N_2O-Gas aufgeschäumt.
Das klingt wesentlich technischer, als es ist, und die Qualität des Ergebnisses hängt letztlich ausschließlich davon ab, wie viel hochwertiges Grundmaterial (Gemüse, Früchte, Beeren, Gänseleber etc.) eingesetzt wird.

Das Grundrezept sei hier anhand von

Erdbeerschaum

erklärt (siehe Fotoserie nächste Seite):
Man benötigt dafür 500 ml erstklassiges, frisches Erdbeermark, drückt es durch ein Sieb, fügt 2 EL Zucker, Saft von einer halben Zitrone, je nach Dicke des Gutes bzw. Safts 2–4 Blatt Gelatine hinzu, verwendet pro Liter 2 N_2O-Patronen bzw. -Kapseln und lässt die Siphonflasche über Nacht im Kühlschrank lagern.
Ein idealer Grundstoff für pikante wie süße Schäume ist auch rohes Eiweiß, das in der Isi-Flasche durchgeschüttelt wird und als perfekter Eischnee herauskommt, der, richtig gekühlt, niemals zusammenfällt und jederzeit einsetzbar ist.
Die Vielseitigkeit von auf solche Weise entstandenen Schäumen lässt sich auch beim Anrichten dekorativ einsetzen. Hübsche Schaumsuppen in durchsichtigen Gläsern oder Hohlgefäßen bieten sich ebenso an wie Flöckchen als geschmacksintensive Zierde unterschiedlichster Gerichte.

RÄUCHERN

Diese Methode ist eine verfeinerte Weiterentwicklung des vor allem in ländlichen Gebieten heute noch gebräuchlichen „Heißräucherns" in einer Räucherkammer. Das Ergebnis ist jedoch wesentlich feiner und subtiler als bei der doch etwas derben rustikalen Räucherware.
Das Prinzip funktioniert jedoch ganz ähnlich: Das zu räuchernde Grundprodukt – etwa ein Fisch-, Rinder- oder Kaninchenfilet, aber auch Gemüse wie etwa Spargel – wird für möglichst kurze Zeit mit wenig Rauch unter einer Servierglocke *(Clôche)* beräuchert. Sobald diese Glocke vor dem Servieren bei Tisch abgezogen wird, stellt sich nicht nur ein verblüffender optischer Effekt ein, sondern das verwendete Grundprodukt hat auch einen zarten, nicht vorschmeckenden Räuchergeschmack.
Gerätschaften benötigt man dafür keine besonderen. Es reichen ein alter Topf und ein Gitter, etwas Räu-

Erdbeerschaum

chermehl aus der Fischhandlung oder Buchensagscharten aus dem eigenen Garten. Für einen finessenreichen Räuchergeschmack verwendet man dazu auch noch Aromastoffe wie getrockneten Rosmarin, Thymian oder Estragon (besonders bei geräuchertem Spargel empfehlenswert). Auch eine Prise Pfefferminztee (aus dem aufgerissenen Tea-bag) kann einen guten, frischen Räuchergeschmack verleihen. Für vier Portionen Räuchergut reicht im Normalfall 1 EL Räuchermehl. Wenn genügend andere Aromastoffe vorhanden sind, kann man das Räuchermehl auch ganz weglassen.

Noch professioneller als im Topf oder unter der *Clôche* lässt sich der Rauch mit Hilfe einer Räucherpfeife herstellen, wie sie im Internet ab ca. 30 Euro erhältlich ist. Im Tabakfachhandel werden auch elektrische Pfeifen gehandelt. Und mit einer türkischen Wasserpfeife lassen sich ebenfalls interessante Effekte erzielen.

Kalt räuchern: bis max. 20 °C
Lauwarm räuchern: bis max. 40 °C
Heiß räuchern: ab 40 °C

Fisch:

Fische werden vorzugsweise nie heiß geräuchert, am besten immer lauwarm räuchern.

Lachs: 15 Min.
Steinbutt: 11 Min.
Saibling: 6 Min.

Fleisch:

Fleisch wird am besten heiß geräuchert.

Reh & Hase: 14 Min.
Rind: 17 Min.
Kalb: 25 Min.

BRANDING

Das Branding ist im Grunde eine uralte Methode und entfernt der Technik der Brandmalerei verwandt. In jüngster Zeit wurde diese Methode von vielen Köchen neu entdeckt, weil sich damit nicht nur hübsche, dekorative Oberflächeneffekte (also Veränderungen an der Textur des Kochguts) erzielen, sondern auch Röst- und Grillaromen imitieren oder verstärken lassen.

Die Prozedur ist relativ einfach: Mittels eines vorher (z. B. am Holzkohlengrill im Garten) zum Glühen gebrachten Brandeisens wird rohen Zutaten wie Gemüse, Fisch oder Fleisch eine bestimmte Textur „aufgebrannt" und mit einer zarten Röstaromatik unterlegt.

Vor allem roher Fisch (z. B. Lachsforelle oder Huchen) erhält durch das Karamellisieren des im Fleisch enthaltenen Zuckers einen geradezu verführerischen „Bratenton", der sich auch als „Einstiegsdroge" für konservativere Fischgenießer eignet, die dem roh filetierten Fisch (noch) skeptisch gegenüber stehen. Ein mit hübschen Mustern „gebrandetes" Lachsforellen-Carpaccio mit leichtem Rauchgeschmack wird schnell ihre Skepsis überwinden.

Geräucherte Lammkeule
Geräucherter Fisch

Lachsbranding
Rindsfiletbranding

VEGETARISCHER KAVIAR DURCH SPHÄRISIEREN

Kaviar hat, seit der russische Zarenhof ihn für sich entdeckt hat, den Ruf des Luxuriösen. Während Malossolkaviar aus dem Kaspischen Meer heute bereits eher im Ruf des ökologisch und tierethisch Bedenklichen bis Verwerflichen steht, gilt der feinkörnigen Form des Kaviars, da sie unter Gourmets längst zur Ikone geworden ist, gerade in der Spitzenküche höchstes Ansehen. Um weiterhin mit Kaviar arbeiten zu können, wird Malossolkaviar immer öfter durch einheimische Sorten wie Saiblings- oder Forellenkaviar ersetzt. Die moderne Technologie der feinen Küche ermöglicht jedoch sogar die Herstellung von „vegetarischem" und gleichwohl höchst geschmacksintensivem Kaviar, der im Fachjargon auch „Fake-Kaviar" genannt wird.

Die küchenchemische Grundlage dafür wird durch den Vorgang der sogenannten Sphärisierung geschaffen, in deren Verlauf fest umschlossene Körper (Liquidkugeln) hergestellt werden, die im Inneren mit Flüssigkeit gefüllt oder vollständig geliert sind. Das Endresultat sieht Kaviar zum Verwechseln ähnlich – und ähnelt demselben auch verblüffend im Biss.

Das alles klingt wesentlich technischer, als es ist. Man braucht lediglich in der nächsten Apotheke Alginatpulver (aus Rotalgen), Calziumchlorid und eine großvolumige Spritze zu besorgen, und schon kann die häusliche „Kaviarerzeugung" losgehen.

Besonders gut klappt beispielsweise die Herstellung von Rotem Kaviar aus mit Essig und gemahlenem Kümmel versetztem Rote-Rüben-Saft.

DAS GRUNDREZEPT: *5 g Alginat* in *500 ml (fertigen oder frisch gepressten) Saft* einmixen, *1 Prise Kümmel* hinzufügen. Alles eine Stunde stehen lassen (dadurch geht Luft verloren). Nunmehr eine Schüssel mit *500 ml Wasser* füllen und *5 g Calziumchlorid* hineingeben. Mit der vorbreiteten (und möglichst ausgekochten) Spritze Rote-Rüben-Flüssigkeit aufziehen und diese ganz langsam und tröpfchenweise ins Wasserbad einrieseln lassen.

WICHTIG: Die Kügelchen dürfen maximal 15–20 Sekunden im Calziumchloridbad verweilen und müssen dann mit dem Schaumlöffel herausgehoben werden, bevor die nächste Tranche verarbeitet wird. Zuletzt werden die Kügelchen mit klarem kaltem Leitungswasser abgespült, wodurch der Geliervorgang bzw. Garprozess sofort abgestoppt wird.

KNUSPRIG-HAUCHDÜNNE CHIPS

Knusprig Frittiertes erhöht, wenn man es mit weicherem Kochgut (z. B. Geschmortem oder Pochiertem) kombiniert, das „Bissvergnügen" und ist auch optisch wie geschmacklich gut einsetzbar. Das wenig schonende, fette und daher stets etwas derbe Frittieren in heißem Öl ist für die feine Küche jedoch ungeeignet. Einen ausgezeichneten (und wesentlich gesünderen) Ersatz dafür bietet das Knusprigfrittieren mit dem im einschlägigen kulinarischen Fachhandel erhältlichen Trehalosezucker.

„Trehalose" ist ein in verschiedenen Pflanzen und Pilzen natürlich vorkommender Zucker mit hoher Stabilität und einer milden Süßkraft, die nur 45% von Saccharose beträgt und einen wesentlich niedrigeren glykämischen Index mit niedriger Insulinresonanz aufweist.

Wenn man nun beispielsweise Topinambur-Scheiben in eine Trehalose-Wasser-Lösung bei 120 °C hineingibt, einweichen lässt, anschließend kurz abtropfen und auf einem Blech mit Backpapier im Backofen bei sehr geringer Hitze (max. 80 °C) trocknen lässt, so wird dem Gargut dabei an der Oberfläche durch Osmose Wasser entzogen und es stellt sich eine entsprechend fettfreie Knusprigkeit ein.

EMULGIEREN

Emulgatoren erleichtern die Vermengung sich abstoßender Flüssigkeiten wie Wasser und Öl. Durch ihre Zugabe bleiben solche Verbindungen stabil, ohne dass sich die Bestandteile wieder voneinander absetzen. Ebenso eignen sich manche Emulgatoren zur Herstellung von Schäumen oder sogenannter

„Luft", einem besonders leichten, shampooartigen Schaum, der auch „Air" genannt wird. Durch Emulgatoren lassen sich auch Filme und Folien aus Säften, Fonds und Essenzen herstellen, die beispielsweise Nudelteig ersetzen können und kohlehydratarm sowie glutenfrei sind.

EINDICKEN UND GELIEREN

Dicksäfte und Fruchtgelees zählen schon seit jeher zur Grundausstattung jeder häuslichen Vorratshaltung. Die feine Küche hat diese altbekannten Grundtechniken jedoch weit über Marmeladen, Fruchtgelees und Obstsäfte hinaus für sich genützt. Sie ist heute in der Lage, schmackhafte dickflüssige Lösungen und flüssige bis cremige Substanzen aus unterschiedlichsten Produkten – und darüber hinaus sogar „falsche", aber dadurch wesentlich gesündere Mayonnaisen herzustellen.

Unter den zahlreichen neueren Geliermitteln, die Spitzenköchen zum Herstellen fester, weicher, spröder und flüssiger Gelees bei unterschiedlichsten Temperaturen und Flüssigkeiten dienen, ist für die „feine Küche" daheim das aus dem Reformhausangebot längst nicht mehr wegzudenkende Agar-Agar (auch japanische Gelatine bzw. Fischleim genannt) am leichtesten und vielseitigsten einsetzbar, weil man damit nicht nur heiße, sondern auch kalte Flüssigkeiten gelieren kann.

Ein typisches – und auf viele andere Gemüsesäfte adaptierbares – Beispiel ist etwa die Herstellung von geliertem Karottensaft. Dazu wird mit etwas Ingwer versetzter Karottensaft leicht angewärmt und mit Agar-Agar (5 g auf 1 Liter) geliert. Die so entstandene Lösung gießt man nunmehr 2 cm hoch in ein Backblech, schneidet dekorative Quadrate oder Rauten daraus und erhitzt diese noch ein weiteres Mal bei 60–70 °C im Rohr.

Der wichtigste Vorteil dieser Gelierart besteht darin, dass die so entstandene Masse in jede beliebige Form gebracht werden kann. So lassen sich daraus hübsche Kugeln in Silikonformen gießen und als Beilage (etwa zu Steaks) verwenden, man kann aber auch Fisch- oder Fleischfilets mit den Geleescheiben belegen und dies mittels eines Bunsenbrenners dekorativ gratinieren.

ENTSAFTEN

Durch das Auspressen von Gemüsen, Früchten und Kräutern stellen sich Aromen in Sekundenschnelle ein, die sonst oft stundenlangen Auskochens bedürfen. Voraussetzung dafür ist die Trennung des Saftes vom Trester, der für Brotteig oder Knödel weiterverwendet werden kann. Man benötigt dazu nur einen guten Entsafter, und die Methode ist simpel: Der Saft wird entweder pur ausgepresst oder, bei faserigen Gemüsen oder Kräutern, nach dem Auspressen mit Wasser im Verhältnis 1:5 verdünnt.

Der so von den Feststoffen getrennte Natursucco (der Fachterminus stammt vom Erfinder dieser auch „Succowell" genannten Methode, Rainer Melichar vom Nibelungenhof in Traismauer) kann nun bereits als Basis für geeiste Suppen, Marinaden und Sorbets verwendet oder, je nach Bedarf, weiterverarbeitet werden:

- Wird der Natursucco unfiltriert eingekocht, so entsteht eine Aromaessenz, die es mit jeder Kraftsuppe oder Consommé aufnehmen kann. Melichar bezeichnet sie als Naturkraftsucco und verwendet sie vor allem auch zum Vollenden von Aufstrichen und Buttermischungen oder einfach als „Natursaftl".
- Wird der Natursucco kochendheiß durch ein Küchentuch oder eine wasserfeste Küchenrolle filtriert, so entsteht ein sogenannter Feinsucco, der sich als Universal-Grundfond oder etwa als perfekte Basis für Sulzen und Sabayons eignet.
- Wird dieser Feinsucco noch weiter eingekocht, so entwickelt sich jener vor allem in der feinen Saucenküche beliebte Feinkraftsucco, ein Jus, der Saucen von hoher Aromatik und sämiger Dichte ohne jede Zugabe von Stärke oder Mehl ermöglicht.

AUS DEM GARTEN EDEN VON MAYERLING

VON DER URKAROTTE BIS ZUM KNOLLENZIEST

AUF DEN SPUREN VON APICIUS

Der Kräuter- und Gemüsegarten ist eines der Herzstücke der feinen Küche von Mayerling. Er ist der Küche direkt vorgelagert und dadurch fast schon ein Teil des licht- und sonnendurchfluteten Küchentrakts selbst. Durch seine Südwest-Lage bekommen die Pflanzen sowohl Mittags-, Nachmittags- als auch Abendsonne.

Das „Hanner" in Mayerling steht damit in einer uralten Tradition der feinen Küche. Schließlich finden sich bereits im Kochbuch des altrömischen Kochs und Feinschmeckers Apicius zahlreiche Vorschläge, wie man Speisen mit Lorbeer, Minze, Thymian oder Wacholderbeeren verfeinert. Und antike Ärzte wie Hippokrates, Galenus und vor allem Dioskurides erkannten schon früh, dass Kräuter nicht nur ein wesentlicher Teil jeder wohlgedeckten Tafel, sondern auch der Gesundheit der Essenden zuträglich sind. Nicht zufällig vermerkt die Heilige Schrift schon im Buch Jesus Sirach: „Der Herr lässt die Arznei aus der Erde wachsen, und ein Vernünftiger verachtet sie nicht."

Über das Studium der alten Gelehrten kamen auch die Mönche des Mittelalters auf die Segnungen des Kräuteranbaus, und es waren Benediktiner, die darauf drängten, dass im berühmten „Capitulare de villis" Karls des Großen auch die Anweisung erging, rund 70 Heilkräuter, darunter Salbei, Kresse, Petersilie, Liebstöckel, Dill, Bohnenkraut, Minze und Kerbel, anzupflanzen.

Nicht zuletzt die Bio- und Gesundheitswelle hat das Kochen mit Kräutern heute wieder populärer denn je zuvor gemacht. Zuweilen wird allerdings leider des Guten zu viel getan, wenn der Eigengeschmack mancher Produkte durch undifferenzierte Kräuterorgien zunichtegemacht wird. Große Küchenchefs (und im Grunde genommen alle guten Köche) erkennt man daher auch heute noch daran, dass sie die Lust zu würzen nicht ins Kraut schießen lassen und sich lieber an einen Ausspruch der heiligen Hildegard halten: „Die Seele liebt bei allen Dingen das diskrete Maß."

SALATE UND GEMÜSE — AUSSCHLIESSLICH VOM FEINSTEN

Die heilige Hildegard von Bingen war es übrigens auch, die schon im zwölften Jahrhundert bemerkte, dass „Salat, ohne Würze gegessen, den Magen des Menschen mit Krankheit füllt". Also riet sie kurzerhand, ihn zuvor mit Dill, Essig und anderen Kräutern zu „temperieren".

Nichts anderes macht im Grunde auch die Gourmetküche von Mayerling. „Für die feine Küche ist der Salat längst keine Beilage mehr", ist Heinz Hanner überzeugt, „Salat ist vielmehr, ähnlich wie etwa das Carpaccio, zum kulinarischen Gattungsbegriff schlechthin geworden. Alles, was klein geschnitten und mariniert ist, sauer-süß, essig-ölig, darf heute als Salat bezeichnet werden. Da sind der Phantasie keine Grenzen gesetzt. Und Wachteln, Flusskrebserl, Fischwürfel oder Rehfilets dürfen selbstverständlich auch dabei sein. Salat ist heute keineswegs nur noch vegetarisch."

Umso wichtiger sind die Kräuter, mit denen solche Salate abgeschmeckt, und die Gartenzutaten, mit denen sie dekoriert werden. Klassiker der bürgerlichen Küche wie Schnittlauch und Petersil spielen in der feinen Küche dabei allenfalls eine Nebenrolle. Und so gedeihen in Hanners Garten auch vor allem schmackhafte „Raritäten" wie Eisenkraut, wilder Kerbel, Bärlauch, Kapuzinerkresse, Borretschblüten und seltene Tomatensorten wie Johannisbeer- und Kirschparadeiser oder das „Ei von Phuket", das Hanner ebenfalls in seinem Küchengärtchen heimisch gemacht hat.

„Wir bauen wirklich nur das an, was es schwer und selten zu kaufen gibt", hat sich „Heimgärtner" Heinz Hanner zur Maxime gemacht. Vor allem aber kultiviert er solche Pflanzen, die „zwischen Pflücken und Verarbeitung keine große Zeitspanne vertragen, weil sonst der Qualitätsverlust zwischen Erde und Teller zu groß wäre".

Zucchini- und Kürbisblüten sind dafür ein besonders schmackhaftes Beispiel. „Wir pflücken sie nur in der Morgensonne, wenn die Blüten weit geöffnet sind",

erzählt Heinz Hanner. Unmittelbar nach der Ernte werden sie dann gereinigt und lassen sich in diesem elastischen Zustand und nach einem Transportweg von maximal drei Metern auch besonders leicht befüllen. „Würden wir uns die Zucchiniblüten von einem Gemüsehändler liefern lassen", weiß Hanner aus Erfahrung, „so wären die Blüten bei der Lieferung bereits geschlossen und die Blütenenden so verklebt, dass sie sich nur noch mit Mühe füllen lassen." (Ein Tipp für Hobbyköche: Die Blüten in einem solchen Fall in Wasser legen und leicht ansaugen lassen, dann kann man wesentlich leichter damit arbeiten.)

Zu Hanners Garten-Favoriten zählen neben Topinambur, Rosa Eiszapfen (ein Kipfler-Typus), dem hocharomatischen Knollenziest (Stachys) sowie einem halben Dutzend weiterer rarer Erdäpfelsorten auch seltene Karottensorten wie etwa die hocharomatische Betasweet- oder Purple-Haze-Karotte. Sie wurde schon vor 3000 Jahren im Vorderen Orient angebaut und ist daher auch als „Ur-Karotte" bekannt. „Wer weiß heute schon noch, dass es bis ins 17. Jahrhundert nur rote, violette und schwarze Karotten gab und unsere gelbe Karotte das Produkt einer holländischen Kreuzung ist?"

Klar, dass die gesunde Ur-Karotte neben ihrer lila Farbe, die sie dem auch in Brombeeren und Auberginen enthaltenen Pflanzenfarbstoff Anthocyan verdankt, auch einen finessenreichen Geschmack hat, der sich mit einem relativ einfachen Rezept auch in eine feine Karottensuppe bringen lässt: Karotten schälen, entsaften, einmal aufkochen, durch ein Küchentuch (Etamin) seihen, abschmecken – und schon schmeckt man die Gemüsewelt durch eine lila Brille.

„Gemüse werden in ihrer Bedeutung für die feine Küche hierzulande noch zugunsten herkömmlicher Edelzutaten unterschätzt", weiß Heinz Hanner. „Dabei kann selbst eine Stange Lauch ein Nobelprodukt sein, das es mit jeder Bressetaube und jeder Languste aufnehmen kann." Hanner weiß, wovon er spricht. Denn sein Sohn Heinz-Viktor hat beim Pariser Drei-Sterne-Koch Alain Passard im „Arpège" gearbeitet und dort den „Grand-Cru-Lauch" kennen gelernt. Es handelt sich dabei um eine spezielle Babylauch-Sorte, die Passard südlich von Paris unter der Obhut von drei eigens dafür angestellten Gärtnern heranreifen und täglich mit dem TGV nach Paris liefern lässt.

„Davon kann ich einstweilen nur träumen", gibt Hanner offen zu. „Aber wer diesen Lauch einmal verkostet hat, der weiß, dass eine Stange Lauch genauso Grand Cru sein kann wie eine Flasche Bordeaux. Und das ist dann auch wirklich hochfeine Küche."

Ritschertsuppe

NACH MAMA HANNER

ZUTATEN | *20 dag Bohnen oder Erbsen | 20 dag Rollgerste | 1 l Wasser | 1 kleine geselchte Stelze oder Selchripperln | 1 Bund Gundelrebe | 1 Bund Liebstöckel | 1 Salbeiblatt | 10 dag Selleriewurzel Salz*

ZUBEREITUNG | Die Rollgerste und die Erbsen oder Bohnen über Nacht einweichen und mit dem Geselchten und den Gewürzen halbgar kochen. Die würfelig geschnittene Selleriewurzel hinzufügen und ebenfalls gar kochen. Erst vor dem Anrichten salzen.

ANRICHTEN | Im Suppenteller anrichten und mit einem Brotchip verfeinern.

Stachys

MIT PAPRIKASCHAUM UND KNUSPRIGEM TOFU

ZUTATEN | *200 g Stachys (Knollenziest) | 150 g roter Paprika | 100 g Tofu, geräuchert 50 g Butter | 1/16 l trockener Wermouth | 1/16 l Sherry | Salz, Pfeffer, Majoran | 1 Knoblauch 6 Stück Schalotten | 80 g Paprikapulver | 1 Spritzer Essig | ½ l Gemüsefond | ¼ l Tafelöl zum Backen*

ZUBEREITUNG | Die Stachys putzen, waschen und im Salzwasser ankochen.
Die Schalotten schälen und fein zusammenschneiden und in Butter anglasieren. Mit dem Paprikapulver stauben, ein Spritzer Essig, den Wermouth und Sherry hinzugeben und mit dem Gemüsefond ablöschen. Den geschnittenen Paprika ohne Kerne hinzufügen und kräftig würzen. (Tipp: Wichtig!! Gleich fertig abschmecken, ergibt eine bessere Harmonie von Paprika und Stachys.) Die Sauce mixen, bis sie ganz fein ist.
Den Tofu in feine Streifen schneiden und in heißem Fett rausbacken, bis er knusprig ist. Die gekochten Stachys in Öl anbraten.

ANRICHTEN | Die Stachyis in einem tiefen Teller anrichten, mit reichlich Fond umgießen und mit Paprikaschaum und gehackten Kräutern vollenden.

Schnecken

aus Rothneusiedl

Am besten eignen sich für dieses Rezept die so genannten „Wiener Schnecken". Seit einigen Jahren knüpfen Andreas Gugumuck und seine Familie mit ihrer Schneckenzucht in Rothneusiedl nämlich an eine alte und fast vergessene Wiener Tradition an. Als Slowfood-Mitglied legen die Gugumucks auch allerhöchsten Wert auf artgerechte Haltung, Naturnähe und regionale Typizität.

ZUTATEN | *100 g Weinbergschnecken | 4 Eidotter | 150 g Spinat | 150 g frisch gezupfter Bärlauch 50 g Butter | Salz, Pfeffer, Muskat | 1/8 l Gemüsefond | 1/8 l Weißwein | 3 Schalotten | 1/8 l Milch 10 g griffiges Mehl*

ZUBEREITUNG | Die Schnecken putzen und im eigenen Fond lagern. Den Spinat und Bärlauch ebenfalls putzen und schneiden. Mit Schalotten, Butter und griffigem Mehl eine helle Einbrenn machen, mit Weißwein und Fond ablöschen und einkochen lassen, bis eine sämige Konsistenz erreicht ist. Dann den Spinat und Bärlauch hinzufügen und fein mixen.

Den Eidotter ins heiße Wasser gleiten lassen und kurz 10 Minuten ziehen lassen. Die Schnecken in Butter und eigenem Fond erwärmen und kräftig mit Salz und Pfeffer würzen.

ANRICHTEN | Den Bärlauchspinat in die Mitte des Tellers setzen, den Eidotter darauflegen und mit den Schnecken rundherum vollenden.

Als Garnitur eigenen sich verschiedene frische Kräuter der Saison oder knusprige Chips.

Zitronen-Kräuteröl

ZUTATEN | *3 rote Chilischoten* | *700 ml Öl (am besten Sojaöl)* | *Schale von ½ Zitrone*
3 Stiele Zitronenmelisse

ZUBEREITUNG | Chilischoten, Zitronenschale und Melisse in eine Flasche geben, diese mit Öl auffüllen und 3 Wochen an einem kühlen, dunklen Ort ziehen lassen.

Apfeldressing

ZUTATEN | *1 Beutel Apfeltee* | *1 säuerlicher Apfel* | *½ Bund Petersilie* | *1 EL Apfelsaft*
1 EL Apfelessig | *1 TL Honig* | *1 TL Senf* | *1 TL Öl (Tafelöl)* | *1/8 l Wasser* | *Salz, weißer Pfeffer*

ZUBEREITUNG | Das Wasser aufkochen und den Teebeutel in einer Tasse übergießen. 10 Minuten ziehen lassen. Den Apfel schälen und in Viertel schneiden. Das Gehäuse entfernen und den Apfel raspeln, mit Tee, Essig, Saft, Öl, Senf, Honig und Petersilie verrühren und mit Salz und Pfeffer abschmecken.

Orangen-Estragon-Dressing

ZUTATEN | *4 Eidotter* | *40 ml Kokosessig* | *40 ml Orangensaftkonzentrat* | *1 EL Estragon* | *Salz, Pfeffer*

ZUBEREITUNG | Eidotter mit Orangensaftkonzentrat über heißem Dampf aufschlagen. Mit Wasser verdünnen, bis er eine sämige Konsistenz hat und mit Estragon, Salz, Pfeffer und Kokosessig abschmecken.

Backhendlmarinade

ZUTATEN | *1 Bund Petersilie* | *Salz, Pfeffer* | *Limettenzeste oder Zitronenzeste* | *1/16 l Joghurt*

ZUBEREITUNG | Die Zutaten vermischen und das Hendl damit marinieren und 1–2 Stunden durchziehen lassen. Es bekommt von der Limette eine herrlich frische Note.

Radieschenmarinade

ZUTATEN | *3 EL Haselnussöl* | *1 EL Apfelessig* | *1 Dash Arganöl* | *1 Dash Tomatenessig*
3 Radieschen | *Zucker*

ZUBEREITUNG | Haselnussöl, Apfelessig, Arganöl und Tomatenessig vermischen, gut verrühren und kurz durchmixen. Danach die Radieschen in feine Würfel schneiden und zu der Marinade geben.

Kerbelvinaigrette

ZUTATEN | *2 EL Apfelessig* | *4 Stängel Kerbel* | *1 Knoblauchzehe* | *1 EL Weißwein* | *1 EL Rapsöl*
Salz, weißer Pfeffer

ZUBEREITUNG | Den Knoblauch enthäuten und mit einer Prise Salz zerdrücken, mit Öl, Essig, Wein und Pfeffer vermischen. Den Kerbel waschen, abtropfen lassen, hacken und zur Vinaigrette geben.

Bärlauchpesto / Basilikumpesto

ZUTATEN | *200 ml Olivenöl* | *1 Bund Bärlauch (mind. 100 g)* | *1 Zehe Knoblauch* | *50 g Pinienkerne*
30 g Bergkäse | *etwas Salz*

ZUBEREITUNG | Bärlauch hacken, mit Knoblauch, gerösteten Pinienkernen, geriebenem Bergkäse und etwas Öl im Mörser fein zerreiben. Leicht salzen und mit dem restlichen Öl in die gewünschte Konsistenz bringen.

TIPP | Dieses Rezept funktioniert auch perfekt mit Basilikum.

Wienerwald-Gazpacho

ESSBARE BLÜTEN, BORRETSCH UND GEMÜSEWÜRFEL

ZUTATEN | *1 ganze Gurke* | *1 Stk. roter Paprika* | *¼ l Sauerrahm und 1/8 l Schlagobers*
Salz, Cayennepfeffer | *Borretschblüten* | *Minzeblüten* | *Scharfgarbeblüten* | *Gänseblümchen*
1 Knoblauchzehe | *1 Chilischote*

ZUBEREITUNG | Die Gurke und den entkernten Paprika mit Sauerrahm und Schlagobers fein mixen, bis eine Suppe mit cremiger Konsistenz entsteht; mit Salz und Cayennepfeffer würzen, den zerdrückten Knoblauch und die fein geschnittene Chilischote je nach Schärfe dazumixen und danach in einen tiefen Teller einfüllen und kalt stellen.

ANRICHTEN | Die kalte Suppe mit den Blüten und den Garten- und Wiesenkräutern vollenden.
TIPP | Sie können auch grünes Pesto mit in die Suppe hineingeben.

Foto rechts

Zucchinicreme

Sommertrüffel und Rucola

Dieses Rezept wurde bereits 1993 kreiert und steht seither als einziges Gericht immer wieder auf der Hanner-Karte. Der Grund des außerordentlichen Erfolgs: Statt Obers wird nur cremig püriertes Gemüse verwendet, anstatt mit Butter mit einer gekochten Kartoffel gebunden – und den „gewissen Kick" bringt zuletzt der erstaunlich harmonische Geschmacksakkord von Sommertrüffel und Rucola.

ZUTATEN | *1 Zwiebel* | *3 Zucchini* | *1 EL Rapsöl* | *1/16 l Weißwein* | *1 ¼ l Rindsuppe*
1 mehlige Kartoffel, gekocht, geschält und zerdrückt | *100 g Sommertrüffel* | *20 g Rucola*
Pfeffer aus der Mühle

ZUBEREITUNG | Die Zwiebel schälen und fein schneiden. Die Zucchini waschen und in Würfel schneiden. In einem Topf Rapsöl erhitzen und Zwiebel darin anschwitzen. Die Zucchini zugeben, kurz mitbraten und mit Weißwein ablöschen. Mit 1 l Rindsuppe aufgießen und die zerdrückte Kartoffel einmischen. Einmal kräftig aufkochen lassen und anschließend pürieren.

ANRICHTEN | Die Zucchinicreme in Kaffeegläsern anrichten, mit der geriebenen Trüffel und Rucola garnieren und mit Pfeffer aus der Mühle vollenden.

Löwenzahnhonig

ZUTATEN | *50 dag Löwenzahnblüten (nur Köpfe)* | *1,8 l Wasser* | *Saft von 3 Zitronen* | *2 kg Kristallzucker*

ZUBEREITUNG | Die Blüten im Wasser 30 Minuten lang kochen lassen und abseihen. Zucker in dem Saft auflösen und Zitronensaft hinzufügen. 2 Stunden lang ohne Deckel leise kochen lassen.
Den Honig in Gläser abfüllen, verschließen und kühl lagern. Sehr gesunder, vitaminreicher Honig.

TIPP | Noch besser ist es, wenn Sie Rohrzucker verwenden.

7 x Sommer

EIN POTPOURRI FÜR HEISSE TAGE

ZUTATEN | Gazpachogelee | *500 ml Gazpachosuppe* | *4 Blatt Gelatine* | *5 g Agar-Agar* |

Paradeisergelee | *500 ml Paradeisersaft* | *4 Blatt Gelatine* | *5 g Agar-Agar*

Eierschwammerlgelee | *500 ml Eierschwammerlconsommé* | *5 g Agar-Agar* | *4 Blatt Gelatine*

Melonengelee | *500 ml Melonensaft* | *5 g Agar-Agar* | *4 Blatt Gelatine*

Entenlebermousse | *½ kg Entenleber geputzt* | *2 g Pökelsalz* | *¼ l Beerenauslese* | *etwas Weinkraut*
1/16 l Madeira | *Staubzucker*

Sauerrahmmousse | *300 g Sauerrahm* | *200 g Crème fraîche* | *Salz* | *Muskat* | *Cayenne-Pfeffer*
3 Blatt Gelatine | *5 g Agar-Agar*

Wildkräutermousse | *250 g Crème fraîche* | *250 g Sauerrahm*
gemeinsam aufkochen

ZUBEREITUNG | Gazpachogelee / Paradeisergelee / Melonengelee | Eierschwammerlgelee
4 Blatt Gelatine in Wasser einweichen, ausdrücken und das Agar-Agar mit der jeweiligen Flüssigkeit erwärmen. Die Masse abfüllen, in ein gleichmäßiges Geschirr füllen und kalt stellen.
Entenlebermousse | Die Leber mit Beerenauslese, Weinkraut und Madeira marinieren. Mit Pökelsalz und Pfeffer aus der Mühle würzen. 4 Stunden stehen lassen und dann in ein Porzellangefäß drücken. In eine Klarsichtfolie einpacken bzw. außen eine Schicht Alufolie herumwickeln und bei 70 °C 40 Minuten bei Dampf garen. Die Leber herausnehmen und auf Eis stellen oder im Tiefkühler erkalten lassen.
Sauerrahmmousse | Die Gelatine wie bei den Gelees einweichen. Die Crème fraîche und das Sauerrahmmousse erwärmen, mit Salz, Muskat und Cayennepfeffer würzen und die eingeweichte Gelatine, sowie das Agar Agar einrühren.
Wildkräutermousse | Die Zubereitung erfolgt wie beim Sauerrahmmousse, jedoch wird das Mousse in Gefäße gleicher Größe gefüllt.

ANRICHTEN | Die Gelees und die erkalteten Mousses in gleich lange Stäbe schneiden (Tipp: Machen Sie sich eine Schablone aus einem Plastikdeckel, dann können Sie alle Gelees mit dem Stanleymesser gleich groß schneiden) und mit verschiedenen Kräutern garnieren. Wichtig bei dieser Kreation ist, die Stäbe senkrecht im gleichen Abstand anzurichten.

Brennnesselsuppe

ZUTATEN | *300 g junge Brennnesselblätter* | *4 dag griffiges Mehl* | *4 dag Butter* | *1 ganze Zwiebel*
2 Knoblauchzehen | *4 gehackte mehlige Kartoffeln* | *Salz, Pfeffer (schwarz, geschrotet)*

ZUBEREITUNG | Die Brennnesselspitzen waschen, in 1 l Salzwasser kurz überkochen, abseihen und fein hacken. Die Hälfte des Kochwassers zur Seite stellen. Aus Butter, Zwiebel und Mehl eine leichte Einbrenn machen, diese mit kaltem Wasser ablöschen, mit Brennnesselsud aufgießen und würzen. Brennnessel, passierte Kartoffeln und Knoblauch hinzufügen und ziehen lassen.
Man kann die Brennnesselsuppe auch ohne Erdäpfel zubereiten und mit Muskatnuss und Rahm verfeinern.
Wenn Sie nicht genug Brennnesselblätter im Garten finden, geben Sie gehackten Spinat hinzu.

ANRICHTEN | Die Brennnesselsuppe mit einem Stabmixer und einer Flocke Butter schaumig rühren und in einen Suppenteller gießen. Mit frittierten Brennnesselblättern dekorieren.

Brunnenkressesuppe

Erdäpfelcroutons

ZUTATEN | *1 Zwiebel* | *1 Butterwürfel à 25 g* | *1/16 l Weißwein*
1/2 l Geflügelfond oder Gemüsefond | *Saft einer ½ Zitrone* | *Salz, Muskat*
1 Bund Brunnenkresse | *1 Kartoffel* | *1/16 l Rapsöl* | *1/8 l Obers*
1 Prise Wasabipulver (erhältlich in jedem Großfachhandel wie Pfeiffer, Metro, Adeg)

ZUBEREITUNG | Die Zwiebel in einer Pfanne in Butter anschwitzen, mit Weißwein ablöschen und mit dem Geflügelfond aufgießen. Ein bisschen Butter und Obers auf Konsistenz einkochen lassen, mit Zitronensaft und Muskat abschmecken und anschließend mixen.
Die Brunnenkresse blanchieren und mit etwas Flüssigkeit mixen.
Fertigstellen der Suppe | Den Suppenansatz aufkochen lassen, die Kressepaste hinzufügen und mit Wasabipulver, etwas Zitronensaft und Salz abschmecken.
Kartoffel in kleine Würfel schneiden und in genügend Rapsöl herausbacken, danach aus dem Öl nehmen, ordentlich abtropfen und kurz vor dem Servieren noch einmal in den Salamander geben.

ANRICHTEN | Die Suppe kurz vor dem Anrichten aufmixen, mit in Streifen geschnittenen Brunnenkresseblättern und Erdäpfelcroutons servieren.
TIPP | Dazu passen sehr gut Flusskrebse.

Foto rechts

Gelber Paradeisersalat

BUSCHBASILIKUM, SCHALOTTEN & BASILIKUMPESTO

ZUTATEN | *200 g gelbe Johannisbeerparadeiser | 100 g Buschbasilikum (Kresse) | 150 g normales Blattbasilikum | 6 Schalotten | 3 Knoblauchzehen 40 g geröstete Pinienkerne | 40 g geröstete Mandeln | 75 g geriebener Parmesan | 1 Tasse hochwertiges Leinöl | Salz, Pfeffer*

Marinade | *1/8 l Balsamico | 1/8 l Rapsöl | Salz, Pfeffer | 1 Prise Kristallzucker*

ZUBEREITUNG | Alle Zutaten bis auf die Paradeiser und Schalotten in einem Mixer pürieren und im Mörser zu einer Paste verarbeiten. Knapp eine Tasse Leinöl langsam dazugießen, bis die Paste bindet und glatt wird. Das Pesto in eine Schüssel löffeln, das restliche Leinöl hinzufügen, zudecken und kühl stehen lassen.
Die Zutaten der Marinade verrühren und damit die in Scheiben geschnittenen Paradeiser und Schalotten marinieren. (Tipp: Mindestens eine Stunde mariniert lassen, damit der Geschmack intensiver ist.)

ANRICHTEN | Den Salat auf einem runden Teller mit gezupftem Buschbasilikum vollenden.

Topinamburlaibchen

ZUTATEN | *1 kg Topinambur* | *20 dag Prosciutto* | *2 Eier* | *10 dag griffiges Mehl*
Salz, Pfeffer, Majoran | *2 Knoblauchzehen*

ZUBEREITUNG | Topinambur schälen und weich kochen, auskühlen lassen und zerteilen.
Den Prosciutto mit den Kartoffeln faschieren.
Die Eier und das Mehl zu einem feinen Teig vermischen, würzen und zu einem Striezel formen. Davon drei fingerdicke Scheiben abschneiden, in eine stark befettete Pfanne legen und mit dem Messerrücken ein Karo in jedes Laibchen drücken. Auf beiden Seiten im Rohr bei 180 °C ca. 8 min. backen.

ANRICHTEN | Die Laibchen auf einem Teller anrichten und mit einem frischen Gartensalat servieren.

Karottenschaum

ZUTATEN | *800 g gekochte Karotten* | *400 g Karottenfond* | *100 g Crème fraîche* | *100 g Öl* | *10 g Salz*

ZUBEREITUNG | Alle Zutaten gut durchmixen, mit Salz würzen und in eine Isi-Flasche füllen. Eine Patrone hineingeben, damit der Karottenschaum ein größeres Volumen erhält.

Kerbelknollensuppe

MIT MARONI & BLÄTTERTEIGSTANGERL

ZUTATEN | *350 g Kerbelknolle, geschält* | *100 g Obers* | *200 ml Gemüsefond* | *50 g Butter*
Salz, schwarzer Pfeffer aus der Mühle | *2 cl Weißwein (Riesling)* | *100 g Maroni gebraten und aufgebrochen* | *50 g Honig* | *100 g Blätterteig* | *5 g grünes Teepulver* | *1 ML Lebkuchengewürz*
1 Eigelb

ZUBEREITUNG | Die Kerbelknolle im Fond weich kochen, mit Butter und Obers mixen, 5 Minuten leicht köcheln lassen und mit Salz, Pfeffer und wenig Weißwein abschmecken.
Den Blätterteig 0,5 cm dick ausrollen und in 1cm breite und 10 cm lange Stücke schneiden, mit Eigelb bestreichen, mit Lebkuchengewürz bestreuen und im Ofen bei 220 °C goldgelb backen.
Die Maroni mit Honig (bei mittlerer Hitze, ohne den Honig zu karamellisieren) kurz in einer Pfanne glasieren.

ANRICHTEN | Die Suppe nochmals erhitzen, in einem Suppenteller mit den Maroni, den Blätterteigstangerln und dem Teepulver garnieren.

Hanners Aperitif-Happen

ZUTATEN | Schinken-Butter | *1 Stück Osso Collo (ca. 300 g)* | *250 g Butter*

Brotchips | *½ Sonnenblumenbrot* | *½ Kürbisbrot*

Artischockenmarshmallow | *100 g Artischockenpulver (von der Firma SOSA, im Internet erhältlich unter www.spiceworld.at)* | *10 Blatt Gelatine* | *40 g Wasser* | *10 g Essig* *18,5 g Dextrose (Mischung aus Fruktose und Glukose)* | *40 g Isomalt (Zuckerersatz mit denselben Eigenschaften wie Zucker, nur nicht süß)* | *40 g Kristallzucker* | *3 Eiweiß* | *50 g Pankomehl (asiatisches, grobes Paniermehl, im Asia-Shop erhältlich)* | *1 Glas Forellenkaviar*

Frühlingsröllchen auf Mayerlinger Art (Grundrezept) | *1 Frühlingsrollenteig* *1 Metallrolle (je kleiner der Durchmesser, desto schmaler werden später die Röllchen)* *Rapsöl zum Bepinseln*

Kürbistopfenfülle | *300 g Crème fraîche* | *500 g Topfen (20 % F.i.T.)* *Salz, Pfeffer, Muskat, Cayennepfeffer, evt. Rosen- oder Delikatesspaprika, Kernöl nach Geschmack*

ZUBEREITUNG | Schinken-Butter | Osso Collo der Länge nach schneiden und abwechselnd mit Butter in derselben Größe schichten. Achtung: 7 Schichten, da 1 Schicht immer wegfällt!
In Folie einwickeln, einfrieren und gefroren auf einer Aufschnittmaschine aufschneiden und Spiralen formen.
Brotchips | Das Sonnenblumen- oder Kürbisbrot antauen lassen, mit der Aufschnittmaschine am Boden beginnend dünne Scheiben herunterschneiden, mit dem viereckigen Ausstecher die Chips ausstechen und auf ein Blech mit Backpapier legen. Maximal 3 Schichten übereinanderlegen, zweites Blech darauflegen, damit die Chips beschwert werden, und bei 160 °C ca. 15 Minuten knusprig backen.
Artischockenmarshmallow | Die Gelatine in kaltem Wasser einweichen. Anschließend das Artischockenpulver, das Wasser, den Essig, die Dextrose, den Isomalt und den Kristallzucker in einem Topf schmelzen und dabei einmal aufkochen (muss mindestens 90 °C erreichen). Währenddessen das Eiweiß in einer Rührmaschine zu Schnee schlagen und die ausgedrückte, eingeweichte Gelatine in der Zuckermischung auflösen. Weiters die Zuckermischung unter ständigem Rühren langsam zum Eischnee einfließen lassen. So lange schlagen lassen, bis die Masse erkaltet und schaumig geschlagen ist. In eine mit Klarsichtfolie ausgelegte Form abfüllen und kalt stellen.
Das Pankomehl in einer Pfanne leicht anrösten, leicht salzen und zuckern, auskühlen lassen und das Marshmallow darin wälzen. Anschließend etwas Forellenkaviar daraufgeben.
Frühlingsröllchen | Den Frühlingsrollenteig in 5 x 6 cm große Scheiben schneiden.
Die Röllchen gut mit Öl bepinseln und den Frühlingsrollenteig um die Metallrolle wickeln. Dann bei 180 °C ca. 15 Minuten im Ofen backen und noch im warmen Zustand den knusprigen Teig herunterziehen.
Kürbistopfenfülle | Die Crème fraîche und den Topfen mit den Gewürzen verrühren und je nach Geschmack würzen.

ANRICHTEN | Die Schinken-Butter auf dem Brotchip platzieren. Links davon das Röllchen mit der Kürbistopfenfülle und rechts davon das Artischockenmarshmallow anrichten.
Um Hanners Aperitif-Happen zu erweitern, eignet sich das Wienerwald-Gazpacho hervorragend (vor allem an heißen Tagen).

Kürbisschaum

ZUTATEN | *700 g gekochtes Hokaido-Kürbisfleisch* | *300 ml Gemüsebrühe* | *8 Blatt Gelatine*
Kurkuma, Salz, Zucker, Zitronensaft

ZUBEREITUNG | Den ganzen Kürbis in der Schale gar kochen, halbieren, entkernen und das Fruchtfleisch mit einem Löffel aushöhlen. Das Fruchtfleisch mit der Gemüsebrühe in einem Mixer pürieren. Anschließend durch ein feines Sieb passieren und mit den Gewürzen abschmecken. 100 ml des Pürees mit der eingeweichten und ausgedrückten Gelatine erhitzen (60 °C) und die restliche Masse unterrühren. Vor dem Einfüllen mit einem Schneebesen noch einmal aufschlagen und in eine Isi-Flasche füllen, eine Kapsel hinzugeben.

Gebackene Zucchiniblüte

in Olivenbutter

ZUTATEN | *4 Stk. Zucchiniblüte mit kleinen Zucchini daran | 1 Paprika | 100 g Oliven | 100 g Butter 5 g Tempuramehl (Maismehl) | 2 g Trisol (Trisol unterstützt das Gebackene in der Knusprigkeit, erhältlich im Internet unter www.bossfood.com) | 1 Schalotte | Salz, Pfeffer | 1 Bund frischer Basilikum*

ZUBEREITUNG | Die Zucchiniblüte von der Zucchini trennen. Den Paprika, die Oliven und Zucchini klein würfelig schneiden, mit Salz, Pfeffer würzen und mit der ebenfalls klein geschnittenen Schalotte in Butter glasieren. Abschließend frisches, gezupftes und gehacktes Basilikum hinzufügen.
Die Fülle vorsichtig in die Blüte füllen und vorne zudrehen. Das Tempuramehl und Trisol vermischen und mit Wasser anrühren, bis ein dicklicher Teig entsteht. Die Zucchiniblüte durchziehen und in heißem Fett rausbacken.
Die restlichen Oliven im Cutter mixen, bis ein feiner Brei entsteht, und mit der flüssig gemachten Butter verrühren.

ANRICHTEN | Mit der Olivenbutter auf dem Teller einen Strich ziehen und die gebackene Zucchiniblüte darauf anrichten.

Kürbistopfenfülle

Zutaten | 300 g Crème fraîche | 500 g Topfen (½ trocken) | Salz, Pfeffer, Muskat, Cayennepfeffer evt. Rosen od. Delikatesspaprika | Kernöl nach Geschmack

ZUBEREITUNG | Die Crème fraîche und den Topfen mit den Gewürzen verrühren und je nach Geschmack würzen.

ANRICHTEN | Die Creme in einen Spritzsacke füllen, in einem tiefen Teller oder auf Schwarzbrot anrichten und einen knusprigen Chip aller Art daraufdressieren.

Maronensamtsuppe

MIT FASANENBRUST & STEINPILZEN

ZUTATEN | *1 EL Rapsöl | 1 TL Petersilie | 100 ml Schlagobers | 40 g Butter | Salz, Pfeffer 1 Stange Staudensellerie | 150 g Maronen, gekocht und geschält | 300 ml Wildfond oder Kalbsfond (ungefähre Angabe) | 1 TL Trüffeljus | 2 EL geschlagenes Schlagobers | 90 g Fasanenbrust, ausgelöst 4 cl Trockenbeerenauslese | 2 frische kleine Steinpilze*

ZUBEREITUNG | Die Maronen und die Selleriestange in Stücke schneiden und in 20 g der heißen Butter andünsten, aber nicht bräunen. Mit dem Wildfond ablöschen, das Gemüse bei schwacher Hitze in etwa 15 Minuten weich kochen.

Für die Einlage die Fasanenbrust salzen und pfeffern. Öl und 10 g Butter in einer Pfanne erhitzen und die Brust darin von jeder Seite 2–3 Minuten anbraten. Die Brust in Alufolie wickeln und nachziehen lassen.

Die Steinpilze putzen und in Scheiben schneiden. In einer zweiten Pfanne den Rest der Butter erhitzen und die Pilze darin rasch goldbraun braten, mit Salz und Pfeffer würzen.

Die Maronensuppe im Mixer fein pürieren und falls nötig noch etwas Fond hinzugießen. Die Suppe zurück in den Topf füllen, dann die 100 ml Schlagobers und die Trockenbeerenauslese unterrühren, mit Trüffeljus abschmecken und unter ständigem Rühren erhitzen.

ANRICHTEN | Die Fasanenbrust in Scheiben schneiden, den austretenden Fleischsaft unter die Suppe rühren. 2 EL geschlagenes Obers unterziehen und die Suppe auf die vorgewärmten Teller verteilen. Mit den Fasanbrustscheiben und Pilzen belegen, mit Petersilie bestreuen und servieren.

Marchfelder Artischockencreme & Kaviar

Lardo, gebratener Saibling sowie Tatar von Kren & Schafskäse

ZUTATEN | *125 g Salzburger Störkaviar*
Artischockencreme | *½ l Artischockenfond* | *100 ml reduzierter Gelber Muskateller*
3 große Artischockenböden | *Salz, Pfeffer, Muskat, Cayennepfeffer* | *3 Dotter* | *¼ l Rapsöl*

4 Saiblingfilets à 10 g | *100 g Lardo (grüner Speck) vom Wildschwein* | *5 g Kren* | *100 g Schafskäse*

ZUBEREITUNG | Den Artischockenfond und 100 ml reduzierten Gelben Muskateller (1 l Gelber Muskateller, reduziert auf die gewünschte Rezeptmenge) mit Cayennepfeffer, Salz und Muskat würzen. Mit 3 Dotter und Rapsöl montieren.
Den Saibling zerteilen, klein hacken und würzen. Daraus kleine Laibchen formen und mit grünem Speck einwickeln. Den Kren reiben und die 4 schönen Stücke vom Saibling braten.

ANRICHTEN | Die Laibchen vom Saibling in die Mitte des Tellers setzen. Den gebratenen Fisch mit Schafkäse und Kren bedecken und auf das Laibchen ein schönes Kaviarnockerl platzieren.

Paradeisertarte

SPECK & THYMIAN

ZUTATEN | *1 Packung Blätterteig | 1 EL fein geschnittene Zwiebel 1 TL Knoblauch | 10 EL Tomaten-Concassé | 1 Prise Zucker | 2 EL Rapsöl 3 EL Kapernbeeren | 2 Sardellenringerl (gekuttert) | 2 Oliven | 50 g Asmonte (= steirischer Parmesan), gerieben | 20 g Speck | Salz, Pfeffer | Thymian*

ZUBEREITUNG | Die Zwiebel und den Knoblauch in Rapsöl glasig anschwitzen. Das Concassé mit dem Zucker, den Kapernbeeren, den Sardellenringerl, den Oliven, der Zwiebel und dem Knoblauch vermengen, mit Salz, Pfeffer und Thymian würzen. Diese Masse auf den Blätterteig streichen, mit sehr fein geriebenem Parmesan bestreuen, mit Speckstreifen belegen und anschließend in den Salamander geben.

ANRICHTEN | Auf einem runden Teller anrichten.

Purple-Haze-Suppe

ZUTATEN | *10 Stück violette Karotten* | *Salz, Pfeffer, Muskat*

ZUBEREITUNG | Die Karotten schälen und mit einem Entsafter entsaften. Die entsaftete Karotte würzen und einmal aufkochen. Den gekochten Saft durch ein Küchentuch abseihen, dadurch bekommt man eine klare violette Suppe.

ANRICHTEN | Als Einlage kann man Ravioli oder verschiedene Teigwaren verwenden. Mit Petersilienöl und Brotcroûtons verfeinern.

Kürbissuppe

GEBACKENE KÜRBISBLÜTE & ROH MARINIERTER KÜRBIS

ZUTATEN | *50 g geröstete Kürbiskerne* | *600 g Muskatkürbis* | *30 g Zwiebelwürfel*
3 g durchgepresster Knoblauch | *20 g Butter* | *10 g Ingwerwürfel* | *15 g Ingwersirup*
1 g geriebener Koriander | *Salz, Pfeffer* | *2 dl Bouillon* | *4 Kürbisblüten*
250 g Tempuramehl (im Asia-Shop erhältlich, mit 100 ml kaltem Wasser anrühren)

ZUBEREITUNG | Den Kürbis (500 g), die Zwiebelwürfel und den Knoblauch in Butter dünsten. Die Ingwerwürfel hinzufügen und mit Ingwersirup glasieren, mit geriebenem Koriander, Salz und Pfeffer abschmecken. Mit der Bouillon aufgießen, mixen und mit etwas Butter montieren. Die Suppe abfüllen und bei –20 Grad 24 Stunden gefrieren.
Die Kürbisblüte durch den Tempurateig ziehen und in heißem Fett rausbacken.
Für den roh marinierten Kürbis die restlichen 100 g Kürbis schälen und fein raspeln. Diesen mit Salz, Pfeffer und Muskat würzen und etwas Olivenöl hinzufügen.

ANRICHTEN | Den marinierten Kürbis in einen tiefen Teller platzieren. Die Suppe erhitzen und im tiefen Teller anrichten, mit gerösteten Kürbiskernen, Croutons und Kürbiskernöl garnieren. Foto rechts

Rotes Rübencarpaccio

FORELLENKAVIAR & MEERWASSERSCHAUM

ZUTATEN | *2 hart gekochte Eier* | *1 kleine Schalotte, fein geschnitten* | *200 ml roter Rübensaft*
Apfelessig, Salz und Pfeffer zum Abschmecken | *1 Bund Schnittlauch* | *2 g Ursalz* | *250 ml Wasser*
2 Blatt Gelatine | *1 EL Sauerrahm* | *2 gekochte rote Rüben* | *Haselnussöl* | *Forellenkaviar*

ZUBEREITUNG | Ursalz in Wasser mischen und die eingeweichte Gelatine darin auflösen und in eine Isi-Flasche füllen, 6 Stunden kühl stellen.
Von den gekochten Eiern das Eiweiß und die Dotter klein hacken und mit den feinen Schalottenwürfeln mischen. Den roten Rübensaft zum Sirup einkochen, mit Essig, Salz und Pfeffer abschmecken, den Sauerrahm gut durchrühren und mit Salz und Pfeffer würzen.
Die roten Rüben in dünne Scheiben schneiden, kreisförmig auf einen Teller legen und mit Apfelessig, Haselnussöl, Salz und Pfeffer würzen

ANRICHTEN | In die Mitte des Carpaccios die gehackten Eier in einen Ring füllen, darauf den Meerwasserschaum mit der Isi-Flasche spritzen und den Forellenkaviar platzieren, mit dem Schnittlauch, Sauerrahm und der Rübenreduktion vollenden.

Erbsen & Schinken-Kroketten »Fest-flüssig«

Frische Erbsencreme & Asmonte

ZUTATEN | *150 g Erbsen, blanchiert | 100 ml Speckfond | 3 Blätter Gelatine 1 g Iota / 10 g Gellan (= Bindemittel aus Meeralgen) | 100 g Asmonte (= steirischer Parmesan) 1/8 L Rotwein | 250 g Butter | Salz und Pfeffer | 150 g Sprossen/Keimlinge | 1/16 l Sojasauce Zucker zum Abschmecken*

ZUBEREITUNG | Die Erbsen blanchieren, abschmecken, mit der Hälfte der Butter fein zum Püree mixen und mit Salz und Pfeffer abschmecken.

Für die Schinken-Kroketten 100 ml Speckfond mit der Gelatine in eine Form füllen und danach einfrieren. Dann zusammenkleben und mit einem Zahnstocher durch den Speckfond mit 10 g Gellan ziehen. Die Sprossen werden klein geschnitten.

Den Käse fein reiben und auf das Backpapier streuen. Im Rohr bei 180 °C 20 Minuten zergehen lassen bzw. kochen lassen, bis er verkrustet ist. Anschließend bricht man ihn noch im warmen Zustand in große Stücke.

1/8 l Rotwein einreduzieren und mit der restlichen Butter aufmixen, mit Salz, Pfeffer und Zucker abschmecken. Erbsen in Butter anglasieren und ebenfalls abschmecken.

ANRICHTEN | Die Schinkenkugel für 4 Minuten in 62 °C warmes Wasser geben, das heiße Erbsenpüree in ein Glas setzen und dann die Sprossen in der Sojasauce erwärmen. Die Schinkenkugel auf die Sprossen setzen und mit der Rotweinsauce nappieren. Zu guter Letzt mit den Käsecrackern vollenden.

TIPP | Dazu passen sehr gut auch pochierte Hahnenkämme.

VON PILZEN & TRÜFFELN

DAS »FLEISCH DES WIENERWALDS«

GÄSTE AUS DEM WALD

Im Volksmund werden Pilze – auf gut Österreichisch: Schwammerln – als „Fleisch der Wälder" bezeichnet. Tatsächlich bestehen, was Textur, Faser und Geschmack betrifft, gewisse Ähnlichkeiten. Der große Feinschmecker Gioacchino Rossini etwa machte sich gerne einen Spaß daraus, seinen Gästen große Steinpilze vorzusetzen, die so zubereitet waren, dass die weniger Geschmacksbegabten unter ihnen sie für Kalbfleisch halten mussten. Spätestens seit Rossini – aber vermutlich auch schon früher – sind Pilze daher auch in der feinen Küche beheimatet.
Biologisch betrachtet, entbehrt der Vergleich mit dem Fleisch allerdings jeglicher Grundlage. Der Nährwert und vor allem der Eiweißgehalt der Pilze sind nämlich im Gegensatz zu Fleisch denkbar gering, allerdings haben sie – und das macht sie auch heute noch zu Favoriten figurbewusster Gourmets – auch kaum Kalorien.
Der Wienerwald, der hinter der Küche von Mayerling nicht nur metaphorisch, sondern auch buchstäblich beginnt, ist ein wahres Eldorado für Wildpilze wie Rotkappe, Parasol, Brätling, Speisetäubling – und natürlich Eierschwammerln.
„Wenn ich Zeit hätte, würde ich die Pilze am liebsten selbst suchen", bekennt Heinz Hanner freimütig. „Doch ich habe keine Zeit, sondern kenne dafür einen der besten Schwammerlsucher der Region. Und der wiederum kennt selbst die geheimsten Plätze." Die Rede ist von Gerhard Ressler aus dem nahen Klausen-Leopoldsdorf, der selbstverständlich auch weiß, mit welchen Pilzen Hanner am liebsten arbeitet:

- Der Stein- oder Herrenpilz *(Boletus edulis)* – in manchen Gegenden auch schlicht Edelpilz genannt – gilt mit Recht als einer der feinsten Speisepilze der Gourmetwelt. Gerhard Ressler liefert während der Saison pro Tag oft zehn bis zwanzig Kilo Steinpilze, die nicht nur blitzsauber geputzt und absolut wurmfrei in die Küche kommen, sondern – nicht nur für Hanner ein Qualitätsmerkmal – „so hart sind, dass man wen damit derschlagen könnt. Da versteht man erst wirklich, warum sie Steinpilze heißen." Kein Wunder, dass sie in Mayerling am liebsten frisch gehobelt aus der Küche kommen. Aber auch wenn man sie gart, lautet die Devise: auf keinen Fall zu lange, sonst werden sie weich und büßen große Teile ihres Aromas ein.

- Was die Herbst- oder Totentrompete betrifft, so wird in jedem großen Koch der Saucier geweckt. Während die tatsächlich wie kleine schwarze Spielzeugtrompeten aussehenden Pilze für Ragouts zu erdig schmecken, sind sie – getrocknet und zu Pilzpulver zermahlen – grandiose Saucenverfeinerer, die sich daher gerade in der feinen Küche allergrößter Beliebtheit erfreuen.

- Tintenschöpflinge zählen zu Heinz Hanners besonderen Favoriten. Er verwendet sie entweder in ganz jungem Erntezustand (noch bevor sie die Tinte ausgebildet haben), oder sie dienen ihm, wenn die Tinte einmal da ist, auch als Grundstoff für schwarzen Risotto. „So ein Risotto von Tintenschöpflingen", schwärmt Hanner, „ist eine ideale Alternative für jene feinschmeckerisch veranlagten Vegetarier und Veganer, von denen es zunehmend mehr gibt."

- Die Morchel ist in der feinen Küche ein absoluter Fixstarter. Sie gilt als einer der besten Speisepilze der Welt und vermählt sich ideal mit dem Aroma von Gänseleber und Portwein. Da sie als einziger Edelpilz im Frühling Saison hat, empfiehlt sich auch die absolut stimmige Kombination mit weißem oder grünem Spargel (etwa in Verbindung mit Flusskrebsen oder Kalbsbries.) In Mayerling wird besonders gerne mit wilden Aumorcheln aus dem nahen Donaugebiet (Kennzeichen: langer weißer Stiel und kleines Hütchen) gearbeitet, die am besten nur ganz kurz ansautiert werden, um ihr unverwechselbares Aroma zu entfalten. Im eigenen Garten kultiviert Heinz Hanner jedoch auch die schwarze und auch geschmacklich dunkel timbrierte Waldmorchel: „Wir haben dazu lastwagenweise Rindenmulch aus dem Wienerwald herangeschafft und zwischen Buchsbäumen aufgeschüttet", erinnert sich Hanner. „Schon nach kurzer Zeit haben sich an dieser Stelle so viele Sporen gebildet, dass wir haufenweise Morcheln gefunden haben." Die Morcheln aus Hanners Garten haben überdies den Vorteil, dass sie, wenn sie sich einmal „sesshaft" gemacht haben, auch nach dem Abschneiden alle Jahre wiederkommen. „Auf diese Weise", rät Hanner, „lässt sich auch stets ein kleiner Morchelvorrat bereithalten. Denn Morcheln, die nicht sofort verkocht werden, lassen sich ganz bequem trocknen und aufbewahren."

IM TRÜFFELGARTEN VON MAYERLING

Seine guten Erfahrungen mit der Zucht von Waldmorcheln haben Heinz Hanner dazu bewogen, auch seinem erklärten Lieblingspilz, der Trüffel, in Mayerling eine Chance zu geben.

„Ein Spitzenkoch ohne Trüffel ist fast so arm dran wie ein Violinvirtuose ohne Geige", weiß Hanner nämlich aus langjähriger Erfahrung. „Nicht zufällig hat Paul Bocuse seine Weltkarriere mit einer Trüffelsuppe gestartet." Und schon lange vor ihm hat der französische Gastrosoph Anthelme Brillat-Savarin die Trüffel als „Diamanten der Küche" bezeichnet, der – über seine rein geschmacklichen Vorzüge hinaus – „Frauen nachgiebiger und Männer liebenswürdiger" zu stimmen vermöge. Entsprechend kostspielig sind die – auch von Hanner im Mayerlinger Küchenalltag favorisierten – schwarzen Trüffeln aus dem Périgord sowie die weißen Trüffeln aus Alba und Istrien inzwischen geworden.

Umso größer war die Freude, als sich gegen Ende der 1980er-Jahre die Trüffelfunde in der Semmeringgegend und im Wienerwald immer mehr häuften. Allein: Die Trüffeln waren zwar oft von erstaunlicher Größe und Wohlgestalt, der Geschmack konnte jedoch, da es sich um Vertreter der wesentlich weniger aromatischen Sommertrüffel handelte, nicht recht mithalten. Selbst die faustgroße weiße Trüffel, die in der Gegend von Stift Heiligenkreuz gefunden wurde, schmeckte eher nach Steinpilzen als nach Trüffeln.

Hanners Interesse war dennoch geweckt. Gegen Ende des vorigen Jahrtausends setzte er hinter seinem Hotel also fünfzehn Hainbuchen und fünf Edelkastanien, ließ dazwischen ein Loch graben und den PH-Wert der Erde bestimmen. Die entsprechenden Ektomykorrhizaproben schickte er daraufhin nach Burgund, von wo man ihm auf sein Erd- und Klimaverhältnis genau abgestimmte Trüffelsporen zurücksandte, die Hanner in seinem Trüffelgarten „einpflanzte".

Im Sommer 2009 begann sich anzukündigen, dass die Saat aufging – und Hanner fand in seinem Garten schon etliche schwarze Trüffeln, die jenen aus dem Périgord sowohl in der Form als auch in Farbe und Geschmack zum Verwechseln ähnlich sind. Für 2010 wird in Mayerling mit der ersten „kleinen Ernte" gerechnet. Rezepte für die „Mayerlinger Burgundertrüffel" finden sich in den Rezeptarchiven von Mayerling mittlerweile schon mehr als genug.

Tarte

MIT JUNGEM PFLÜCKSALAT & WIENERWALDTRÜFFEL

ZUTATEN |
Teigboden | *270 g Mehl* | *180 g weiche Butterflocken* | *1 TL feines Ursalz* | *2 große Eigelb*
1 großes Eigelb, mit einem TL Wasser verquirlt, für eine Eisglasur | *60 g Wienerwaldtrüffel*

Belag | *125 g Rucola* | *Frischer Salat und zarter frischer Pflücksalat gemischt, feste Adern und Stiele entfernt* | *60 ml Rapsöl* | *1 TL feines Ursalz* | *½ kleine Zucchini, geschält und die Schale in 4 mm breite und 4 cm lange Streifen geschnitten* | *5 oder 6 frische Basilikumblätter*
60 g Asmonte (= steirischer Parmesan), grob geraspelt | *Kleine frische Thymianzweige*

ZUBEREITUNG | **Teig** | Mehl, Butter und Salz in einer Küchenmaschine oder einer mittelgroßen Schüssel vermengen. Mit der Maschine 10–12 Sekunden bzw. mit den Fingern zusammenkneten, bis sich kleine Streusel bilden. Das Eigelb zugeben und mehrmals 12- bis 14-mal durchschlagen oder kräftig mit den Fingerspitzen so verkneten, dass der Teig gerade eben zusammenhält. Aus dem Teig Kugeln formen, etwas flach drücken und in eine Frischhaltefolie einschlagen. Über Nacht oder zumindest für 2 Stunden in den Kühlschrank kalt stellen.
Den Boden backen | Den Teig aus dem Kühlschrank nehmen und temperieren, bis er weich genug zum Verarbeiten ist. Den Ofen auf 190 °C vorheizen (Stufe 3).
Mit einem bemehlten Nudelholz den Teig ausrollen (ca. 29 cm Durchmesser und 2–3 mm dick). Den runden ausgerollten Teig auf ein Backpapier geben und dieses auf ein Backblech legen. Wichtig: mehrmals mit der Gabel einstechen.
Den Teig ca. 25 Minuten goldbraun backen, dann rausnehmen und mit Eistreich bestreichen (Eistreich = 1 Eigelb mit etwas Wasser) und nochmals 8 Minuten backen. Danach rausnehmen und abkühlen lassen. Vorsicht: Der Boden krümelt leicht.
„Zusammenbauen" der Tarte | 3 Esslöffel Rapsöl und Ursalz verrühren und die grünen Blattsalate darin wenden. Gleichmäßig auf dem abgekühlten Boden verteilen. Darauf die geschnittene Trüffel mit der Schnittseite nach unten dachziegelartig überlappend verteilen, dabei am Rand beginnen und spiralartig zur Mitte des Bodens hinarbeiten. Das restliche Rapsöl in einer kleinen Pfanne bei mittlerer Temperatur erhitzen. Die Zucchinischalenstreifen hineingeben, dann etwa 1 Minute ohne Anbräunen durchwärmen, sodass sie glänzen.

ANRICHTEN | Auf einem Teller anrichten. Die Basilikumblätter in dem Öl verrühren. Den Belag mit Parmesan raspeln. Mit einigen Thymianzweiglein verzieren, mit frisch gehobelter Trüffel vollenden und dann sofort servieren. Die Tarte nicht mehr kalt stellen.

Waldpilzrisotto

MIT WALDPILZEN UND GRÜNEM SPARGEL

ZUTATEN | *350 g Risottoreis nach Belieben – wichtig ist Rundkornreis* | *250 g gemischte Pilze (Steinpilze, Eierschwammerl, Buchenpilze, Kräuterseitlinge, Wiesenchampignons ...)* | *1 Bund Petersilie 1 Zwiebel* | *3 EL Butter* | *2 EL geriebener Asmonte (= steirischer Parmesan)* | *1 l Gemüsefond oder Hühnerfond* | *1 Bund grüner Spargel (Hopfen- oder Wildspargel)* | *etwas Butter zum Aufschäumen*

ZUBEREITUNG | Die Pilze putzen und in Spalten schneiden.
Die gehackte Zwiebel in der Butter dünsten, den Reis und einen Teil der Pilze hinzufügen und glasig werden lassen. Den heißen Fond hinzufügen und unter ständigem Rühren kochen. Immer wieder etwas Fond nachgießen, damit der Reis nicht festklebt. Zum Schluss die Butter und den Parmesan hinzufügen und abbinden. Die restlichen Pilze und den Spargel in einer heißen Pfanne schwenken und mit der fein gehackten Petersilie vollenden.

ANRICHTEN | Das Risotto in einem tiefen Teller anrichten und mit den gebratenen Pilzen, dem Spargel und aufgeschäumter Butter vollenden.
TIPP | Sie können auch verschiedene Kräuter in den Risotto setzen (siehe Foto). Foto rechts

Eierschwammerl

KLASSISCHE RAHMSAUCE & NUDELN

ZUTATEN | *250 g geputzte Eierschwammerl* | *1 Zwiebel, geschält und in kleine Würfel geschnitten 2 Bund frisch geschnittene Petersilie* | *50 ml klare Rinds- oder Gemüsesuppe* | *150 ml Obers Salz, Pfeffer aus der Mühle* | *250 g Nudeln (Tagliatelle, Farfalle oder je nach Belieben)*

ZUBEREITUNG | Die Zwiebel in Butter anschwitzen, die Eierschwammerl hinzufügen und kurz durchrösten. Mit der Suppe und Obers aufgießen, die Flüssigkeit um die Hälfte ohne heftiges Kochen reduzieren. Anschließend Petersilie beimengen und mit Salz und Pfeffer abschmecken.
Die Nudeln in reichlich Salzwasser al dente kochen, abseihen und ohne Abschrecken unter die Eierschwammerl-Rahmsauce heben.

TIPP | Eierschwammerl niemals kochen lassen, da sie sonst bitter werden!
ANRICHTEN | Die Nudeln mit einer Fleischgabel aufdrehen und in einem tiefen Teller platzieren. Die Eierschwammerl und die Rahmsauce darüber verteilen. Mit schwarzem Pfeffer und geschnittener Petersilie verfeinern.

Das Ei des Heinz Hanner

Vom Molekularei bis zum Kaviar

EIN „GESCHENK FÜR DEN MENSCHLICHEN APPETIT“

Haben Sie gewusst, wie viele Eier alljährlich auf der Welt verzehrt werden?
Es sind immerhin zwanzig Milliarden Stück, und das ist in cholesterinbewussten Zeiten wie den unseren nicht wenig. Die allerwenigsten davon haben allerdings jene Qualität, die schon Grimod de la Reynière, dem Ahnherren aller Restaurantkritiker, vorgeschwebt ist, als er Eier als „eines der herrlichsten Geschenke, die dem menschlichen Appetit von der Vorsehung geschenkt wurden“, bezeichnete.
In Mayerling schließt man sich dieser treffenden Definition heute noch an und verwendet ausschließlich Eier aus Bodenhaltung, vom Wildhuhn, von der Wachtel und vom Taubenzüchter auf der nahen Hohen Reith. Auch „grüne Eier“ von der in Südamerika gezüchteten, aber mittlerweile auch in Österreich angesiedelten Araucana-Sorte kommen auf den Tisch. Sie sind nicht nur etwas farbenfroher und geschmacksintensiver als weiße oder braune Hühnereier, sondern haben auch einen geringeren Cholesteringehalt (was aber nicht an der Struktur des Dotters, sondern an ihrem geringeren Gewicht liegt).
Die Cholesterindebatte hat sich – was Eier betrifft – seit den 1980er- und 1990er-Jahren allerdings wesentlich entschärft. Und seit selbst Ernährungsmediziner wie Prof. Michael Kunze den Eiern („nicht die Eier sind das Böse an Ham and Eggs, sondern der Speck“) die Absolution erteilt haben, können sie auch in der feinen Küche wieder ohne schlechtes Gewissen eingesetzt werden.
Auch das Protein des einst so viel geschmähten Dotters hat seine untadeligen Vorzüge. Es ist zwar etwas weniger stabil als jenes des Eiklars, eignet sich dafür aber ideal zum Binden und Eindicken, vor allem auch bei Saucen und Dips. Beim Erhitzen von Dotter ist allerdings Vorsicht geboten, da er bei zu großer Wärmeeinwirkung leicht gerinnt.
Sind die schönen Stücke erst einmal erworben, so sollte man sie freilich auch richtig – nämlich idealerweise kühl, dunkel und luftig bei 12 °C und 80 % Luftfeuchtigkeit – lagern. Je länger man die Eier aufbewahren möchte, desto tiefer muss die Lagertemperatur sein. Bei Temperaturen zwischen 1 und 3 °C wird die Lebensdauer der Eier wesentlich verlängert. (Man sollte sie jedoch vor der Weiterverwendung in der Küche rechtzeitig wieder auf Zimmertemperatur bringen.) Temperaturschwankungen sind in jedem Fall zu vermeiden, da die Eier sonst zu schwitzen beginnen, was Schimmelbildung zur Folge haben kann. Da sich das Ei geschmacklich leicht an seine Nachbarn in Kühlschrank und Speisekammer anpasst, sollte man bei der Lagerung unbedingt auf entsprechenden Aromaschutz achten. Es sei denn, man lagert die Eier neben oder inmitten von Trüffeln: Dann werden sie schon nach kürzester Zeit selbst zur raren Delikatesse.

ZWISCHEN FRÜHSTÜCKSEI UND „MOLEKULAREI“

An Möglichkeiten, aus Eiern köstliche Gerichte zu zaubern, herrscht wahrlich kein Mangel. Das berühmteste und einfachste davon sind wohl die klassischen Spiegeleier zum Frühstück, die ihrem ursprünglichen Namen „Ochsenaugen“ alle Ehre machen, vor allem wenn der Dotter innen noch schön kernweich und außen nicht durch hässliche Salzflecken beeinträchtigt ist. Um das zu vermeiden, gibt es zwei recht einfache Methoden. Die eine besteht darin, die Spiegeleier während des Bratens zuzudecken, wodurch sich ein hauchdünner, weißer Film über den Dotter zieht, der sich dann ohne Eigelbtrübung salzen und pfeffern lässt.
Die zweite Möglichkeit ist etwas komplizierter: Man trennt die Eier vor dem Braten in Eiweiß und Dotter und lässt zuerst das Eiweiß in die Pfanne gleiten, salzt es und setzt erst danach den Dotter darauf, der das Salz von unten einzieht und daher nicht mehr extra gewürzt zu werden braucht, schon gar nicht, wenn man dazu noch Speck oder Schinken brät oder gar Trüffeln darüberhobelt.

Das Erfolgsrezept des Eis ist seine Anpassungsfähigkeit. Die „Bouillon mit Wachtelei als Amuse bouche“, erinnert sich Heinz Hanner, „war schon in den Achtzigerjahren ein Publikumshit in Mayerling“ und ist es, auf der Basis von Wachtelconsommé, Wachtelfleisch, Wacholder, Gin und Sherry sowie rohem Dotter, bis heute geblieben.
Der Alkohol, so Hanner, „kann dabei ruhig etwas reichlicher fließen. In alten Rezepten hat man einen klassischen Beef-Tea mit einem Drittel Wodka gestreckt. Gerade nach einer langen Party- oder Silvesternacht empfiehlt es sich, mit Wodka und Sherry so richtig ‚reinzufahren‘, damit noch was zum ‚Nachglühen‘ bleibt.“
Nicht nur die klassische, sondern auch die moderne feine Küche hat sich zum Thema Ei jedoch eine Menge einfallen lassen. Aus Japan etwa stammt die Methode, Eier zwischen 62 und 65 °C im Wasser, gleichgültig ob in der Schale oder pochiert, gar zu ziehen, weil das Eiweiß bei dieser Temperatur nur geliert und eine weiche, filigrane, zart cremige Textur erhält. Auch der bei Niedertemperatur gebeizte Eidotter ist mit seiner gallertig-geschmeidigen Struktur ein Kind der sogenannten „Molkularküche“, das diese Küchenmode ob seines unverwechselbaren Wohlgeschmacks und seiner vielseitigen Einsetzbarkeit mit Sicherheit überdauern wird.

Auch Fische legen Eier

Die hohe Schule des Eis ist in der feinen Küche seit jeher das Fischei, sprich: Kaviar, der sich – gewissermaßen von Ei zu Ei – auch hervorragend mit Gerichten aus Geflügeleiern (und *last, but not least* auch mit Trüffeln) kombinieren lässt.
Aus tierschützerischen und ökologischen Gründen verwendet man in Mayerling allerdings nur noch Kaviar aus Zuchten, in denen die Fische vor dem Abstreifen des Kaviars betäubt und nicht getötet werden.
Und was noch vor wenigen Jahren undenkbar war: Auch eine feine Küche kann ihren Kaviarbedarf heutzutage aus österreichischen Quellen decken. So stammt etwa der schwarze „Salzburger Kaviar“ ebenso aus einer heimischen Störzucht wie der mittlerweile (dank deklarierter Fans wie Michael Douglas, der ihn sogar kiloweise zu seiner Hochzeitsparty auftragen ließ) zu Weltruhm gelangte Sicher Saiblingskaviar aus Tainach in Kärnten.
Auch Heinz Hanner outet sich übrigens als erklärter Freund von österreichischem Saiblings- und Forellenkaviar, der „viel besser schmeckt als der nordische Lachskaviar, den man nur essen kann, wenn man ihn zuvor gründlich mit Mineralwasser durchgespült hat“.

Ei mit Topinambur

CREME, CHIP-KAVIAR & SCHNITTLAUCH

Ein Rezept aus der zeitgemäßen feinen Küche

ZUTATEN | *4 Knollen Topinambur* | *½ l Rapsöl*

Püree | *200 g Topinambur* | *10 g Butter* | *125 ml Obers* | *4 weich gekochte Eier*
100 g vegetarischer Kaviar | *1 Bund Schnittlauch*

ZUBEREITUNG | Die Knollen Topinambur schälen, in dünne Scheiben schneiden, frittieren und anschließend leicht salzen. Die restlichen Topinamburen weich dämpfen und mit Butter und Obers mixen, mit Salz und Pfeffer würzen und in eine Isi-Flasche füllen. Eine Patrone hinzugeben.
4 Eier ca. 4,5 Minuten kochen und kurz abschrecken, anschließend schälen. Den Schnittlauch fein schneiden und das Ei darin wälzen.

ANRICHTEN | Je 1 EL Topinamburpüree in ein Cocktailglas geben, das warme weiche Ei in Schnittlauch wälzen und daraufsetzen, mit dem Kaviar toppen und den Chips umkränzen.

62 °C Ei

MIT JUNGEM SPINAT, BURGUNDERTRÜFFEL UND NUSSBUTTERSCHAUM

ZUTATEN | *4 Eier* | *250 g junger Spinat* | *Salz, Pfeffer, Muskat* | *125 g Butter* | *¼ l Gemüsefond*
4 g Lecithin (erhältlich in der Apotheke oder bereits im normalen Fachhandel wie Metro, Pfeiffer, Adeg)
1 Stück Burgunder- oder Wienerwaldtrüffel

ZUBEREITUNG | Die Eier im Wasserbad bei 62 °C (wenn vorhanden mit Thermometer messen, wenn nicht die Eier einmal aufkochen, vom Herd wegstellen und zugedeckt eine halbe Stunde ziehen lassen) 1 Stunde lang pochieren oder im Wasserbecken mit einem Einhängethermostat zubereiten.
Den jungen Spinat waschen und putzen. Den Fond mit 70 g Butter aufmixen, mit Salz, Pfeffer und Muskat würzen. 50 g Butter in der Kasserolle braun werden lassen und dann ebenfalls in die Sauce geben (Tipp: Je brauner die Butter, desto nussiger ist der Geschmack).
Nach 1 Stunde die Eier im Wasser aufschlagen. Den jungen Spinat in einer heißen Pfanne mit Butter kurz durchschwenken und mit Salz, Pfeffer und Muskat würzen. Den Schaum einmal aufkochen und das Lecithin einmixen.

ANRICHTEN | Im tiefen Suppenteller den jungen Spinat anrichten, das Ei vorsichtig in das Spinatbett legen. Den Nussbutterschaum darübergeben. Vollenden Sie das Gericht mit frisch geriebener Mayerlinger Burgundertrüffel.

Foto rechts

Ei im Glas

MIT KRÄUTERSALAT UND PETERSILIENSCHAUM

ZUTATEN | *4 Eier* | *½ Bund Petersilie* | *½ Bund Kerbel* | *½ Bund Oregano* | *½ Bund Schafgarbe (ersatzweise Rosmarin)* | *1/8 l Gemüsefond* | *Salz, Pfeffer, Muskat* | *2 g Lecithin (erhältlich in der Apotheke oder im Großfachhandel wie Pfeiffer, Metro oder Adeg)* | *5 g Butter*

ZUBEREITUNG | Die Eier 4 Minuten 45 Sekunden in heißem Wasser kochen (Tipp: entweder die Eier vorher herauslegen, sodass sie temperiert sind, oder sie mit einer Nadel vorsichtig anstechen).
Die Eier herausnehmen und kurz in kaltem Wasser abschrecken. Die Kräuter zupfen und ein Kräuterbett für das geschälte Ei vorbereiten. Den Fond mit fein gehackter Petersilie aufmixen und die Butter und das Lecithin einrühren.

ANRICHTEN | Das Ei im Kräuterbett anrichten und mit dem aufgemixten Petersilienschaum vollenden.
TIPP | Man kann auch ein bisschen Kaviar darübergeben.

Hühnereinmachsuppe

KAVIAR-EI VOM WILDHUHN

ZUTATEN | *5 dag Fett/Butter oder Schmalz* | *3 dag Mehl* | *1 l starke Hühnersuppe* | *Salz, Liebstöckel*

Kaviar-Ei vom Wildhuhn | *4 Eier vom Wildhuhn* | *½ Bund Schnittlauch* | *100 g Crème fraîche* *100 g Sauerrahm* | *Salz, Pfeffer* | *10 g Eiweiß* | *2 cl Weißwein* | *25 g Forellenkaviar* *25 g schwarzer Kaviar* | *2 mehlige Kartoffel* | *¼ l Milch* | *50 g Butter*

ZUBEREITUNG | Mit dem Fett und dem Mehl eine dicke, helle Einbrenn zubereiten, diese mit Hühnersuppe aufgießen und aufkochen lassen, bis die Suppe die richtige Konsistenz bekommt. Die Suppe mit Salz und Liebstöckel leicht würzen.
Die Kartoffeln schälen und in Salzwasser weich kochen. Durch die Kartoffelpresse drücken und mit lauwarmer Milch zu einem Kartoffelpüree verarbeiten. Abschließend die Butterflocken unterheben.
Die Eier vom Wildhuhn mit dem Eiercutter im oberen Drittel schneiden. Das Eiweiß und Eigelb herausnehmen und zur Seite geben. Die Crème fraîche und den Sauerrahm glatt rühren, mit Salz und Pfeffer abschmecken.

ANRICHTEN | Die Eierschalen auswaschen und auf einem Sockel aus Meersalz platzieren. Das heiße Kartoffelpüree in die Eierschale dressieren und den rohen Dotter daraufsetzen. Mit Forellenkaviar und schwarzem Kaviar bedecken. Abschließend die Sauerrahmcreme darübergeben und frischen Schnittlauch darüberstreuen. Die Suppe separat anrichten.

Gebackener Eidotter

Erdäpfelpüree & Saiblingskaviar

ZUTATEN | *4 ganze Eier* | *3 mehlige Kartoffeln (mind. 300 g)* | *6 dag Butter*
Salz, Pfeffer, Muskat | *½ l Milch* | *100 g Saiblingskaviar*

Panier | *10 g griffiges Mehl* | *10 g Semmelbrösel* | *1 Ei* | *10 g Gelan* | *½ l Wasser*
¼ l Tafelöl zum Backen

ZUBEREITUNG | Die Eier in Eiklar und Eidotter trennen. Gelan ins heiße Wasser einrühren und die Eidotter darin tunken. Auskühlen lassen, es entsteht eine schützende Haut. Die in Gelan getauchten Eidotter in Mehl, Ei und Bröseln panieren und in Tafelöl ausbacken.
Die rohen Erdäpfel schälen, blättrig schneiden und in Salzwasser langsam kochen. Sobald sie sich zerdrücken lassen, in eine Schüssel geben und mit der nötigen Menge warmer Milch vermengen. Schaumig schlagen und mit heißer Butter vollenden, mit Salz, Pfeffer und Muskat würzen.

ANRICHTEN | Das Erdäpfelpüree in der Mitte anrichten, das gebackene Ei daraufsetzen und den Saiblingskaviar über das Ei platzieren.
TIPP | Man kann auch gehackte Kräuter in das Erdäpfelpüree geben, das ergibt eine frische, frühlingshafte Note.

Spinatpizza & Wachteleier

ZUTATEN | *150 g Mozzarella-Käse aus dem Waldviertel (www.bufala-connection.at)* | *½ Bund Basilikum*

Pizzateig | *500 g Weizenmehl* | *125 ml lauwarmes Wasser* | *30 g Germ* | *etwas Salz*

4 EL kalt gepresstes Rapsöl | *1 kleine Zwiebel 500 g frischer Spinat* | *2 Stück Sardellenfilets*
1–2 Knoblauchzehen | *8 Wachteleier*

ZUBEREITUNG | Klassischen Pizzateig vorbereiten. Für ein großes Backblech mit zwei verschiedenen Belägen die doppelte Teigmenge herstellen.
Den Ofen je nach Teig auf 175 °C oder 250 °C vorheizen. Spinat putzen, waschen, abtropfen lassen und grob hacken. Die Zwiebel schälen und in kleine Würfel schneiden. Beides in 2 EL Rapsöl andünsten, die Flüssigkeit verdampfen lassen, den Spinat vor dem Weiterverarbeiten vorsichtig ausdrücken, damit er ganz trocken wird.
Das Blech einfetten (besser bemehlen), den Teig ausrollen und auf das Blech legen. Einen schmalen Rand formen. Für die Pizza mit zwei Belägen auf einem großen Blech mit einem dünnen Teigstreifen eine Trennlinie markieren.
Spinat mit Salz und Pfeffer abschmecken, den zerdrückten Knoblauch und zerzupfte Basilikumblättchen daruntermengen, das Gemüse auf dem Teigboden verteilen, die Sardellenfilets in sehr dünne Streifen schneiden und damit auf der Pizza acht Portionen markieren. In jede Portion ein Wachtelei aufschlagen. Um jedes Ei in feine Streifen geschnittenen Mozzarella-Käse anordnen und mit 2 EL Rapsöl beträufeln.

ANRICHTEN | Die Pizza mit einem Feldsalat servieren.

Omelett mit Zucchiniblüten

ZUTATEN | *6 Zucchiniblüten* | *4 Eier* | *40 g Asmonte (= steirischer Parmesan)* | *1 El Sardellenpaste*
½ Bund Schnittlauch | *1 EL Olivenöl* | *Salz, Pfeffer*

ZUBEREITUNG | Die Blüten waschen, putzen und zerkleinern. Dann die restlichen Zutaten miteinander verrühren. Die Blüten in die Mischung geben und das Ganze bei niedriger Temperatur beidseitig braten.

ANRICHTEN | Das Omelett mit dem Schnittlauch und einigen zurückbehaltenen, in heißem Öl geschwenkten Zucchiniblüten garniert servieren.

Schnelles Omelett & Burgundertrüffel

ZUTATEN | *2 Eier (pro Person)* | *½ Burgundertrüffel* | *1/16 l Obers* | *Salz, Pfeffer*
1/16 l Trüffelfond (Flüssigkeit vom Einlegen) | *2 g Butter*

ZUBEREITUNG | Die Eier mit einer Gabel verquirlen, die Butter in einer Pfanne zergehen lassen, das Schlagobers mit Trüffelfond, Salz und Pfeffer verrühren und zu den verquirlten Eiern geben.
Nun das Eigemisch in die Pfanne eingießen und bei 180 °C 5 Minuten in das vorgeheizte Backrohr geben. Dann das Eigemisch halbmondförmig zusammenklappen und bei Oberhitze fertig backen.

ANRICHTEN | Das Omelett mit frisch gehobelter Burgundertrüffel vollenden.

SÜSSE WASSER SIND TIEF

Forelle, Saibling, Zander & Co

„SÜSSWASSERGIGANTEN" AUS WILDFANG

In einer Sache sind sich Gourmets, Spitzenköche und Ernährungsmediziner heute völlig einig: Eine gesunde und qualitätvolle Küche, in der Fisch nicht eine entscheidende Rolle spielt, kann es nicht geben. Fisch ist nicht nur gesund und macht schlank, sondern er schmeckt auch ausgezeichnet und ist eine immerwährende Herausforderung an die handwerkliche Perfektion und Kreativität jedes Kochs, der – ob er nun Profi oder Hobbykoch ist – seinen Gästen mehr als das Übliche bieten möchte. Die Angel hat jedoch auch einen Haken: Je inniger unsere Liebe zu den Wasserbewohnern wird, desto weniger von ihnen gibt es – und desto wertvoller werden sie.

Was den „Mengenbedarf", vor allem jenen der Industrieländer, nach immer mehr gesundem Fisch betrifft, raten Ökologen daher, Fisch möglichst aus biologisch einwandfreien Aquakulturen zu beziehen, wie es sie – etwa zum Thema Alpenlachs, Mariazeller Trinkwassersaibling oder heimischer Bio-Teichkarpfen – auch in Österreich immer häufiger gibt.

„Die feine Küche ist da freilich in einer ganz anderen Situation", ist Heinz Hanner überzeugt. „Sie hat nämlich keinen quantitativen, sondern vielmehr einen qualitativen Bedarf. Hier soll nicht möglichst viel Fisch verarbeitet werden, sondern möglichst wenig Fisch. Der allerdings sollte wirklich vom Allerfeinsten sein." Und ein Fisch, der vom Allerfeinsten ist, der stammt nun einmal – ob aus Fluss, Meer, Bach oder See – grundsätzlich aus Wildfang. „Wir müssen uns wieder angewöhnen, Hochachtung vor wilden Fischen zu haben", ist Heinz Hanner überzeugt. „Und zu dieser Hochachtung gehört nun einmal die Tatsache, dass es auch für kleine Portionen hohe Preise zu bezahlen gilt, da unsere wilden Gewässer nur durch eine solche Höchstpreispolitik vor Überfischung geschützt werden können."

Fische aus Wildfang zählen daher mittlerweile zu den teuersten Lebensmitteln der Welt und sollten, wie Hanner meint, alleine schon aus Respekt nur der feinen und hochfeinen Küche vorbehalten bleiben. Wobei Hanner darunter keineswegs verstiegene oder ausgefallene Rezepte versteht, ganz im Gegenteil: „Meine Grundphilosophie ist es, den besten Fisch nur so wenig wie nötig, aber dafür umso sorgfältiger zu verarbeiten."

DIE VIELFALT SÜSSER FISCHGENÜSSE

Heimische Gewässer bieten Kochprofis sowie ambitionierten Hobbyköchinnen und -köchen eine wahre Vielfalt unterschiedlichster Fischgenüsse, die man entweder bei verlässlichen Fischfachhändlern oder – fast noch besser – beim Fischer direkt erwirbt. Hanner schwört beispielsweise auf die Bachforellen aus der Schwechat und dem nahen Sattelbach, die ihm sein „Hausfischer" mehrmals wöchentlich

fangfrisch in die Küche liefert. Die in der Mayerlinger Küche ebenfalls besonders gern verarbeiteten Wildbachforellen – leicht erkennbar an der Maserung durch kleine rote Pünktchen – bezieht Hanner indessen am liebsten aus dem Salzkammergut, das zu seinen bevorzugten heimischen Fischrevieren zählt. „Fast jeder See hat dort seine eigene, unverwechselbare Saiblingsart", weiß Hanner aus Erfahrung. Da gibt es etwa den kleinwüchsigen und besonders schmackhaften Attersee-Saibling, der nur in der kalten Jahreszeit Saison hat, weil er sich in der warmen nur am tiefsten Seegrund bewegt.

Völlig anders wiederum mundet das schlohweiße Fleisch des größeren und silbrig glänzenden Mondsee-Saiblings. Unverwechselbar sind auch die zartrosa Lecht-Saiblinge, die ausschließlich in den kalten Wassern des Altausseer Sees im steirischen Salzkammergut gedeihen. Dazu gesellen sich dann auch noch die köstlichen Reinanken, etwa aus dem Traunsee, die leider äußerst rar gewordenen Äschen aus der Traun und die 20 Kilo schweren Atterseelachse, die – so Hanner – „dermaßen kostbar geworden sind, dass man sie am besten nur grammweise verkaufen sollte". Derlei Raritäten sollte man, so Hanners Credo, freilich nicht unbedingt mit Bestemm nachspüren, aber dafür „umso dankbarer sein, wenn man dennoch einmal etwas davon bekommt".

Wesentlich häufiger kommt in Mayerling schon ein Zander auf den Tisch, der meist ebenfalls aus dem Salzkammergut, mitunter aber auch aus dem nahen Neusiedler See stammt. „Ein frischer Zander ist

immer gut", weiß Heinz Hanner, „aber je größer er ist, desto mehr lässt sich mit ihm anfangen. So ein 12-Kilo-Zander, der einen Buckel wie ein Barsch und ein Filet, dick wie eine Kinderfaust, hat, der schmeckt einfach unfassbar gut und ist jedem noch so guten Loup de Mer oder Steinbutt zumindest ebenbürtig." Und was Hanner am Zander ganz besonders schätzt: „Er ist einer der vielseitigsten Fische überhaupt, da er sich zum Pochieren, Braten, Grillen und Dämpfen gleichermaßen eignet. Vor allem sollte man dabei jedoch die Zanderbackerln nicht vergessen. Denn merke: Menschen, die Backerln überlassen, sind kulinarische Verbrecher." Wenn der Zander der Loup de Mer oder Branzino des Süßwassers ist, so kann der nahezu grätenfreie Waller als Angler oder Coda di Rospo der Binnen-

gewässer gelten. Hanner bezieht ihn am liebsten als weißfleischigen und möglichst groß dimensionierten Donauwaller (nicht zu verwechseln mit den rotfleischigen Catfish-Derivaten, die auch öfter als Waller verkauft werden) oder aus Netzen, die im Salzkammergut ausgelegt wurden. „Wie bei allen anderen Fischen aus Wildfang sollte der Profi auch einen Waller immer im Ganzen und mit Kiemen kaufen", rät Hanner. „Denn nur so erkennt man Alter, Zustand und Frische des Tiers." Doch Heinz Hanner ist selbstverständlich auch klar, dass sich diese „Maximalforderung" nicht überall und schon gar nicht immer im hobbykochenden Privathaushalt in die Tat umsetzen lässt. „Man braucht dann eben einen Fischhändler, dem man wirklich vertrauen kann", meint Hanner. Auch ein verlässlicher Zuchtbetrieb wie etwa der Fischereigarten Hamedinger in Traismauer oder das gräflich-trauttmansdorffsche Gut Dornau in Leobersdorf können in einem solchen Fall gute Dienste leisten.

Last, but not least zählt noch ein weiterer „Süßwassergigant" zu den Fixbestandteilen der Mayerlinger Edelfischkarte. „Der Hecht ist völlig zu Unrecht ein vor allem unter Hobbyköchen und vorsichtigen Essern etwas ungeliebter Speisefisch", stellt Heinz Hanner im gastronomischen Alltag immer wieder fest. Den Hauptgrund dafür vermutet er im Ruf dieses Fisches, dass er – im Gegensatz etwa zum Waller – besonders grätenreich sei und daher hauptsächlich für Farcen und Hechtnockerln verwendet werde.

Auch hier weiß Hanner jedoch Rat: „Je schwerer der Hecht, desto leichter lassen sich die Gräten mittels eines einzigen V-Schnitts mit einem scharfen Messer entfernen. Danach braucht man den Hecht nur noch in Butter zu braten und hat ein großartiges Edelfischgericht vor sich."

DIE FEINE RÄUCHERFISCHKÜCHE

Räucherfische stehen zu Unrecht im Ruf, eher der derben, bäuerlichen Fischküche als der feinen Küche anzugehören. In Mayerling beweist Heinz Hanner seinen Gästen gerne, dass – richtiges Küchen-

Know-how vorausgesetzt – das absolute Gegenteil der Fall sein kann. Räuchern ist bei Hanner, der besonders gerne Fluss- und Seeaale im Räuchertopf veredelt, nämlich grundsätzlich immer nur ein zartes Anräuchern. Wobei man folgende Grundregeln unbedingt beachten sollte:

- Niemals zu heiß räuchern!
- Räuchergut so weit wie möglich von der Hitzequelle entfernt halten.
- Den zu räuchernden Fisch am besten auf ein Gitter legen und dieses eher oben im Topf einsetzen.
- Falls der Topf zu heiß wird, diesen sofort von der Flamme nehmen, auf die Seite stellen, zudecken und abkühlen lassen, da zu viel Temperatur das Fleisch bitter und aggressiver macht sowie den Fisch zu stark durchgart.
- Eher kurz als zu lange räuchern. Als Faustregel gelten 2 Minuten für ein Filet und maximal 2 Stunden für einen ganzen Fisch.

FLUSSKREBSE – DIE „HUMMER" DES SÜSSWASSERS

Wer die großen Standardwerke der feinen Küche von Gouffé und Escofffier bis hin zu Bocuse und Ducasse durchschmökert, wird sehr schnell zur Ansicht gelangen, dass eine feine Küche ohne Schal- und Krustentiere kaum möglich erscheint.

Kann es daher so etwas wie eine feine österreichische Küche, die ganz ohne Hummer, Langusten und Jakobsmuscheln auskommt, überhaupt geben? Doch, es kann. Auch binnenländische Gewässer sind nämlich – wenngleich leider nicht in überreichem Ausmaß – mit äußerst schmackhaften Krustentieren gesegnet: den Flusskrebsen.

Noch vor rund hundert Jahren galten Krebse aufgrund ihres üppigen Vorkommens in Bächen und Seen zeitweise sogar als „Armeleuteessen", bis ihnen ab etwa 1880 die Krebspest fast vollständig den Garaus machte.

Mittlerweile gibt es in Österreich jedoch wieder äußerst erfolgreiche Wiederbelebungsprojekte unterschiedlichster Süßwasserkrebsarten.

Heinz Hanner, zu dessen Haus- und Hoflieferanten auch ein „Krebslbauer" zählt, der einen eigenen Teich im nahen Willendorf unterhalb der Hohen Wand unterhält, weiß diese privilegierte Situation selbstverständlich zu schätzen. Hobbyköchinnen und Hobbyköchen, die sich selbst auf die Suche nach Süßwasserkrebsen machen, rät er indessen, „beim Händler im Zweifelsfall immer den größeren und fleischigeren Krebs auszuwählen". Mindestens ebenso wichtig ist es allerdings, die Krebse nicht, wie es oft fälschlich gemacht wird, „auszukochen", sondern „nur kurz durchs wallende Wasser zu ziehen". Nur ein glasiger Flusskrebs, so ist Hanner überzeugt, ist auch wirklich ein guter Krebs.

Wildbachforelle

Cremespinat & Löwenzahnknospen

ZUTATEN | *4 Bachforellen à 180 g | 500 g Blattspinat 2 Schalotten | ¼ l Milch | Salz, Pfeffer, Muskat | 50 g Butter 8 g griffiges Mehl | 1 Glas eingelegte Löwenzahnknospen ¼ l Gemüsefond | ½ Knoblauchzehe | 1/16 l Rapsöl*

ZUBEREITUNG | Mit Butter und Mehl eine Einbrenn machen. Diese mit dem Gemüsefond aufgießen und einmal aufkochen lassen. Die Milch hinzufügen und mit Salz, Pfeffer und Muskat abschmecken. Der Ansatz sollte eine cremige Konsistenz haben. Anschließend den Blattspinat hinzufügen und wenn er zusammengefallen, ist mit dem Pürierstab fein mixen.
Die Bachforelle mehlieren (mit der Hautseite in Mehl wälzen), würzen und in der Pfanne anbraten. Abschließend die Löwenzahnknospen hinzufügen und mitrösten.

ANRICHTEN | Den Cremespinat noch eventuell je nach Geschmack mit einer ½ Knoblauchzehe schärfen und anschließend in der Mitte des Tellers anrichten. Den Fisch in den Spinat setzen und die Knospen daraufstreuen.

Foto rechts

Graved Lachsforelle

Ei, Kaviar & Schnittlauch

ZUTATEN | *4 weich gekochte Eidotter (12 Min. / 62 °C, Wasserbad) | 100 g vegetarischer Kaviar (im Großfachhandel wie Metro erhältlich) | 1 Bund Schnittlauch (fein geschnitten)*

Püree | *200 g Topinambur, in Scheiben geschnitten | 100 g Butter | 125 ml Obers 4 weitere Knollen Topinambur | ½ l Rapsöl*

Lachsforelle | *150 g Salz | 150 g Zucker | 1 EL Pimentkörner ganz | 1 EL Wacholder 1 halber EL Koriander | 1 halber EL Senfkörner | 1 EL Anis | 1 halber EL Kümmel | 1 EL Fenchel Orangenzesten von einer Orange | Zitronenzesten von 2 Zitronen | 2 EL Dillsenf | 5 Zweige Rosmarin 5 Zweige Thymian | 40 g gehackter Dill | 40 g gehackte Petersilie*

ZUBEREITUNG | Die Gewürze in einem Mörser zerstoßen und mit Salz und Zucker vermengen. Die Lachsforelle mit dem Dillsenf bestreichen und die Orangen und Zitronenschale darüberreiben.
Nur die Gewürzmischung über den Fisch verstreichen, frische Kräuter hinzufügen und ebenfalls verstreichen. Die Beize 24 Stunden darauflassen.
Topinambur schälen, in dünne Scheiben schneiden und in Rapsöl frittieren, danach leicht salzen. Die restlichen Topinamburknollen weich dämpfen und mit Butter und Obers mixen, mit Salz und Pfeffer würzen und in eine Isi-Flasche füllen.

ANRICHTEN | Je 1 EL Topinamburpüree in ein Cocktailglas geben, das warme Ei in Schnittlauch wälzen und daraufsetzen. Mit Kaviar und der aufgeschnittenen Lachsforelle toppen.

Wildbachforelle

MIT EIERSCHWAMMERLTATAR, WILDKRÄUTERN UND SALAT

ZUTATEN | *250 g Eierschwammerl, geputzt und klein gehackt* | *Saft einer Zitrone* | *3 EL Rapsöl*
½ Bund frisch geschnittene Petersilie | *4 Forellenfilets, entgrätet, à 100 g* | *4 Holzspieße*
Salz & Pfeffer aus der Mühle

Gartensalat | *100 g Blattsalate (Rucola, Eichblatt, Löwenzahn, Kresse, Lollo Rosso ...)*
2 EL Rapsöl | *1 EL Balsamessig* | *1 EL Gemüsefond* | *1 KL Senf* | *Salz & Pfeffer*

ZUBEREITUNG | Die gehackten Eierschwammerl mit Zitrone, Rapsöl, Petersilie, Salz und Pfeffer würzen, auf die Fischfilets verteilen und diese zu je einer großen Rolle eindrehen, mit den Holzspießen jeweils 2 Enden fixieren und auf ein geöltes Backblech legen.
Mit Alufolie bedecken und bei 85 °C im Ofen ca. 20 min ziehen lassen.
Den Salat marinieren.

ANRICHTEN | Die Bachforellenfilets und das Eierschwammerltatar auf den Tellern dekorativ anrichten, den Fisch mit dem beim Garen ausgetretenen Saft beträufeln.

Wildbachforelle

Confierte Steinpilze, Eiszapfen und Äpfel

ZUTATEN | *4 entgrätete Wildbachforellenfilets à 100 g* | *Schalotten* | *Butter* | *Wermouth* | *Salz Koriander* | *1 dl Buttermilchsaft* | *2 cl Weißweinessig* | *Muskat, Cayennepfeffer* | *2 EL Crème fraîche für die Marinade* | *2 EL Rapsöl*

Steinpilz-Confit | *200 g feste Steinpilze* | *2 dl Maiskeimöl* | *100 g Eiszapfen (bzw. frischer Vogerlsalat, Eissalat, Häuptelsalat)* | *2 Reinetten-Äpfel* | *Dille* | *Ursalz*

ZUBEREITUNG | **Steinpilz-Confit** | Die Steinpilze putzen, halbieren und in Salzwasser blanchieren, gut abtropfen lassen. Maiskeimöl auf 85 °C erhitzen, Steinpilze einlegen und bei dieser Temperatur ca. 2 Std. ziehen lassen. Im Kühlschrank bis zum Gebrauch aufbewahren.
Eiszapfen und Äpfel | Eiszapfen in feine Scheiben hobeln und mit wenig Ursalz auf einer Platte „einsalzen". 2 Reinetten-Äpfel ohne Kerngehäuse in Butter im eigenen Saft goldgelb schmurgeln lassen, bis sie schön weich sind. Die Äpfel im letzten Moment mit Dille bestreuen.
Marinade für Eiszapfen | 1 dl klaren Buttermilchsaft mit Weißweinessig, Muskat, Cayennepfeffer und wenig Crème fraîche zu einer dünnen, weißen, wohlschmeckenden Marinade verrühren. Die Marinade mit Ursalz würzen, den Salat portionsweise marinieren und danach mit feinem Rapsöl beträufeln.
Wildbachforelle | Vier entgrätete Wildbachforellenfilets mit Salz und gemahlenem Koriander mäßig würzen. Die Haut vorsichtig abziehen und bei Gebrauch knusprig frittieren. Die Filets mit hauchdünnen Scheibchen von Steinpilzen fächerartig belegen, auf eine mit fein gekochten Schalotten und Butterflöckchen „beschmierte" feuerfeste Platte legen, mit Butter nochmals belegen und bei starker Hitze bei Bedarf rasch grillieren. Die Filets und die Schalotten evtl. mit Wermouth leicht benetzen, bevor man die Filets grilliert (muss aber nicht sein).

ANRICHTEN | Eiszapfenscheiben und Salate portionsweise marinieren, auf Teller zu einem Beet anrichten. Die Äpfel und einige roh gehobelte Schalottenscheiben, sowie Confit-Scheiben von Steinpilzen in den Salat setzen. Das grillierte Fischfilet in den Salat setzen, evtl. mit etwas Butterfond beträufeln und sofort servieren.

Gedämpfte Wildbachforelle

Topinambur & Silberblätter

ZUTATEN | *4 Filets von der enthäuteten Forelle à 100 g* | *20 g Butter* | *Salz, Pfeffer 10 ml Haselnussöl* | *200 g Topinambur* | *100 ml Fond* | *50 g Butter* | *10 Stück Berberitzen, fein gehackt 4 Blatt Silber (erhältlich über das Internet, Firma Rist oder im Konditorfachhandel)*

ZUBEREITUNG | Die Forellenfilets würzen, rollen und in einen Ring setzen, mit Butter bestreichen, bei 65 °C ins Wasserbad mit Einsatz geben und 8 min dämpfen. Die Topinamburen schälen, im Fond weich kochen und mit Butter pürieren, anschließend mit Salz und Pfeffer abschmecken.

ANRICHTEN | Mit dem Öl einen Strich ziehen, die gehackten Berberitzen darauf platzieren. Ein Nockerl vom Püree setzen und das Forellenfilet daraufsetzen, mit Blattsilber garnieren.

Gedämpfte Wildbachforelle

SELLERIECONFIT & HASELNÜSSE

ZUTATEN | *4 Wildbachforellenfilets à 80 g* | *100 g Sellerie*
50 g grob geriebene Haselnüsse | *Salz, Pfeffer* | *1/8 l Distelöl* | *Zitrone, Zucker*
1/16 l Weißweinessig | *4 Salatherzen* | *1/8 l Gemüsefond*

ZUBEREITUNG | Die Wildbachforellenfilets mit Salz und Pfeffer würzen, mit den Haselnüssen und Sellerie bestreichen und einrollen, anschließend kurz dämpfen.
Für das Sellerieconfit die Sellerie in runde Scheiben ausstechen. Aus Gemüsefond, Distelöl, Zitrone, Weißweinessig, Zucker eine Marinade rühren. Den ausgestochenen Sellerie mit der Marinade auf ein flaches Blech geben, bei 180 °C im Ofen langsam schmoren.
Die Haselnüsse in wenig Zucker karamellisieren und leicht salzen.
Die Salatherzen mit der oben genannten Marinade marinieren.

ANRICHTEN | Das Sellerieconfit und die Salatherzen in die Mitte des Tellers setzen, die Wildbachforellenfilets daraufgeben und die Haselnüsse um den Fisch streuen. Die Salatherzen mit der Marinade am Teller verteilen.

Gefüllte Schleie

ZUTATEN | *2 Knoblauchzehen | 2 EL Semmelbrösel | 200 g Butter | 2 Nelken | 1 Bund Petersilie 1 Spur Zimt | 4 Schleien (je 200–250 g) | 150 g Schafskäse | Salz, Pfeffer | Öl | Lorbeerblätter Polenta*

ZUBEREITUNG | Die Fische putzen, ausnehmen, waschen, abtropfen lassen und eingesalzen eine halbe Stunde stehen lassen. Den geriebenen Schafskäse mit Semmelbröseln, der klein gehackten Petersilie, Zimt, zerstoßenen Nelken und zerdrücktem Knoblauch vermengen, etwas salzen und pfeffern. Schleien damit füllen, die Öffnung verschließen (Zahnstocher oder zunähen) und gefüllte Fische in eine mit Öl ausgefettete feuerfeste Form legen. Auf jeden Fisch ein Lorbeerblatt geben und die Butter darüber verteilen. Im vorgeheizten Rohr bei mittlerer Hitze (180 °C) unter mehrmaligem Begießen mit dem Bratensaft etwa 30 Minuten dünsten, dabei ab und zu vorsichtig wenden, damit die Schleien zum Schluss schön goldbraun werden.
Die Schleie ist eine sehr feine Spezialität. Statt der Schleie können auch Forellen genommen werden.

ANRICHTEN | Als Beilage passen Polenta oder Petersilienkartoffeln hervorragend dazu.

Gebratener Bachsaibling

Eierschwammerl & Gartensalat

ZUTATEN | *250 g Eierschwammerl, geputzt und klein gehackt | Saft einer Zitrone 3 EL Distelöl | ½ Bund frisch geschnittene Petersilie | 4 Saiblingsfilets, entgrätet 4 Holzspieße | Salz & Pfeffer aus der Mühle*

100 g Blattsalate (Rucola, Eichblatt, Löwenzahn, Kresse, Lollo Rosso ...) | 2 EL Olivenöl 1 EL Balsamessig | 1 EL Gemüsefond | 1 ML Senf | Salz & Pfeffer

ZUBEREITUNG | Die gehackten Eierschwammerl mit Zitrone, Distelöl, Petersilie, Salz und Pfeffer würzen, auf die Fischfilets verteilen und diese zu je einer großen Rolle eindrehen, mit den Holzspießen jeweils 2 Enden fixieren und auf ein geöltes Backblech legen. Mit Alufolie bedecken und bei 85 °C im Ofen, ca. 20 min ziehen lassen. Den Salat marinieren.

ANRICHTEN | Die Bachsaiblingfilets und das Eierschwammerltatar auf den Tellern dekorativ anrichten, den Fisch mit dem beim Garen ausgetretenen Saft beträufeln.

Attersee-Saibling kalt & warm

Rettich, Apfel & Escapèche-Gemüse

ZUTATEN | **Saibling** | *4 Saiblinge | ½ Bierrettich | 1 Granny-Smith-Apfel*
25 ml Escapèche-Gemüse (Zusammenstellung von Gemüse mediterraner Art, verschiedene Geschmacksrichtungen (pikant, säuerlich, süß) | 1 EL Chili-Sauce | 1 EL Limettenöl | Schnittlauch Salz, Pfeffer
Escapèche | *1 Paprika | 50 g Champignons | 1 große Karotte | 1 kleine Sellerie | 1 Zwiebel 500 ml Fischfond | 100 ml Apfelsaft, naturtrüb | 100 ml Weißwein | 50 ml Olivenöl | 1 EL Curry*

ZUBEREITUNG | Für die Escapèche wird das Gemüse klein geschnitten und mit Olivenöl und dem Curry angeschwitzt. Danach wird mit dem Apfelsaft und dem Weißwein abgelöscht und diese Flüssigkeit auf ein Drittel einreduziert. Anschließend kommt der Fischfond hinzu, wird weiter auf die Hälfte reduziert und abschließend werden 50 ml Olivenöl beigemengt.
Der Saibling wird filetiert, entgrätet und zu einem Tatar zusammengeschnitten, mit Chili-Sauce, Limettenöl, Salz und Pfeffer abgeschmeckt und mit einer Palette in eine quadratische Form gepresst. Darauf kommt geriebener Bierrettich, der zu einem kleinen Türmchen geformt wird. An das Türmchen werden klein geschnittene und frittierte Schwanzflossen vom Saibling gestellt. Zusätzlich werden auf das Tatar Schnittlauch und Würfel vom Granny Smith gestreut. Rechts neben das Tatar kommt anschließend die zuvor zubereitete Escapèche, die aufgeschäumt wird. Auf der rechten Tellerpfanne wird ein Chip aus getrocknetem Brot, Rettichquadraten und Apfelquadraten, die übereinandergestapelt werden, platziert. Auf die linke Tellerpfanne wird ein gerollter und 4 min lang pochierter Saibling gelegt, der mit einem Ring aus der Haut des Saiblings gemacht wird. (Das ist einfacher, als es klingt: Für den Ring entfernen Sie einfach das ganze Fleisch des Fisches von der Haut. Schneiden Sie danach kleine Bahnen von der Haut und geben Sie diese auf einen mit Backpapier umwickelten Ring. Legen Sie anschließend noch eine weitere Schicht Backpapier darüber – und backen Sie den Ring 15 min bei 180 °C auf einem Gitter.)

ANRICHTEN | Das Tatar in der Mitte des Tellers anrichten, die Merrettichkugeln mit den Schwanzflossen darauf verteilen. Den pochierten Saibling mit dem Hautchip vollenden. Abschließend die heiße Sauce darübernappieren.

Mondsee-Zander

SPINATCREME & SCHWARZE TRÜFFEL

ZUTATEN | *1 Zander (ca. 1 kg)* | *¼ kg Blattspinat* | *1 schwarze Trüffel*
Salz, Pfeffer | *Kräutergewürz* | *Thymian, Knoblauch* | *1 EL Zwiebel, fein gehackt*

ZUBEREITUNG | Den Zander portionieren, mit Salz, Pfeffer, Kräutergewürz und Thymian würzen, auf der Hautseite gut anbraten und etwas ziehen lassen.
Den Blattspinat putzen, waschen und blanchieren, mit etwas Salz, Pfeffer und Knoblauch würzen, danach mixen.

ANRICHTEN | Auf einem Fischteller zuerst einen Löffel Spinatpüree anrichten. Den Zander auf das Püree legen und mit dem Trüffelhobel etwas schwarze Trüffel über das Gericht raspeln.

Zander mit Muskatkürbis

ZUTATEN | *1 großer Zander à 700 g, filetiert | 400 g Muskatkürbis | Salz, Pfeffer, Zucker | Muskat Cayennepfeffer | 1/8 l Gemüsefond | 1 Spritzer Weißwein | 250 g karamellisierte Wasabinüsse 200 g Herbsttrompeten | Öl und Butter | 1 Schalotte*

ZUBEREITUNG | Den Muskatkürbis und die Schalotte würfelig schneiden, in etwas Butter andünsten, mit Weißwein ablöschen, mit etwas Fond aufgießen und würzen. Abschließend mit kalter Butter aufmontieren, sodass eine Bindung entsteht.

Das Zanderfilet portionieren und in einer Pfanne mit Öl und Butter braten, mit Salz und Pfeffer würzen

ANRICHTEN | Das heiße Kürbisragout in die Mitte des Tellers setzen, den gebratenen Zander darauf platzieren, mit grob gehackten Wasabinüssen bestreuen und die Herbsttrompeten ganz zum Schluss in einer heißen Pfanne mit Butter kurz durchschwenken, sofort mit Salz und Pfeffer würzen und zum Fisch geben.

Geräucherte Zanderbackerl

MIT BOHNENRAGOUT IM SPECKFOND

ZUTATEN | *6 Zanderbackerl* | *150 g Sojabohnen* *50 g Kidneybohnen (eingelegt)* | *1 Scheibe durchzogenen Speck* | *2 Schalotten* | *½ l Fischfond* | *1/16 l Öl* *5 g Butter* | *5 g getrocknete Kräuter* | *Salz, Pfeffer*

ZUBEREITUNG | Die Sojabohnen kochen und schälen, zu den weichen Kidneybohnen geben. Die Schalotten schälen und klein schneiden, mit dem klein geschnittenen Speck in Öl anbraten und mit dem Fond nach einiger Zeit ablöschen. Auf die Hälfte einkochen, bis ein intensiver Speckgeschmack entsteht. Die Bohnen zum Speckfond geben. Die Zanderbackerl mit Salz und Pfeffer würzen und in Butter kurz anglasieren, nicht zu viel.

ANRICHTEN | Die Bohnen in einen tiefen Teller geben und die Zanderbackerl hineinlegen. Den Teller mit einer passenden Glasschüssel oder Cloche überdecken. Dann mit einem Rauchgerät (Aladin) die getrockneten Kräuter entzünden und das Gericht räuchern. So entsteht ganz leicht ein tolles Aroma.

Attersee-Hechtsoufflee

ROTE RÜBENSUPPE

Ein Überraschungsrezept aus der Mayerlinger „Erlebnisgastronomie", das sich auch zu Hause leicht und mit großem Erfolg nachkochen lässt: Aus dem weißen Soufflee tritt beim Anstechen die duftende, dunkelrote Rübensuppe aus. Erleben Sie dabei die Wirkung der körpereigenen Droge Endorphin, auch bekannt als Glückshormon!

ZUTATEN | Suppe | *1 l Rote-Rüben-Saft* | *1 TL Kümmel* | *1 Spritzer Balsamessig* | *6 Blatt Gelatine*

Soufflee | *400 g Hechtfilet* | *Zitronensaft* | *1/4 l Obers* | *4 Eiklar* | *Butter für die Formen* *3 EL Fischfond* | *1 TL Wasabipulver* | *Salz, Pfeffer* | *Croûtons zum Garnieren*

ZUBEREITUNG | Den Rübensaft mit Kümmel auf die Hälfte der ursprünglichen Menge einkochen, mit Salz und Balsamessig abschmecken. Die in etwas kaltem Wasser eingeweichten Gelatineblätter ausdrücken und im Rübensaft auflösen. Die Rübensuppe in Mokkatassen füllen und im Kühlschrank erkalten lassen.
Für das Soufflee die gut gekühlten Hechtfilets mit Salz, Pfeffer und etwas Zitronensaft würzen, in der Küchenmaschine zu einer Farce verarbeiten, indem nach und nach das Obers und das Eiklar zugegeben werden, mit Salz und Pfeffer abschmecken. Hechtmousse mit Hilfe eines Dressiersackes in gebutterte Ringe oder Kaffeeschalen füllen. In die Mitte das erkaltete Rübengelee setzen und mit der restlichen Hechtmasse abdecken. 1 Stunde im Kühlschrank gut durchkühlen lassen. Anschließend in ein Wasserbad stellen und im Backrohr bei 180 °C 8–10 Minuten lang pochieren. Den Fischfond mit dem Wasabipulver erwärmen und verrühren.

ANRICHTEN | Die Hechtsoufflees aus den Formen stürzen, auf dem Wasabifond anrichten und mit Croûtons garnieren.

Hecht gebraten

MIT KÜRBIS UND HOLUNDER

ZUTATEN | *1 Hechtfilet à 400 g* | *120 g Holunderbeeren* | *Zucker* | *1 Muskatkürbis (ca. 600 g)* | *1 Schalotte* | *Butter und Öl zum Braten* | *Salz, Pfeffer, Muskat, Cayennepfeffer* | *Saft von 1 Zitrone* | *1/8 l Zweigelt* | *1 kleiner Bund Schnittlauch Gemüsefond zum Ablöschen*

ZUBEREITUNG | Mit einem Kugelausstecher 12 Kugeln (pro Portion 3 Stk.) aus dem Kürbis ausstechen, in kräftigem Salzwasser kurz kochen und anschließend in Eiswasser abschrecken. 50 g vom Kürbis in feine Streifen schneiden und mit Salz, Pfeffer, Muskat, Öl und Zitronensaft marinieren. 300 g Kürbis und eine Schalotte in Würfel schneiden und zusammen in etwas Butter andünsten, mit etwas Gemüsefond ablöschen und mit Salz, Pfeffer und Muskat würzen.
Währenddessen den Zucker karamellisieren, mit Rotwein ablöschen und einköcheln. Die Holunderbeeren zur heißen Flüssigkeit hinzugeben und ziehen lassen.
Anschließend das Hechtfilet in 4 gleich große Portionen schneiden und in einer Pfanne braten, mit Salz und Pfeffer würzen.

ANRICHTEN | Frisch geschnittenen Schnittlauch unter das heiße Kürbisragout mischen und auf dem Teller platzieren. Die Kürbiskugeln davorsetzen und etwas roh marinierten Kürbissalat darauf anrichten. Das Hechtfilet auf das Kürbisragout platzieren und etwas roh geriebenen Kürbis darüberstreuen. Die Holunderbeeren mit eigenem Saft über dem Gericht verteilen.

Hechtrostbraten & Kalbskopf

Lorbeeremulsion & grüne Bohnenkerne

ZUTATEN | *4 Stk. Hechtfilets mit Haut à 200 g | 50 g Kalbskopf | 4 Lorbeerblätter | 1 Gurke ½ l Weißweinessig | ½ l trockener Wermouth | 1 Zwiebel | Karotten, Lauch, Sellerie | Salz, Pfefferkörner 200 g Saubohnen | ¼ l heller Kalbsfond | ¼ l dunkler Kalbsfond | 1 Stange Lauch | 140 g Speck 1 EL Rapsöl | 2 EL Butter*

ZUBEREITUNG | Den Kalbskopf im kalten Wasser ohne Salz zustellen, nach zwei Stunden Gewürze, Pfefferkörner, Lorbeer, Karotten, Sellerie, Zwiebel, Lauch hinzugeben und ca. 1 Stunde fertig garen. Die Maske muss weich sein (Fingertest). Die Kalbskopf-Maske in eine Terrinenform geben, das Fleisch einsetzen, leicht pressen und kalt werden lassen.

Lorbeeremulsion | Die Basis bildet der Kalbsjus mit frischen Lorbeerblättern.

Beurre blanc | Den Weißweinessig auf zwei Drittel einreduzieren, durchpassieren und mit kalter Butter aufschlagen, bis die richtige Konsistenz entsteht, und mit Salz, Pfeffer und trockenem Wermouth abschmecken.

Saubohnen | Den klaren Kalbsfond und kleine Würfel von der Maske mit Salz und Muskat würzen. Die Bohnen hinzufügen und durchschwenken.

Hecht | Die Hautseite vom Hecht in dem Rapsöl-Butter-Gemisch knusprig anbraten.

Lauch-Heu | Den Lauch in feine Juliennestreifen schneiden und in Fett goldbraun knusprig backen.

ANRICHTEN | Die Saubohnen in die Mitte, die Lorbeeremulsion rund um die Saubohnen setzen. Den Hecht in das Saubohnenbeet platzieren, mit Lauchstroh garnieren und die Beurre blanc in die dunkle Sauce ziehen.

Mondsee-Hecht

Waldpilze & Petersilie

ZUTATEN | *1 filetierter Mondsee-Hecht von ca. 2 kg (oder 2 kleinere Hechte)* | *etwas Mehl*
50 g Butter | *2 EL Olivenöl* | *1 Knoblauchzehe* | *1 Thymianzweig* | *1 Rosmarinzweig* | *1 Zitronenscheibe*

Petersilienpüree | *125 g weiße Petersilienwurzeln* | *40 g Butter* | *1/8 l Wasser (oder Fischfond)*
2 Bund Petersilie | *3 EL Olivenöl*

200 g Waldpilze (Herbsttrompeten, Totentrompeten, Steinpilze, Eierschwammerln …)
30 g Butter | *Salz, Pfeffer*

ZUBEREITUNG | Hechtfilet entschuppen und entgräten, mit Salz und Pfeffer würzen und auf der Hautseite mit Mehl bestreuen. In einer Pfanne Butter und Olivenöl erhitzen. Hechtfilet mit der Hautseite nach unten einlegen und langsam bei mittlerer Hitze braten. Dabei immer wieder mit einem Löffel mit Butter-Olivenöl-Mischung übergießen. Gegen Ende der Bratzeit Knoblauch, Thymian- und Rosmarinzweig sowie die Zitronenscheibe einlegen und mitziehen lassen.
Für die Petersilienpürees Petersilienwurzeln schälen, klein schneiden und weich kochen. Mit 1/16 l Wasser und Butter in einen Mixer geben und fein pürieren. Mit Salz und Pfeffer würzen und durch ein feines Sieb streichen. Petersilie abzupfen, in Salzwasser blanchieren und mit Eiswasser abschrecken. Mit dem restlichen Wasser und dem Olivenöl im Mixer fein pürieren. Mit Salz und Pfeffer würzen und durch ein feines Sieb streichen.
Waldpilze putzen, kurz in Butter anschwitzen und mit Salz und Pfeffer würzen.

ANRICHTEN | Waldpilze auf einem Teller anrichten, mit Hechtfilet belegen und mit den beiden Petersilienpürees servieren.
TIPP | Ein Hecht kann in der feinen Küche gar nicht groß genug sein. Nicht nur lassen sich die Gräten bei einem wirklich großen, 6–10 kg schweren Hecht aus den österreichischen Seen mit dem V-Schnitt besonders leicht herausschneiden, auch die Qualität ist bei diesen Riesen des Süßwassers einzigartig – und der Geschmack hält jedem Vergleich mit edlen Meeresfischen stand!

Ragout vom Seeaal

ZUTATEN | *1 Bund Suppengrün* | *100 cl Weißwein, trocken* | *1 EL Mehl* | *300 cl Fischfond*
200 g Schlagobers | *3 Dill-Stängel* | *500 g Fluss- oder Neusiedlersee-Aal*

ZUBEREITUNG | Den Fisch abspülen und in ca. 3 cm lange Stücke schneiden. Suppengrün putzen, waschen und klein schneiden. Den Fischfond mit Wein und etwas Salz aufkochen und den Fisch darin ca. 6–8 Minuten garziehen lassen. Herausnehmen und warm stellen, das Suppengrün in den Sud geben, 5 Minuten kochen, dann das mit dem Schlagobers verrührte Mehl hinzufügen und unter Rühren aufkochen lassen und mit Salz und Pfeffer abschmecken. Die Dille klein schneiden, mit dem Fisch zur Sauce geben und kurz erhitzen.

ANRICHTEN | Das Ragout vom Seeaal in einem tiefen Teller servieren.
TIPP | Als Garnitur nehmen Sie frische Dille und Sie können einen Brotchip in die Mitte setzen.

Gebratener Attersee-Hecht

WEIHNACHTLICHE GEWÜRZE, WIRSING & ROTWEINZWIEBERL

ZUTATEN | Hecht | *2 frische Filets vom Hecht à 45 dag, geschröpft*
5 dag Butter | 1 Zimtstange | 2 Sternanis | 2 Pimentkörner | 4 Pfefferkörner
| 2 Kardamomkapseln | 2 Gewürznelken | 1 Lorbeerblatt | 1 Rosmarin- und
1 Thymianzweig | 1 Knoblauchzehe | 1 Limette

Wirsing | *1 kleiner Wirsing oder Kohlkopf | Butter | 1/8 l Obers*
Salz und Pfeffer

Rotweinzwieberl | *16 Perlzwieberl oder 12 Schalotten | ½ l Rotwein | 2 EL Zucker | 1 Lorbeerblatt*
1 Spritzer Cassislikör | 2 dag Butter

ZUBEREITUNG | Hecht | Die Filets auf der Hautseite bemehlen, salzen und pfeffern, in eine beschichtete Pfanne mit etwas Butter legen und 2 Minuten auf der Hautseite braten, dann die Gewürze mit der restlichten Butter beifügen und mit einem Löffel ständig das Filet auf der Fleischseite damit übergießen. Am Ende mit ein paar Spritzern Limettensaft auffrischen!
Wirsing | Den Strunk herausschneiden, die Blätter lose in Salzwasser blanchieren, in Butter mit dem Obers kurz durchköcheln lassen und abschmecken.
Rotweinzwieberl | Die Zwieberl mit dem Rotwein, dem Lorbeerblatt und dem Zucker auf 1/16 l einkochen, mit Cassis abschmecken und mit der kalten Butter binden.

ANRICHTEN | Den Rahmwirsing auf dem Teller anrichten, das Filet daraufsetzen und mit den Zwieberln und der Rotweinbutter umgießen; mit den knusprigen Rosmarin- und Thymiankräutern aus der Fischpfanne garnieren.

Aalsuppe

ZUTATEN | *150 g grüner Aal | 4 Zwiebeln | 100 g Lauch | 4 Stangen Sellerie | 1 Fenchelknolle*
1 l Gemüsebrühe | ¼ l Weißwein | 3 EL Rapsöl | 1 Lorbeerblatt | 1 Zweig Rosmarin
1 EL schwarze Pfefferkörner

Suppeneinlage | *800 g Seehecht | 50 g Lauch | 50 g Knollensellerie | 50 g Karotten | 1 Tomate*
4 Knoblauchzehen | 1 Beutel Safranpulver (z. B. pannonischer Safran aus dem Burgenland)
1 EL Tresterbrand | 1 Zweig Oregano | Salz, Pfeffer

ZUBEREITUNG | Für die Fischbrühe das zerkleinerte Gemüse und die Aalstücke in Öl dünsten, mit Weißwein und Gemüsebrühe oder Fischfond ablöschen. Die zerhackten Kräuter und Gewürze hinzufügen und eine Stunde köcheln lassen. Die Brühe durch ein Sieb gießen und die Flüssigkeit auffangen.
Für die Suppeneinlage zerkleinertes Gemüse und gehackten Knoblauch in der Fischbrühe garen. Gehäutete, gewürfelte Tomaten, zerkleinerten Fisch und Safran hinzufügen und einige Minuten bei geringer Hitze ziehen lassen. Mit einem Schuss Tresterbrand abschmecken, würzen und mit frischem Oregano servieren.

Geräucherter Aal auf Sojabohnen

ZUTATEN | *500 g Aal* | *400 g Tomaten* | *5 Knoblauchzehen*
1 Chilischote | *1/8 l Rapsöl* | *1/8 l Weißwein*
1 TL abgeriebene Zitronenschale | *½ Bund Petersilie* | *Salz, Pfeffer*

200 g Sojabohnen | *1/8 l Gemüsefond* | *1 Lorbeerblatt*
Salz, Pfeffer | *2 g getrocknete Kräuter*

ZUBEREITUNG | Die Fische putzen, in Stücke schneiden und mit dem angedrückten Knoblauch und der Chilischote in etwas Öl 10 Minuten anbraten, mit Wein ablöschen und diesen verkochen lassen.
Die abgeriebene Zitronenschale mit der gehackten Petersilie und den zerkleinerten Tomaten zugeben, mit Salz und Pfeffer abschmecken und eine knappe halbe Stunde zugedeckt schmoren lassen.
Die Sojabohnen im Salzwasser kochen und schälen, im Gemüsefond mit Butter anglasieren, würzen und ein Lorbeerblatt kurz mitglasieren

ANRICHTEN | Die Sojabohnen in einen tiefen Teller geben, den geschmorten Aal daraufsetzen. Dann eine Glasschüssel auf den Teller setzen, damit das Gericht zugedeckt ist. Nun mit dem Rauchgerät (Aladin) die gehackten Kräuter entzünden und kurz räuchern. Ein unglaubliches Aroma offenbart sich nach dem Öffnen der Glasschüssel.

Kalter Karpfen

ZUTATEN | *2 kg Karpfen* | *2 Zwiebeln* | *50 g Schalotten* | *1 Knoblauchzehe* | *1 Zweig Thymian*
1 Lorbeerblatt | *1 Msp. Cayennepfeffer* | *1 EL gehackte Petersilie* | *1/8 l Rapsöl* | *1 l Weißwein*
1 l Wasser | *Pfefferkörner, Salz* | *¼ l Rapsöl*

ZUBEREITUNG | Den Karpfen schuppen, waschen und in fingerdicke Scheiben schneiden.
Die Zwiebeln und Schalotten hacken und in Öl andünsten. Wein, Wasser, Gewürze und zerdrückten Knoblauch hinzufügen und alles gut durchkochen.
Die Fischstücke in die Brühe legen, Rapsöl hinzufügen und zugedeckt ca. 25 Minuten langsam dünsten.
Die Fischstücke herausnehmen und auf einer Platte den Karpfen in seiner ursprünglichen Form wieder zusammensetzen.
Den Fond auf 2/3 einkochen, abkühlen lassen und tropfenweise ¼ l Rapsöl unterschlagen.

ANRICHTEN | Den Fond über den Fisch gießen und mit gehackter Petersilie bestreuen. Bis zum Servieren kühl stellen.

WALLER AUS DER TURBOTIERE

Eine Turbotiere ist eine in der feinen Küche sehr beliebte Kasserolle zum Garen von Großfischen, vor allem von Steinbutt (franz. turbot)

ZUTATEN | *1 Waller, ganz, à 3 kg | 2 Zwiebeln | 1 Stange Lauch | 1 Stangensellerie*
¼ l Chardonnay aus der Thermenregion | ¼ l Fischfond | 4 Karotten | 15 Kipfler

Gewürze | *20 Pfefferkörner | 1 Lorbeerblatt | 1 Pimentkorn*

50 g Butter | 1 Bund frische Petersilie

ZUBEREITUNG | Den Waller in die Turbotiere geben, mit dem geschnittenen Gemüse, Fischfond und Weißwein vollenden. Die Gewürze verteilen und die Turbotiere bei 240 °C in den Ofen schieben. Nach 45 Minuten den Fisch kontrollieren und mit dem Fond übergießen. Nochmals 10 Minuten garen und dann außerhalb des Ofens 15 Minuten ziehen lassen.
Die Kipfler in Salzwasser weich kochen und dann mit Butter und frischer Petersilie zubereiten.

ANRICHTEN | Den Fisch vor dem Gast präsentieren und zerlegen, mit den Kipflern und dem gegarten Gemüse servieren.

Foto rechts

WALLER-ZWIEBELROSTBRATEN

KARTOFFELMOUSSELINE UND NEUSETZER SPECK

ZUTATEN | *4 Wallerfilets à 120 g | 200 g mehlige Kartoffeln | 100 g Butter | 100 ml Milch*
12 Scheiben Neusetzer Speck (oder ein anderer würziger, fetter Selchspeck) | 4 kl. Frühlingszwiebeln
2 EL Rapsöl | 100 ml Kalbssauce | Salz | Muskat | 1 El Kapern | Filets von 1 Zitrone

ZUBEREITUNG | Die Kartoffeln weich kochen und passieren. Die Milch aufkochen, mit Salz und Muskat würzen. Die Kartoffeln und die Butter gut einrühren und in eine Isi-Flasche abfüllen.
Die Wallerfilets entgräten, leicht salzen und pfeffern. Mit dem Neusetzer Speck umwickeln und kurz für 3 Minuten unter dem Grill garen.
Die Frühlingslauchzwiebeln in feine Scheiben schneiden und in einer Pfanne mit Rapsöl braun rösten, mit Kalbsbratensaft aufgießen, mit Kapern und den Zitronenfilets vollenden.

ANRICHTEN | Die Erdäpfelmousseline in einen Suppenteller spritzen. Die Wallerfilets darauflegen und mit der Sauce umgießen.

Waller im Goldfond

LAUCH, ERBSE UND BOTTARGA

ZUTATEN | *4 Donauwaller à 180 g | ½ l Fischfond | 2 g getrocknete Steinpilze | 150 g geschälte Erbsen | 200 g Bottarga (Rogen von der Meeräsche, Reformhaus) | 1 Limette, ungespritzt | 1 grüner Apfel 1 Stange Lauch | 5 g Goldpulver (zum Verzehr geeignet, www.spiceworld.at, vereinzelt im Großfachhandel, von der Marke Zoon) | Salz, Pfeffer 5 g Butter | 1/8 l Gemüsefond | 150 g Winterportulak | 1/8 l fertige Salatmarinade (je nach Geschmack) | getrocknetes Lauchpulver*

ZUBEREITUNG | Den Fischfond mit den getrockneten Pilzen einmal aufkochen und mindestens eine Stunde ziehen lassen. Anschließend abseihen und 5 g Goldpulver einrühren.
Den Waller mit Salz und Pfeffer würzen und mit der Hautseite langsam in der Pfanne braten.
Die Erbsen mit Butter und Gemüsefond glasieren. Den brunoise geschnittenen Lauch hinzufügen, mit Salz und Pfeffer würzen. Den getrockneten Rogen von der Meeräsche fein reiben, bis ein Streupulver entsteht.

ANRICHTEN | Den Waller in getrocknetem Lauchpulver wälzen. Die Erbsen und den Lauch in der Mitte verteilen. Den Fisch darauf setzen und die Schale vom grünen Apfel und die Zeste von der Limette darüberreiben. Bottarga über den Teller hobeln (ersatzweise Bottargapulver verwenden). Den Fisch mit dem Winterportulak vollenden und den Goldfond danach über die Erbsen gießen.

HUCHENTATAR

LAUCHSTROH, BACKFISCHBACKERLN, THYMIAN & CORAILÖL

ZUTATEN | *400 g Huchenfilet* | *2 EL Chili-Sauce* | *2 EL Limettenöl*
1 Stange Lauch | *4 Fischbackerl* | *½ Bund Thymian* | *1/8 l Corailöl (erhältlich im Asia-Shop)* | *Salz, Pfeffer*

ZUBEREITUNG | Das Huchenfilet in kleine Würfel zu Tatar hacken und mit Chili-Sauce, Limettenöl, Salz und Pfeffer würzen. Den Lauch waschen und in kleine feine Streifen schneiden, blanchieren und anschließend in heißem Öl frittieren
Die Fischbackerl panieren und frittieren.

ANRICHTEN | Das Tatar in der Mitte des Tellers anrichten. Die gebackenen Fischbackerl sowie das Lauchstroh daraufsetzen und mit Thymian und Corailöl ausgarnieren.

Flusskrebse mit Grammeln

MILCHHAUT, KROSSER SPECK, MARINIERTE EIERSCHWAMMERL UND LIMETTENFLUID

ZUTATEN | *8 Willendorfer Flusskrebse* | *½ l Milch* | *2 EL Rapsöl* | *20 Pfifferlinge* | *Oregano*
20 g grüner Speck | *50 ml Milch*

Krebs-Speckjus | *100 ml Weißwein* | *50 ml Zweigelt* | *2 Karotten* | *1 Stange Porree*
1 kleine Sellerie | *1 große Zwiebel* | *1 EL Tomatenmark* | *100 g Bauchspeck*

Speckschaum | *100 ml Sahne* | *100 g Bauchspeck* | *200 ml Gemüsefond*
15 g Pro Espuma Fred (Stabilisator für Schäume aus der Isi-Flasche)

Limettenfluid | *5 Limetten* | *40 g Zucker* | *50 ml Apfelsaft* | *2 Limettenblätter* | *1 Nelke*
1 Ecke Sternanis | *Xantana (erhältlich im Internet bei www.spiceworld.at)*

Oreganoblätter

ZUBEREITUNG | Bachkrebse in kochendem Wasser kurz aufkochen und anschließend ins kalte Wasser geben. Krebse ausbrechen und Schalen für Jus aufheben. Milch auf 70 °C bringen und auf kleiner Flamme stehen lassen, bis sich die Milchhaut bildet. Vorsichtig die Milchhaut von der übrigen Milch trennen und auf eine eingeölte Klarsichtfolie geben. Anschließend die Milchhaut mit etwas Rapsöl bedecken und eine Klarsichtfolie darübergeben.
Der grüne Speck wird klein geschnitten und in einer kleinen Pfanne ausgelassen. Für den Krebs-Speckjus wird das Gemüse in kleine Würfel geschnitten und in einem Topf angeschwitzt, danach Tomatenmark beimengen und mit Weißwein und Zweigelt ablöschen.
Die Krebsschalen in den Topf geben, mit Wasser befüllen und 3 Stunden kochen lassen. Den entstandenen Fond abseihen, auf 50 ml reduzieren und 50 ml Milch hinzugeben.
Bauchspeck klein schneiden und in einem Topf braten. Anschließend mit vorher zubereitetem Fond bedecken und einen Tag ruhen lassen.
Für den Speckschaum wird der Bauchspeck angebraten und mit dem Gemüsefond bedeckt und bis zur Hälfte reduziert. Danach wird die Sahne hinzugegeben und mit Pro Espuma Fred abgebunden. Mit 2 ISI-Patronen in eine ISI-Flasche abgefüllt und 24 Stunden im Kühlschrank abgekühlt.
Für den Limettenfluid wird der Zucker karamellisiert und mit dem Apfelsaft und dem aus den Limetten ausgepressten Saft abgelöscht. Restliche Zutaten beimengen und 5 Minuten kochen lassen, mit Xantana oder mit Maizena auf eine marmeladenartige Masse abziehen.
Den Bauchspeck in dünne Scheiben schneiden und in der Mikrowelle 2 Minuten bei größter Stufe knusprig machen.

ANRICHTEN | Die mit dem Krebstatar gefüllte Milchhaut in einen tiefen Teller setzen, daneben die temperierten Flusskrebse. Die sautierten Pilze mit dem brunoise geschnittenen Gemüse über die Milchhaut geben. Mit dem Limettengel drei Punkte setzen, dann die Krebssauce hinzufügen. Frittierte Oreganoblätter am Teller verteilen, den Speckschaum zum Schluss daraufgeben und die krossen Speckchips hineinstecken.

Gekochte Flusskrebse

mit Bärlauchrisotto

ZUTATEN | *1 kg Willendorfer Flusskrebse | 100 g Risottoreis (z. B. Arborio oder Carnaroli) 4 Schalotten | ¼ l Weißwein | 1 Lorbeerblatt | 250 g Gemüsefond | 150 g Asmonte (= steirischer Parmesan), gerieben | 2 EL braune Butter | 1 Bund Bärlauch | Rapsöl | Salz, Muskat, Pfeffer*

ZUBEREITUNG | Die Flusskrebse ganz kurz ankochen. Die Scheren lösen und nochmals 2 Minuten nachkochen, mit Salz und Pfeffer würzen und bei 60 °C warm stellen. Die Schalotten klein schneiden und in Rapsöl leicht anziehen. Den Risottoreis hinzugeben und mit Weißwein ablöschen, mit Salz und Lorbeer würzen, ca. 10 min kochen lassen und immer wieder mit dem Fond aufgießen. Dabei ist es wichtig, dass das Risotto immer umgerührt wird. Am Schluss mit frischem Bärlauch und Parmesan vollenden.
Den Parmesan (100 g) fein reiben, auf einem Backpapier bei 180 °C ca. 12 Minuten im Ofen schmelzen. Auskühlen lassen und Chips brechen.

ANRICHTEN | Den Risotto auf einem runden Teller anrichten. Die Krebse daraufsetzen und mit frischem Bärlauch garnieren. Den Parmesanchip zum Schluss hineinstecken.

Flusskrebssuppe

im Muskatkürbis mit Hollerkaviar

ZUTATEN | *8 Willendorfer Flusskrebse à 180 g | ca. 1 kg Kürbisfleisch 1 gehackte Zwiebel | 1 l Gemüsefond | 2 Esslöffel Verjus (erhältlich im Weinfachhandel) | 100 g geriebener Asmonte (= steirischer Parmesan) 2 Eigelb | 1/3 TL Safran | Salz | ¼ kg Hollerbeeren*

ZUBEREITUNG | Den Kürbis aushöhlen, das heißt, die Kerne und das faserige Gewebe sorgfältig entfernen. Je nach Sorte, Größe und Form den Kürbis in Stücke schneiden (2 x 2 cm) und schälen (oder zuerst schneiden und dann schälen – je nachdem, was einfacher ist). Die Zwiebel klein schneiden. Beides in der Brühe aufsetzen und kochen, bis der Kürbis weich ist. Das dauert je nach Sorte unterschiedlich lange. Ab und zu mit der Gabel hineinstechen und prüfen. Anschließend den Kürbis abseihen, die Brühe aufheben und weiterkochen. Den Kürbis und die Zwiebel mit einem Kartoffelstampfer, einer Gemüsepresse oder dem Fleischwolf zerkleinern. So viel von dem Fond hinzufügen, bis die gewünschte Menge und Konsistenz der Suppe erreicht ist. Den Verjus zugeben und aufkochen lassen, mit Safran färben.
Die Eigelb mit dem Parmesan aufschlagen. Die Suppe vom Feuer nehmen und die Parmesanmischung mit ständigem Schwingen des Schneebesens einrühren.
Die Flusskrebse kurz abkochen und ausbrechen. Die glasigen Krebse in Butter und einem Spritzer Verjus durchschwenken.

ANRICHTEN | Die Krebse in die Suppe setzen und die Hollerbeeren einfach abrebeln und zum Schluss in die Suppe streuen.

Flusskrebsfond

ZUTATEN | *2 Zwiebeln | 1 Stange Lauch | 2 Sellerie | 4 Karotten | 1 EL Fenchelsamen 1 EL Koriander | 1 EL Pfefferkörner | 2 EL Tomatenmark | 2 kg Krebsenkarkasse | ¼ l Wermouth ¼ l Weißwein | 1 l Rindsuppe*

ZUBEREITUNG | Zwiebeln, Lauch, Sellerie, Karotten, Fenchelsamen, Koriander, Pfefferkörner in wenig Fett mit Tomatenmark tomatisieren. Die Krebsenkarkasse hinzufügen und leicht angehen lassen, mit Wermouth, Weißwein und Rindsuppe (1. Ansatz) aufkochen, abschäumen und ziehen lassen.
2. Ansatz | Die Krebsscheren mit Tomaten, Kräuter-Klärmasse, Estragon, Basilikum und Eiweiß anrühren. Die durch ein Küchentuch geklärte Suppe mit Kerbel, Safran und ein bisschen Gelatine versehen.
Krebsenfond | Den Fond aufkochen und ohne Rindsuppe und mit wenig Fett ziehen lassen.

Flusskrebstatar

MIT SCHNITTLAUCH, FENCHEL-ORANGENSALAT, ERDÄPFELCHIP UND BORRETSCHBLÜTE

ZUTATEN | *200 g Flusskrebsfleisch* | *1 Knolle Fenchel* | *2 Orangen* | *4 EL Orangensaft* *2 EL Orangenöl* | *1 EL Chili-Sauce* | *1 EL Limettenöl* | *Salz, Pfeffer* | *1 Bund Schnittlauch* | *10 Borretschblüten*

Erdäpfelchip | *2 große Kartoffeln* | *1/8 l Rapsöl zum Frittieren*

ZUBEREITUNG | Das Krebsfleisch in kleine Würfel zu Tatar schneiden und mit Chili-Sauce, Limettenöl, Salz und Pfeffer würzen. Anschließend wird der Fenchel mit einer Schneidemaschine dünn aufgeschnitten und mit aus den Orangen geschnittenen Filets, Orangenöl, Salz, Orangensaft und Zucker abgeschmeckt. Zum Schluss zum Tatar den Schnittlauch beimengen.
Die Kartoffeln schälen und mit der Schneidemaschine dünn aufschneiden, auf Krepppapier trocknen und im Rapsöl goldgelb backen (Vorsicht: wegen der Kartoffelstärke nicht zu viele Chips auf einmal hineingeben – das Öl könnte überlaufen).

ANRICHTEN | Das Krebstatar in die Mitte des Tellers setzen, den Fenchel-Orangensalat sowie den Kartoffelchip darauf platzieren und mit Borretschblüten ausgarnieren.

Krebsensuppe aus Willendorf

Schwarzbrotcroûtons

Familie Stickler (der Sohn ist einer der besten Fleischhauer der Region) betreibt in Willendorf am Steinfeld eine kleine und feine Krebsenzucht.

ZUTATEN | *1 kg Krebse aus Willendorf | 6 Karotten | 5 Zwiebeln | 4 Stangensellerie | 180 g Butter | 50 g Mehl | 4 Eigelb | 1 Bund Petersilie | 1 Prise Muskatnuss | 1 ½ l Fond (Gemüsefond) | 1 Tasse Schlagobers | Salz, Pfeffer | 1 Scheibe Schwarzbrot*

ZUBEREITUNG | Das Gemüse waschen und fein zerkleinern. Das gehackte Gemüse in etwas Butter glasig dünsten, zwei Drittel des Krebsfleisches hinzufügen, aufkochen lassen und passieren. Das Mehl in etwas Butter anbräunen. Allmählich einen Liter Brühe unterrühren, aufkochen lassen, abschäumen und die gehackte Petersilie, die Muskatnuss und den Pfeffer hinzufügen. Das Ganze eine viertel Stunde unter ständigem Rühren kochen und abseihen. Die Hälfte des Krebsfleisches mit der übrigen Butter im Mörser verreiben und passieren. Die Krebsen-Gemüse-Masse in die Mehlsauce geben, den Rest heiße Brühe darübergießen, das mit dem Eigelb verquirlte Schlagobers unterrühren und aufkochen. Vom Herd nehmen und die Krebsenbutter dazugeben. Die Creme mit den restlichen Krebsen garniert servieren.
Die Scheibe Brot in feine Würfel schneiden und in einer heißen Pfanne knusprig braun rösten.

ANRICHTEN | Die Würfel in die Suppe geben und mit halb aufgeschlagenem Obers verfeinern.

Flusskrebse mit Wildkräutern

SCHARFE NUDELN, & JOHANNISBEEREN

ZUTATEN | *4 Flusskrebse* | *½ l Almdudler* | *30 gefriergetrocknete Johannisbeeren* *verschiedene Kräuter und essbare Blumen* | *1 Lage Strudelteig* | *4 Blatt Gelatine* *2 g Agar-Agar* | *0,5 EL Chili-Sauce* | *0,5 EL Limettenöl* | *etwas Butterschmalz* *Staubzucker* | *Salz, Pfeffer* | *etwas grüne Lebensmittelfarbe (Drogerie)*

ZUBEREITUNG | Den Almdudler in einen Kochtopf geben und bis zur Hälfte reduzieren. Verschiedene Kräuter beimengen und einen halben Tag stehen lassen, abseihen und mit Pfeffer vollenden.
Die Flüssigkeit mit etwas grüner Lebensmittelfarbe einfärben, mit 4 Blatt Gelatine und 2 g Agar-Agar abziehen, in einen Plastikschlauch füllen und in Eiswasser 4 Stunden kühlen. Die Masse herauspusten und in 4 cm große Nudeln schneiden. Den Strudelteig halbieren und eine Hälfte mit Butterschmalz bepinseln, pfeffern, mit Staubzucker bestreuen und die zweite Hälfte darübergeben. Kleine Scheiben ausstechen, auf ein Blech mit Backpapier geben, mit einem weiteren Backpapier bedecken und beschwert bei 180 °C 12 min goldgelb backen. Die Flusskrebse ausbrechen und einfrieren.

ANRICHTEN | Die Hälfte der Flusskrebse in kleine Scheiben schneiden und auf einen Teller legen, mit Limettenöl bepinseln und mit Salz bestreuen. Die andere Hälfte wird klein zu einem Tatar zusammengehackt und mit Salz, Pfeffer, Limettenöl und Chili-Sauce abgeschmeckt. Anschließend das Tatar auf die linke Hälfte der vorgeschnittenen Scheiben setzen. Auf die rechte Seite werden klein gezupfte Kräuter gelegt. Rechts neben die Scheiben legen Sie die Kräuternudel und darunter die Johannisbeeren. Zum Schluss geben Sie die Blätterteigscheiben auf das Tatar.

Foto rechts

Gefüllte Zucchiniblüte

FLUSSKREBSE & PAPRIKASCHAUM

ZUTATEN | *4 Zucchiniblüten* | *8 Flusskrebse* | *150 g Zanderfilet, klein gewürfelt* *60 ml flüssiges Obers* | *60 ml geschlagenes Obers* | *Salz, Pfeffer*

Paprikaschaum | *4 rote Paprika* | *30 g Butter* | *1 Zweig Thymian* | *150 ml Gemüsefond* *1 Schalotte* | *100 ml geschlagenes Schlagobers*

ZUBEREITUNG | Die Zanderfilets mit flüssigem Obers, Salz und Pfeffer cuttern, danach das geschlagene Schlagobers unterheben. Die Flusskrebse kurz überkochen, ausbrechen, mit Salz und Pfeffer würzen. Anschließend unter die Zanderfarce heben. Zanderfarce und Krebsfleisch in die Zucchiniblüte füllen, gut verschließen und ca. 5 Minuten langsam dämpfen.
Paprikaschaum | Paprika klein schneiden, mit Schalotten in Butter anschwitzen, den Thymian hinzufügen und mit dem Gemüsefond aufgießen. Die Zutaten ca. 15 Minuten weich kochen und anschließend passieren. Zum Abschluss das geschlagene Obers unter die Paprikasauce heben.

ANRICHTEN | Den Paprikaschaum in einen tiefen Teller geben, darauf die gefüllte Zucchiniblüte legen und mit Thymian garnieren.

FINESSE MIT BISS

Getreide, Reis & Nudeln

DAS DEFIZIT DES KAUENS

Der Begriff vom „Defizit des Kauens“ ist als Reaktion auf die oft nur wenig „bissfesten“ Errungenschaften der Molekularküche immer wieder durch die Gourmetpresse gegeistert. Heinz Hanner hat sich mit Molekularküche in den letzten Jahren daher „ebenso beschäftigt wie mit Methoden, das damit oft zwangsläufig verbundene Defizit des Kauens – oder besser: den Mangel an Biss – in den Griff zu bekommen.

Hanners Antwort: „Die beste Möglichkeit, um das Defizit des Kauens auszugleichen, ist der forcierte Einzug von Getreide in die Grundzutaten der feinen Küche, wo es vor allem in der Pâtisserie schon immer gegenwärtig war. Es gibt allerdings noch wesentlich mehr Formen, um Getreide zu verfeinern, als nur in elaborierten Teigen.“

„Die Sehnsucht zu kauen ist zunächst einmal entwicklungsgeschichtlich bedingt“, ist Heinz Hanner überzeugt. „Wenn der Mensch das Licht der Welt erblickt, ist er zunächst einmal mit der Muttermilch konfrontiert. Dann folgen Beeren, Obst, Gemüsebreie – und erst relativ spät Fleisch. Es ist also nur natürlich, dass der Mensch in seiner Entwicklungsgeschichte das Kauen als Fortschritt empfindet.“

Für Heinz Hanner ist das Kauen darüber hinaus auch noch ein zivilisatorischer Fortschritt. Denn irgendwann hat der Mensch erkannt, dass eine Handvoll Getreide gleich viel Nährwert bringt wie ein Kilo Fleisch. „Diese Erkenntnis“, so Hanner, „ist allerdings auch der Beginn unseres Diätproblems gewesen. Der Mensch musste erst allmählich lernen, mit der Tatsache umzugehen, dass er mit einem Bruchteil an körperlichem Aufwand ein Maximum an Energie gewinnen kann, wenn die anstrengende Arbeit des Säens, Erntens – und damit auch das Verbrennen – wegfällt. Selbst wenn wir ins Fitnesscenter gehen, und es befindet sich im dritten Stock, dann fahren wir mit dem Lift hinauf.“

Die Reaktion einer feinen, zeitgemäßen Küche auf diese Tatsache kann, so Hanner, allerdings nicht sein, dass sie die meist getreide- und damit auch kohlehydratlastigen Sättigungsbeilagen einfach weglässt und durch mehr Eiweiß ersetzt. Genau das wäre nicht nur völlig ungesund, sondern würde auch einem neuen Kaudefizit Vorschub leisten.

„Eine feine Küche kann und muss heute sogar vermehrt mit Getreide arbeiten“, proklamiert Heinz Hanner, „und es gibt eine Fülle von Möglichkeiten, um Körner und Teige in der Küche dosiert und damit zuträglich einzusetzen und diese obendrein auch spannenden geschmacklichen Metamorphosen zu unterziehen.“

GLÜCKSKÖRNER VON GERSTL BIS QUINOA

Da eine feine Küche sich niemals nur mit dem Naheliegenden, sondern vor allem auch dem Entlegeneren (das oft genug dennoch zum Greifen nah liegt) befasst, hat Heinz Hanner sich intensiv mit neuerdings modisch „Glückskörner“ genannten Getreidesorten befasst, zu denen auch in Österreich angebaute „Exoten“ wie Quinoa, Amaranth, Couscous oder Bulgur, vor allem aber auch heimische Sorten wie etwa Urgetreide und Rollgerstl zählen.

Dass vor allem die Rollgerste Hanner ein besonderes Anliegen ist, hat einen biographischen Grund: Heinz Hanners Mutter stammt aus Vorau in der Oststeiermark, „und in meiner Kindheit gab es wesentlich mehr Ritschert und Sterz als Pasta und Risotto“.

Was nicht heißt, dass Hanner heute nicht auch einen guten Risotto zu würdigen (und vor allem auch zuzubereiten) verstünde. „In Mayerling haben wir uns aber dennoch nicht auf den klassischen italienischen Risotto aus Arborio- oder Vialonereis spezialisiert, wie man ihn bei jedem guten Italiener bekommt. Wir wollen unseren Gästen schon auch in Sachen Reis etwas Besonderes bieten. Und da Reis in Österreich nun einmal nirgendwo angebaut wird und trotz Klimawandels wohl auch nicht so schnell angebaut werden wird, kann man bei diesem Produkt ja getrost auch einmal in die Ferne schweifen.“

Auf diese Weise hat Hanner den „schwarzen Reis“ entdeckt, eine ungeschliffene langkörnige Reissorte asiatischen Ursprungs, deren eigentliches Korn zwar

weiß, dessen umschließendes Häutchen jedoch schwarz ist und diese Farbe auch beim Kochen erhält. Am liebsten kombiniert Hanner den schwarzen Reis mit Flusskrebsen und hat damit „große Erfolge erzielt, obwohl man immer sagt, dass die psychologische Wirkung der Farbe Schwarz katastrophal sein soll. Aber vielleicht fühlen sich die Menschen ja auch an einen venezianischen Risotto Nero erinnert, und Venedig ist allemal gut besetzt", sagt Hanner. Für alle, die zum ersten Mal mit dieser Reissorte arbeiten, hat er übrigens einen guten Tipp parat: „Schwarzer Reis ist wirklich idiotensicher und leichter zu behandeln als Rundkornreis. Man muss allerdings dafür nicht die doppelte, sondern die sechsfache Menge Wasser verwenden!"

DIE NUDELN DER FEINEN KÜCHE

„Was die Herstellung von Nudeln betrifft, soll man nicht päpstlicher als der Papst und nicht kaiserlicher als die k. u. k. Monarchie sein wollen", sagt Heinz Hanner. „Typisch österreichische Nudeln sind nun einmal typisch italienische Nudeln. Denn aus Italien stammen jene Rezepte, die über Mailand, Venedig und Triest ihren Einzug in die sogenannte Wiener Küche gehalten haben."

Das klassische Rezept, das in Mayerling allen – hier selbstverständlich nur hausgemachten – Nudeln zugrunde liegt, schmeckt daher auch wie echte italienische Pasta und funktioniert nach der einfachen Formel „100 g Durumgrieß + 3 Eidotter + 1 EL Olivenöl" (s. auch Kapitel Grundrezepte). Ganz so einfach, wie sich das anhört, ist das dann allerdings – wie immer in der feinen Küche – auch wieder nicht. Die Ölmenge ist nur eine Faustregel, muss aber von Fall zu Fall je nach Verwendungszweck überdacht und adaptiert werden. „Verwendet man weniger Öl, so wird die Oberfläche des Nudelteigs nämlich ruppig und porös, wodurch allerdings auch mehr Sauce daran haften bleibt. Je mehr Öl man verwendet, desto glatter, feiner und geschmeidiger wird die Nudel, desto weniger aufnahmefähig ist sie jedoch für Saucen aller Art." Fazit: Wenn die Nudel nur eine Dienerin der Sauce sein soll, braucht sie wenig Olivenöl, soll sie indessen selbst im geschmacklichen Mittelpunkt stehen (etwa als Umhüllung eines Fisches oder eines Flusskrebserls), so kann man bei der Ölzugabe ruhig etwas großzügiger sein.

In jedem Fall aber gilt, dass der Teig niemals feucht sein darf, sondern immer trocken sein muss. „Was man immer im Auge behalten sollte, ist das richtige Verhältnis von Mehl bzw. Durumgrieß einerseits und Eiweiß andererseits. Je weniger Eiweiß und Feuchtigkeit ein Pastateig in sich trägt, desto besser und mehr ‚al dente' wird die Nudel zuletzt im Biss sein."

Seinen italienischen Pastateig verwendet Heinz Hanner übrigens auch für heimische Nudelrezepte wie etwa Schlipfkrapferln („die österreichischen Ravioli"). Und für echte Nudelfeinspitze hat der Meister aus Mayerling auch noch einen zusätzlichen Geheimtipp parat: „Ersetzen Sie das Mehl für die Nudeln durch Milupa-Kindergrieß und cuttern Sie diesen so lange, bis er sich wie Mehl anfühlt. Dann wird aus der ganz normalen Nudelküche plötzlich eine ganz feine Küche."

Brotrezept

„MUTTI HANNER“

ZUTATEN | *2 l warmes Wasser* | *120 g Salz* | *100 g ganzer Kümmel* | *80 g Germ*
1000 g Roggenmehl | *1000 g Vollkornmehl* | *1000 g Weizenmehl* | *480 g glattes Mehl*

ZUBEREITUNG | Alle Zutaten mit dem Rührknethaken 5 Minuten zu einem festen Teig verrühren und 2 Stunden aufgehen lassen.
Aus dem Teig mit der Teigkarte lange wurstförmige Stangen formen und in eine rechteckige Kastenform geben, das Brot bei 190 °C 45 Minuten backen.
Aus dem Ofen nehmen und auskühlen lassen.

Foto nächste Seite

Risotto

JUNGE RÜBCHEN & SALBEIBLÜTEN

ZUTATEN | **Risotto** | *Rote Rübenbutter:160 g Risottoreis & 1 EL Rapsöl* | *1 EL reduzierter roter Rübensaft* | *4 dl heißen Gemüse-Weißwein-Fond* | *4 EL braune Butter* | *1 dl klarer Kohlrabisaft*
1 Spritzer Zitrone | *0,5 dl klaren Karottensaft* | *1 Prise Muskat* | *1 Prise weiß gemahlener Pfeffer*
1 Prise Salz | *1 Prise Meersalz* | *1 Spritzer Zitrone*

Junge Rübchen | *1 EL geriebener Asmonte (= steirischer Parmesan)* | *2 EL Rapsöl*
12 gedämpfte junge Karotten | *ca. 20 g eiskalte Butter* | *8 gedämpfte junge rote Rüben*
16 Salbeiblüten | *1 Prise Meersalz* | *4 EL Limonenöl* | *1 Prise grober Pfeffer* | *8 Parmesanspäne*

ZUBEREITUNG | **Risotto** | Den Reis in Rapsöl anschwitzen und schrittweise mit heißem Gemüse-Weißwein-Fond ablöschen. Sobald die Reiskörner zu quellen beginnen, klaren Kohlrabisaft sowie klaren Karottensaft beifügen und unter zügigem Schwenken der Pfanne den Risotto fertig kochen. Zum Schluss mit Meersalz, Zitrone, Parmesan, Olivenöl und eiskalter Butter vollenden. Die Salbeiblüten vorbereiten.
Rote Rübenbutter | Den reduzierten Rübensaft mit brauner Butter, Zitrone, Muskat und Salz erwärmen – warm halten.
Junge Rübchen | Die gedämpften Rübchen mit Meersalz, Limonenöl und grobem Pfeffer marinieren und im Backrohr bei 90 °C ca. 15 Minuten erhitzen. Die roten Rüben auf einer eigenen Platte wärmen.

ANRICHTEN | Den sämigen Risotto auf vier tiefe Teller verteilen und mit der roten Rübenbutter umgießen. Die Salbeiblüten in die Rübenbutter legen. Die heißen Rübchen auf den Risotto legen, mit den Parmesanspänen belegen und sofort servieren.

Schnürkrapfen

ZUTATEN | *50 dag Mehl* | *30 dag Butter* | *20 dag Staubzucker* | *1/8 l Rum* | *5 Dotter*

ZUBEREITUNG | Die Butter mit Staubzucker schaumig schlagen, den Dotter einarbeiten und den Rum einrinnen lassen. Das Mehl einarbeiten, rasten lassen und mit griffigem Mehl zwischen Backpapier ausrollen. In 3,5 x 3,5 cm große Stücke schneiden. In eine Schnürkrapfenzange einspannen, die Friteuse auf 130 °C einschalten und die Krapfen golden rausbacken. Mit Zimt-Vanillezucker-Gemisch bestreuen.

Schupfnudeln

ZUTATEN | *50 dag Erdäpfel* | *5 dag trockene Grammeln* | *20 dag griffiges Mehl* | *1 TL Salz*
etwas Muskat | *1 Ei* | *Salzwasser zum Kochen* | *5 dag Butter zum Abschmalzen* | *10 dag Bröseltopfen*
1 EL Schnittlauch

ZUBEREITUNG | Die Erdäpfel kochen, schälen, auskühlen lassen und kalt reiben. Mit Grammeln, Mehl, dem Ei, Salz und Muskat vermischen und rasch verkneten. Den Teig zur Rolle formen, von dieser Stücke abschneiden und fingerlange, etwa 1 ½ cm dicke Röllchen formen. In reichlich kochendes Salzwasser einlegen und ziehen lassen. Wenn die Nudeln aufsteigen, sind sie gar, dann herausnehmen.

ANRICHTEN | Mit heißer Butter übergießen, mit Bröseltopfen und gehacktem Schnittlauch bestreuen.

Risotto nero

von Tintenschöpflingen

ZUTATEN | *250 g Tintenschöpflinge* | *400 g getrocknete Tomaten* | *300 g Arborioreis*
1 Karotte | *1 Zwiebel* | *1 Stange Sellerie* | *20 g getrocknete Pilze* | *1 Bund Petersilie* | *2 EL Rapsöl*
1 l Kalbsfond | *Asmonte (= steirischer Parmesan) zum Bestreuen*

ZUBEREITUNG | Die Pilze am Vortag in einer Tasse Kalbsfond einweichen.
Die Tintenschöpflinge putzen und die Tinte aufheben (damit färben wir den Risotto schwarz). Das geputzte, zerkleinerte Gemüse und die in Wasser gelegten, ausgedrückten Pilze, 10 Minuten in Öl anziehen lassen. Den Tintenfisch hinzufügen, mit den Gewürzen abschmecken und das Ganze 45 Minuten bei geringer Temperatur kochen lassen. Dann den Reis hinzufügen, glasig dünsten und unter ständigem Rühren und der Beigabe der Tinte und des Kalbfonds al dente kochen.
Falls der Risotto nicht dunkel genug ist, je nach Geschmack Tinte hinzufügen.

ANRICHTEN | Den Risotto in einen tiefen Teller geben und mit Parmesanflocken und frischen Kräutern garnieren.

Weisse Polenta

mit Mayerlinger Burgundertrüffeln

ZUTATEN | *300 g weiße Polenta (Grieß)* | *150 g Burgundertrüffel* | *100 g Butter* | *Pfeffer*
1 l Kalbsfond dunkel | *150 g geriebener Asmonte (= steirischer Parmesan)*

ZUBEREITUNG | Die Hälfte der Burgundertrüffel mit einem Viertel der Butter andünsten, dann salzen und vom Feuer nehmen. Den Fond leicht gesalzen aufkochen und den Grieß einrühren. 20 Minuten unter ständigem Rühren kochen.
Die Trüffel mit ihrem Saft, Pfeffer aus der Mühle und klein geriebenem Parmesan vermengen. Weitere 20 bis 25 Minuten unter ständigem Rühren kochen. Polenta in eine große gebutterte Auflaufform geben, glatt streichen und Butterflocken darauf verteilen.
Im vorgeheizten Backofen eine viertel Stunde bei 180 °C backen.

ANRICHTEN | Abschließend frische Mayerlingerburgunder-Trüffel über die Polenta reiben.

Amaranth-Knödel

ZUTATEN | *5 altbackene Semmeln* | *100 g Amaranth* | *1 kleine Zwiebel* | *2–3 EL gehackte Petersilie*
10 dag Butter | *¼ l lauwarme Milch* | *4 Eier* | *1 TL Salz* | *weißer Pfeffer* | *geriebener Muskat* | *2 EL Mehl*
3 l Salzwasser zum Kochen

ZUBEREITUNG | Die Semmeln feinwürfelig schneiden. Die fein gehackte Zwiebel und Petersilie in Butter leicht anrösten, Amaranth und Semmelwürfel hinzufügen, alles in eine Schüssel geben, mit Mehl anstauben, Milch, Eier und Gewürze versprudeln und über die Semmelmischung geben.
Die Masse durchkneten und etwa 15 Minuten lang rasten lassen. Mit nassen Händen gleichmäßig große Knödel formen, diese in kochendes Salzwasser legen. Die Hitze reduzieren und die Knödel etwa 15 Minuten lang garziehen lassen.

ANRICHTEN | Mit einer Schaumkelle herausheben und servieren.

Bärlauchbrot

AUS FERMENTIERTEM TEIG

ZUTATEN | Bärlauchbrot | *2 Hände Bärlauch* | *350 g Mehl Typ 720* | *180 g Roggenmehl Typ 1100*
470 g Dinkelmehl hell | *930 g Wasser* | *50 g Hefe* | *570 g fermentierter Teig* | *34 g Salz*

fermentierter Teig | *99 g Mehl 720* | *51 g Roggenmehl 1100* | *130 g Dinkelmehl hell*
263 g Wasser | *14,2 g Hefe* | *9,6 g Salz*

ZUBEREITUNG | Fermentierter Teig | Alle Zutaten zu einem Teig verrühren und mindestens 24 Stunden stehen lassen. Die Hefe in Wasser auflösen und mit dem Salz verrühren.
Bärlauchbrot | Alles zusammenrühren und 4 Stunden ruhen lassen!
Beide Teige zusammenrühren und ½ Stunde gehen lassen. Zusammenschlagen und ½ Stunde ruhen.
Bei 210 °C Heißluft mit Dampfschub 9 min vorbacken zum Einfrieren.
Essfertig in 13 Minuten!

Bärlauch-Eiernockerl

ZUTATEN | *30 dag griffiges Mehl* | *5 dag zerlassene Butter* | *2 Eier* | *etwa 1/8 l Milch*
Salz, Pfeffer, Muskat | *10 ml Bärlauchpesto (je nach Geschmack)*

ZUBEREITUNG | Das Salzwasser zum Kochen bringen. Mehl, Eier, Butter und Salz mit Milch gut verrühren. So viel Flüssigkeit (Milch) verwenden, dass ein nicht zu fester Teig entsteht. Den Teig kurz durcharbeiten und möglichst sofort mit einem nassen Löffel kleine Nockerl ausstechen und ins kochende Wasser geben oder durch ein Nockerlsieb streichen.
Die Nockerl ein paar Minuten lang sprudelnd kochen lassen, dann abseihen und mit kaltem Wasser abschrecken.

ANRICHTEN | In heißer Butter schwenken, 1 Ei pro Person darübergeben und mit Bärlauchpesto vollenden.
TIPP | Einen Nockerlteig darf man nicht zu lange stehen lassen, sonst verkleistert das Mehl!

Erbsenschotenrisotto im Kohlrabi

Asmonte & Karottenjus

ZUTATEN | *8 EL Risottoreis* | *300 ml Gemüsefond* | *100 g Erbsenschoten* | *60 g Butter* *Meersalz* | *Muskat* | *1 Limette* | *100 g Asmonte (= steirischer Parmesan)* | *4 Kohlrabi* | *500 g Karotten* *20 g Ingwer* | *40 g Butter* | *Salz* | *ein paar Tropfen Limettensaft* | *Muskatnuss*

ZUBEREITUNG | Die Kohlrabi schälen, aushöhlen und im Dämpfer bzw. Dämpfaufsatz weich dämpfen!
Risotto | 8 EL Risottoreis in Butter anschwitzen, mit heißem Gemüsefond schrittweise ablöschen und zwischendurch immer kurz schwenken. Dieser Risotto darf NICHT gerührt werden, da der Reis schön glänzen und nicht „schleimig" sein sollte.
Die Erbsenschoten in mundgerechte Stücke teilen und bissfest blanchieren. Ca. 2 Minuten vor Beendigung der Garzeit die Erbsenschoten in den Risotto streuen, kurz schwenken und zum Schluss mit eiskalter Butter, Meersalz, Muskat und einem Hauch Limette verfeinern.
Karottenjus | Die Karotten entsaften und durch ein feines Sieb seihen, mit dem Ingwer auf ein Drittel reduzieren, mit Butter binden und mit Salz, ein paar Tropfen Limette und Muskatnuss abschmecken.

ANRICHTEN | Den Risotto in den Kohlrabi füllen und mit dem feinst geriebenen Parmesan bestreuen, mit einer Lötlampe abflämmen und mit dem Karottenjus servieren.

Nudelteig

ZUTATEN | *1.000 g griffiges Mehl* | *30 Eidotter* | *1 cl Trüffelöl* | *3 cl Olivenöl*

ZUBEREITUNG | Alle Zutaten zu einem festen Teig kneten und 30 min rasten lassen.

Quinoa-Schmarren

ZUTATEN | *1 l Milch* | *5 g Salz* | *500 g Quinoa* | *200 g Butter* | *50 g Kristallzucker* | *50 g Rosinen*
geriebene Zitronenschale einer ½ Zitrone
Staubzucker zum Bestreuen | *Zwetschkenröster / Früchteröster je nach Geschmack*

ZUBEREITUNG | In siedende Milch das Salz geben, den Grieß einlaufen lassen und ihn dick einkochen und überkühlen.
Die Quinoa-Masse in heißer Butter dünsten, den Schmarren öfter mit einer Gabel zerkleinern.
Sobald der Schmarren halb geröstet ist, Zucker, Rosinen und Zitronenschale daruntermengen und knusprig braun weiterrösten.
Mit Staubzucker bestreuen und mit Zwetschkenröster servieren.

ANRICHTEN | In einer tiefen Porzellanschüssel mit Staubzucker servieren und eventuell mit Melissenblättern bestreuen.

Pannonische Safrantarhonya

(REIBGERSTEL)

ZUTATEN | *50 dag Mehl* | *2–4 Eier* | *½–¾ l Wasser* | *2 Scheiben Bauchspeck*
6 g Safran | *15 g Asmonate (= steirischer Parmesan), gerieben*

ZUBEREITUNG | Das Wasser mit dem Safran aufkochen und dann abseihen. Aus Mehl, Eiern und Wasser einen sehr festen Teig kneten. Diesen Teig etwas antrocknen lassen, dann mit dem Reibeisen grobkörnig reiben.
Das geriebene Eiergerstel auf einem Tuch ausbreiten und in der Sonne oder im Rohr trocknen. In luftdurchlässigen Stoffsäckchen als Vorrat aufhängen.
Reibgerstel in kochendem Salzwasser garen, abseihen und abtropfen lassen; den inzwischen klein gewürfelten Speck zerlassen und die Tarhonya darin abschmecken.
Alternative: roh in heiße Butter geben, nach und nach siedendes Safranwasser angießen und wie einen Risotto gar dünsten.

ANRICHTEN | Mit geriebenem Parmesan anrichten.

Feine Küche von innen

Leber, Niere, Bries & Co

Wer in der 1886 erschienenen *Feinen Küche* von Jules Gouffé den Band über *Die Höhere Kochkunst* aufschlägt, gelangt schon nach kurzem Blättern in ein veritables Innereien-Paradies. So findet er beispielsweise einen Kalbskopf mit Hahnenkämmen, Hahnennieren und Gänseleberschnittchen, ein Kalbsnierenstück mit Briesröschen und Flusskrebserln, Kalbshirn in Kräutersauce oder eine Gänseleber im Kästchen. Und wer gar Escoffiers *Guide Culinaire* bemüht, wird sich zwischen einer knappen Hundertschaft von Kalbskopf-, Kalbsleber- und Kalbsbriesgerichten sowie bemerkenswerten (und zum Teil auch heute durchaus noch nachkochbaren) Ideen für die Zubereitung von Kalbsohren, Kalbszunge und Kaldaunen kaum entscheiden können. Das Innereien-Paradies kreist zwar (wenn man von den mehr als drei Dutzend Gänseleberrezepten einmal absieht) hauptsächlich um das Thema Kalb. Aber fest steht: Eine feine Küche ohne Innereien ist, zumindest historisch betrachtet, undenkbar.

Umso erstaunlicher ist die geringe Rolle, die Innereien während der letzten drei Jahrzehnte in zeitgenössischen feinen Küchen gespielt haben.

Was war passiert? – Spätestens seit den frühen 1980er-Jahren stehen Innereien in dem Ruf, gesundheitsschädlich, unhygienisch, mitunter sogar eklig und, offenbar wegen ihrer „dunklen" Herkunft, auch politisch unkorrekt zu sein.

Heinz Hanner – persönlich durchaus ein Innereien-Freund – hat diese Entwicklung auch in seinem Restaurant in Mayerling miterlebt und führt sie nicht zuletzt darauf zurück, dass „vor allem weibliche Gäste vor Innereien für gewöhnlich zurückschrecken" – und ihre männlichen Begleiter sich ihnen *gentlemenlike* anschließen, wenn es darum geht, dass kein „Gekröse" auf den Tisch kommt.

Gegen Ende des vorigen Jahrtausends sah es in der Tat fast schon so aus, als würde der europäischen (und insbesondere der Wiener) Küche mit den Innereien ein Identität stiftendes „Herzstück" abhandenkommen. „Neuerdings mehren sich indessen die Zeichen", hat nicht nur Heinz Hanner bemerkt, „dass die Innereien allmählich wieder vom Status der Ächtung in den einer gewissen Achtung durch Küchenchefs und Gourmets zurückkehren."

Nach jahrzehntelangem Totschweigen wurden Innereien plötzlich in einem kulinarischen Kultbuch wie Ferguson Hendersons *Nose to Tail Eating* rehabilitiert, in dem der Chef des berühmten „St. John" am Londoner *Smithfield Market* eine neue, durchaus zeitgemäße „Schlachthausküche" postuliert. Und in Deutschland setzte sich gar Wolfram Siebeck, der Doyen der deutschen Gourmetkritik, mit seinem *Kochbuch der verpönten Küche* an die Spitze einer kleinen, aber feinen Bewegung, die sich für eine kulinarische Innereien-Renaissance stark machte.

Mittlerweile finden sich Innereien daher auch wieder beim „Hanner" in Mayerling, und zwar nicht nur solche vom Kalb, sondern etwa auch Züngerln, Kutteln, Herz, Hirn und Bries vom Lamm oder ein feines Beuscherl vom Ziegenkitz (wie das in der internationalen feinen Küche eher verfemte „Lüngerl" in Österreich ganz generell tatsächlich Einzug in die „feine Küche" gefunden hat).

„Gerade in einem Restaurant mit hochfeinem Anspruch muss man den Qualitätsstandard bei Innereien allerdings besonders hoch ansetzen", weiß Heinz Hanner. So gelangt bei ihm beispielsweise ausschließlich das runde Herzbries (der beste Teil der Kalbsmilch) auf den Tisch, und Kalbsnieren werden so lange mit etwas Essig gewässert, bis jeglicher unangenehme Nebenton verschwunden ist. Außerdem gilt das Prinzip, dass Innereien in der Hochküche nur ganz frisch – also kurz nach der Schlachtung, am besten nur dienstags und mittwochs – auf den Tisch kommen. Dann freilich können sie, wie Hanner überzeugt ist, „Wachs in den Händen eines guten Kochs sein".

Mosaik von Wildente und Gänseleber

ZUTATEN | *1 Prise Zucker | 8 cl Trockenbeerenauslesegelee (1/2 l Trockenbeerenauslese mit 5 Blatt Gelatine binden) | 1 gewürfelte Schalotte | 2 Wildenten à 1 kg | 200 g Gänseleber 1 EL Tomatenessig | 200 g Stangenbohnen | 2 cl Sherry | 1 cl Gelber Muskateller | 1 cl Weinbrand Salz, Pfeffer | Zucker | 1,5 EL Rapsöl | 50 g Löwenzahn*

ZUBEREITUNG | Die Gänseleber vorsichtig enthäuten und entsehnen. Einige Zeit mit Gelbem Muskateller, Weinbrand, Zucker, Salz, Pfeffer und Muskatnuss marinieren, unter dem Grill auf einem Blech leicht anschmelzen lassen und wieder kalt stellen. Die Wildenten würzen und im Backofen bei 220 °C etwa 15 Minuten braten, herausnehmen und gut auskühlen lassen. Mit einem scharfen Messer die Haut von der Brust entfernen und das Brustfleisch waagrecht von der Karkasse in dünne Scheiben schneiden. Nun eine Scheibe Entenbrust mit Gänseleber belegen, eine Entenbrust auflegen, wieder eine Schicht Gänseleber darauflegen und mit einer Scheibe Entenbrust abschließen. Im Kühlschrank gut durchkühlen lassen, dann die Entenbrust längs in Scheiben schneiden, pro Person 4 Stück.
Die Bohnen waschen, putzen, in Rauten schneiden und in Salzwasser knackig kochen. In Eiswasser abschrecken und gut abtropfen lassen.
Für die Marinade die Schalotte würfeln, Rapsöl, Tomatenessig, Sherry, Salz, Pfeffer und Zucker vermischen. Die Bohnen marinieren, etwas durchziehen lassen und den Löwenzahn untermischen.

ANRICHTEN | Die Entenbrustscheiben sternförmig aufs Teller legen. Den Bohnensalat und die Löwenzahnspitzen in die Mitte platzieren und etwas gewürfeltes Trockenbeerenauslesegelee aufsetzen.

Entenleber

Grüne Paradeiser, Brombeeren & Kardamom

ZUTATEN | *4 Stk. Entenleber à 80 g | 12 grüne Paradeiser | 20 Brombeeren Zucker, Pfeffer, Kardamom | 1/16 l Trockenbeerenauslese mit Kroatzbeerlikör | grobes Ursalz | Mehl*

ZUBEREITUNG | Für die Brombeeren die Trockenbeerenauslese auf die Hälfte reduzieren, anschließend die Brombeeren hinzufügen und mit Kardamom würzen. Die grünen Paradeiser mit Zucker karamellisieren und ebenfalls mit Kardamom würzen.
Die Entenleber mit Pfeffer würzen, leicht mehlieren und auf beiden Seiten goldbraun braten.

ANRICHTEN | Die karamellisierten Paradeiser und die Brombeeren auf einem runden Teller anrichten. Die Entenleber darüber platzieren und mit dem Ursalz würzen.

Foto rechts

Gebratene Entenleber

EINGELEGTE GELBE HIMBEEREN

ZUTATEN | *4 Scheiben Entenleber | 125 g gelbe Himbeeren (im Großfachhandel in der Spezialitätenabteilung erhältlich) | 10 dag Brunnenkresse | 10 dag Blattspinat | 120 g Sojakeimlinge 5 Lavendelblüten | 5 Rosmarinnadeln | 5 rote Pfefferkörner | 1 Sternanis | 1 EL vergorener Weißweinessig (Verjus) | 2 EL Kleeblütenhonig | 1 Lorbeerblatt | Mark von 1 Vanilleschote*

ZUBEREITUNG | **Entenleber gebraten** | Die Entenleber auf beiden Seiten gut anbraten.
Eingelegte gelbe Himbeeren | Die Himbeeren mit 5 Lavendelblüten, 5 Rosmarinnadeln, 5 roten Pfefferkörnern, 1 Sternanis, 1 EL Weißweinessig, 2 EL Kleeblütenhonig, etwas Wasser, 1 Lorbeerblatt, Mark von 1 Vanilleschote 1 Tag einlegen.
Aus Brunnenkresse und Blattspinat in einem Cutter ein Mus machen, wenn kein Cutter vorhanden ist einen Stabmixer nehmen. Tipp: Achten Sie darauf, dass genug Flüssigkeit vorhanden ist.

ANRICHTEN | Die Keimlinge mit Dressing und Petersilie marinieren, mit dem Brunnenkresse-Blattspinat-Mus verzieren.

Rote Rüben in der Salzkruste

SCHWARZE TRÜFFEL & ENTENLEBER

ZUTATEN | *200 g Eiweiß* | *200 g Ursalz* | *100 g Mehl* | *1 mittelgroße schwarze Wienerwaldtrüffel*
Rote Rüben | *4 rote Rüben mittlerer Größe* | *1 TL Kümmel* | *1 Schuss Essig*

Salzteig | *300 g glattes Mehl* | *300 g Salz* | *2 Eier (eventuell 3 Eier – je nach Größe)*

Entenleber | *300 g Entenleber* | *Ursalz* | *Pfeffer* | *1/8 l Trockenbeerenauslese*

ZUBEREITUNG | **Salzteig** | Die Zutaten miteinander zu einem Teig verrühren.
Das Eiweiß aufschlagen, mit dem Ursalz verrühren und zum Schluss Mehl beigeben. 30 Minuten im Kühlschrank rasten lassen und später verarbeiten.
Rote Rüben | Die roten Rüben im Wasser mit einem Schuss Essig und dem Kümmel kernig kochen, abschrecken und schälen. Die roten Rüben mit dem Salzteig einschlagen, für 10 Minuten bei 190 °C in den Ofen geben.
Entenleber | Die Entenleber in 3 mm dicke Scheiben schneiden, mit grobem Ursalz, gestoßenem Pfeffer und Süßwein marinieren.

ANRICHTEN | Den Teig aufschneiden, auseinanderklappen und die Wienerwaldtrüffel darüberhobeln.

Gegrillte Entenleber

HAUSGEMACHTE TRÜFFELMARMELADE & PETERSILIENSAUCE

ZUTATEN | *4 Scheiben Entenleber* | *1 Bd. Petersilie* | *20 g Trüffel, schwarz, in feine Würfel geschnitten*
1/8 l brauner Trüffeljus (4 Stück Mayerlinger Trüffel, in 1/8 l Hühnerfond, 1/8 l Kalbsfond dunkel und 1/8 l vergorenem Wein aus der Thermenregion eingekocht) | *5 g Gelierzucker* | *1/8 l Rapsöl* | *Salz*
Ursalz | *50 ml Obers* | *50 ml Milch* | *1 Prise Muskatnuss, gerieben*

ZUBEREITUNG | Die Petersilie blanchieren, in Eiswasser abschrecken, mit Milch und Obers mixen und mit Muskat und Salz würzen.
Für die Trüffelmarmelade den Trüffeljus mit Trüffelwürfel und Gelierzucker einkochen. Zum Abschluss das Olivenöl untermengen und mit Salz abschmecken.
Die Entenleber mit Salz und Pfeffer würzen und in Olivenöl auf beiden Seiten anbraten.

ANRICHTEN | Das Petersilienpüree der Länge nach anrichten, die Entenleber mit der Trüffelmarmelade auf einer Seite bestreichen, in das Püree setzen und mit Ursalz bestreichen.

Gänseleber mit Hollergelee

ZUTATEN | *200 g Gänseleber | 40 ml Gelber Muskateller | 15 Stück Hollerblüten | 200 ml Weißwein 4 Blatt Gelatine | 200 g Dirndln (Kornelkirschen) | 50 g Karamellcrispy (im Internet erhältlich, Marke Sosa) 8 Sauerkleespitzen | 4 grüne Haselnüsse | 20 g grüne Pfefferpaste (im Großfachhandel erhältlich) Salz, Pfeffer, Pökelsalz*

ZUBEREITUNG | Die Gänseleber in kleine Stücke schneiden und von den Adern befreien. Den Gelben Muskateller auf die Hälfte reduzieren, erkalten lassen und mit etwas Salz, Pfeffer und Pökelsalz die Gänseleber marinieren. Anschließend in eine Tonform geben und mit Klarsichtfolie gut umschließen. Danach die Gänseleber bei 65 °C bei Wasserdampf 35 Minuten garen.

Den Weißwein aufkochen lassen, die Hollerblüten hinzufügen und 1 Tag ziehen lassen. Anschließend abseihen, mit 4 Blatt Gelatine binden und in die gewünschte Form gießen.

Die Dirndln entkernen und bis auf 8 Hälften pürieren und passieren.

Die Gänseleber in Würfel schneiden und in der Mitte halbieren. Anschließend eine kleine Schicht Pfefferpaste dazwischen schmieren, und die Hälften wieder zusammensetzen. Die Würfel mit der Dirndlsauce bepinseln und in Karamellcrispy von Sosa wälzen.

ANRICHTEN | Jeweils zwei Stück der Würfel gegenüber auf einen Teller setzen und links und rechts davon etwas von dem Hollergelee geben. Die Dirndln gegenübersetzen und mit der Sauce punktuell vollenden, mit Sauerkleespitzen garnieren

Bio-Gänseleber »Natur pur«

ROTE RÜBEN, SENFKÖRNER & LAKRITZE, ORANGENGELEE, PFEFFER, SALZ & GEWÜRZESPUMA

ZUTATEN | *300 g Gänseleber, ungestopft | 200 g Brioche | 50 ml Portwein | 4 rote Rüben Saft von 5 Orangen | 20 g Zucker | 3 Blatt Gelatine | 1 Nelke | 1 Ecke vom Sternanis | Ursalz grob gemahlener Pfeffer | Lakritz Tagetes | Gewürzespuma | Senfkörner | Pökelsalz | Salz, Pfeffer*

Gewürzespuma | *60 g Sahne | 2 Blatt Gelatine | 250 g Joghurt | 1 g Chinagewürz (Gewürzmischung aus Ingwer, Zitronengras, Cayennepfeffer, Muskat, Piment, Kardamom) | 2 g Kümmel 4 g Lebkuchengewürz | 1 g weißer Pfeffer | 4 g Salz | 0,5 EL Zucker | 1,5 EL pikante Chili-Sauce Saft von 1 Orange*

ZUBEREITUNG | Für den Gewürzespuma werden alle oben angeführten Zutaten vermengt und in eine Isi-Flasche mit 2 Patronen gefüllt und 24 Stunden in den Kühlschrank gestellt.
Die Gänseleber in kleine Stücke schneiden und von den Adern befreien. Den Portwein auf die Hälfte reduzieren, erkalten lassen und mit etwas Salz, Pfeffer und Pökelsalz marinieren. Anschließend in eine Tonform geben und mit Klarsichtfolie gut umschließen. Danach die Gänseleber bei 65 °C bei Wasserdampf 35 Minuten garen.
Für das Orangengelee lassen Sie Zucker in einem Topf karamellisieren und löschen diesen mit Orangensaft ab. Die Nelke und den Sternanis beimengen und 5 min kochen lassen. Anschließend abseihen und 3 Blatt Gelatine zugeben. In eine Form gießen und erkalten lassen. Rote Rüben auf der Schneidemaschine in dünne Scheiben schneiden und anschließend kochen.

ANRICHTEN | Die Scheiben auf die Gänseleber geben und übereinanderstapeln. Geben Sie danach die gekochten Senfkörner und die Roten-Rüben-Würfel darauf. Vollenden Sie diese Kreation mit Lakritztagetes und geben Sie diese in die Mitte des Tellers. Auf die linke Seite geben Sie einen Tupfen von dem Gewürzespuma und rechts machen Sie einen Kreis mit dem groben Pfeffer, in den Sie in die Mitte das Maldonsalz hineingeben. Zum Schluss setzen Sie dann über die Gänseleber das Orangengelee und vollenden diese Speise mit einem Stück Brioche.

Gänseleber & Limettenfluid

ZUTATEN | *300 g Gänseleber | 30 ml weißer Portwein | 2 rote Rüben | Pökelsalz, Pfeffer, Salz*

Honigweinglasur | *200 ml Honigwein | 6 g Xantana (Bindemittel, im Internet unter www.spiceworld.at bzw. im Großhandel erhältlich)*

Kakaostreusel | *22 g Butter | 22 g Zucker | 30 g Mehl | 7 g Kakao*

Limettenmalto | *20 g Malto (Bindemittel für Öl, im Internet unter www.spiceworld.at erhältlich) 45 g Limettenöl*

Limettenfluid | *5 Limetten | 40 g Zucker | 50 ml Apfelsaft | 2 Limettenblätter | 1 Nelke 1 Ecke Sternanis*

ZUBEREITUNG | Gänseleber | Drei Viertel der Gänseleber in kleine Stücke schneiden und von den Adern befreien. Den Portwein auf die Hälfte reduzieren, erkalten lassen und zusammen mit etwas Salz, Pfeffer und Pökelsalz die Gänseleber marinieren. Anschließend in eine Tonform geben und mit Klarsichtfolie gut umschließen. Danach die Gänseleber bei 65 °C bei Wasserdampf 35 Minuten garen.
Limettenfluid | Für den Limettenfluid wird der Zucker karamellisiert und mit dem Apfelsaft und dem aus den Limetten ausgepressten Saft abgelöscht. Restliche Zutaten beimengen und 5 Minuten kochen lassen, mit Xantana oder mit Maizena auf marmeladenartige Masse abziehen.
Limettenmalto | Für das Limettenmalto wird einfach Malto in das Limettenöl eingerührt, bis eine klebrige Masse entsteht, daraus werden kleine Kugeln geformt. Dazu einen Teil der Masse in einer Pfanne bei kleinster Hitze mit einer Kreisbewegung zu Kugeln formen, was etwas Geduld erfordert.
Kakaostreusel | Für die Kakaostreusel schlagen Sie die Butter schaumig, anschließend geben Sie alle weiteren Zutaten hinzu. Stellen Sie die Masse für 3 Stunden in den Kühlschrank. Nach den 3 Stunden wird diese Masse mit einer Vierkantreibe auf ein Blech mit Backpapier gerieben und für 10 Minuten bei 180 °C gebacken.
Honigweinglasur | Diese Glasur wird aus dem Honigwein, der auf die Hälfte einreduziert und mit Xantana abgezogen wurde, hergestellt.

Der letzte Teil der Gänseleber wird zum Schluss gesalzen, gepfeffert, in Mehl gewendet und angebraten.

ANRICHTEN | Die gebratenen Gänseleberstücke auf einen Teller geben und mit der Honigweinglasur bestreichen. Die Kakaostreusel und das Malto daraufsetzen und mit dem Limettenfluid umranden.

Variation von Gänseleber, Almdudler & Pfirsich

GÄNSELEBERPARFAIT, ZIMT, BASILIKUM & GRÜNER PFEFFERSCHAUM

ZUTATEN | **Gänseleber** | *300 g Gänseleber* | *50 ml Portwein* | *200 ml Almdudler* | *70 g Basilikum* *1 Lage Strudelteig* | *grüne Lebensmittelfarbe*

Zimtmalto | *45 g Zimtöl* | *5 Pfirsiche* | *0,5 l Champagner* | *0,5 l Apfelsaft, naturtrüb* | *5 g Maizena* *30 g Zucker* | *1 Nelke* | *1 Ecke Sternanis* | *4 Blatt Gelatine* | *2 g Pökelsalz* | *20 g Malto (Bindemittel von Öl)*

Pfefferschaum | *2 Schalotten* | *50 ml Gemüsefond* | *50 ml Sahne* | *15 g gemixter grüner Pfeffer* *2 g Lecithin (erhältlich in der Apotheke, schäumt jede Flüssigkeit)*

Gänselebereis | *100 g Gänseleberparfait* | *75 ml Gelber Muskateller* | *25 ml Wermouth* *25 ml Weißwein* | *30 ml Milch* | *30 ml Gemüsefond* | *1 Blatt Gelatine* | *2 Eigelb*

ZUBEREITUNG | Die Gänseleber in kleine Stücke schneiden und von Adern befreien. Den Portwein auf die Hälfte reduzieren, erkalten lassen, mit etwas Salz, Pfeffer und Pökelsalz die Gänseleber marinieren. Anschließend in eine Tonform geben und mit Klarsichtfolie gut umschließen. Danach die Gänseleber bei 65 °C bei Wasserdampf 35 Minuten garen.

Den Strudelteig halbieren und eine Hälfte mit Butterschmalz bepinseln. Anschließend pfeffern, mit Staubzucker bestreuen und die zweite Hälfte darübergeben. Danach den Teig in kleine Rechtecke schneiden, auf ein Blech mit Backpapier legen, mit einem weiteren Backpapier bedecken und beschwert bei 180 °C 12 min goldgelb backen.

Für das Gänselebereis werden der Gelbe Muskateller, der Wermouth und der Weißwein zur Hälfte reduziert. Mengen Sie Eigelb, Milch und den Gemüsefond zu dieser Reduktion hinzu und bringen Sie diese unter ständigem Rühren auf 80 °C. Wenn diese Temperatur erreicht ist, fügen Sie 100 g des Gänseleberparfaits und die eingeweichte Gelatine dazu. Anschließend wird diese Masse in einer Eismaschine gefroren oder in einer Schüssel im Tiefkühler eingefroren. Wichtig: Alle halbe Stunde für die Cremigkeit umrühren.

Der Pfefferschaum wird aus Schalotten zubereitet, die klein geschnitten und angeschwitzt werden. Danach löschen Sie diese mit der Sahne und dem Gemüsefond ab und fügen den grünen Pfeffer hinzu. Zum Schluss dieser Flüssigkeit etwas Lecithin beimengen und sie mit dem Mixer aufschäumen.

Lassen Sie den Almdudler nach diesem Vorgang zur Hälfte einreduzieren. Geben Sie danach etwas grüne Lebensmittelfarbe und das Basilikum dazu. Lassen Sie diese Flüssigkeit 5 Stunden ziehen. Nach den 5 Stunden seihen Sie sie ab und geben 4 Blatt Gelatine hinzu. Anschließend in eine gewünschte Form gießen und erkalten lassen.

Für den Champagnerpfirsich wird der Zucker in einem Topf karamellisiert und mit Champagner und Apfelsaft abgelöscht. Den Fond aufkochen lassen und den halbierten, entkernten Pfirsich mit der Schnittfläche nach unten in den Fond geben, von der Flamme ziehen und mit Klarsichtfolie bedecken. Pfirsich ca. 15 Minuten in Flüssigkeit ziehen lassen. Pfirsich schälen, aus 3 Pfirsichen dünne Scheiben schneiden und in einem Glas vom Rand zur Mitte legen. Anschließend drei Viertel des Fonds nehmen, mit Maizena auf eine marmeladige Masse eindicken und auf den Pfirsich geben. Zu dem anderen Viertel mixen Sie die restlichen 2 Stücke hinzu. Danach 3 Blatt Gelatine dazufügen und diese Flüssigkeit in eine kleine Form geben und kalt stellen.

ANRICHTEN | Wenn diese Flüssigkeit kalt ist, schneiden Sie sie in ein kleines Rechteck, das Sie beim Anrichten auf die linke Seite des Filoteigblattes geben. Auf die andere Seite platzieren Sie das Zimtmalto (wird einfach aus dem Malto und Zimtöl hergestellt und in einer Pfanne zu Kugeln geformt). Danach werden klein gehackte grüne Mandeln, würfelig geschnittenes Basilikumgelee, und eine Nocke von dem Eis hinzugegeben, das Ganze wird mit dem Pfefferschaum vollendet.

Leichte Maronisuppe

GÄNSELEBER, STAUDENSELLERIE & WURZELSPECK

ZUTATEN | Maronisuppe | *1,5 l Geflügelfond* | *3–4 Schalotten* | *250 g geschälte Maroni*
4 cl Trockenbeerenauslese | *2 cl Weinbrand* | *Salz, Pfeffer* | *Butter*

Einlage | *60 g Staudensellerie* | *4 Scheiben Gänseleber à 30 g* | *20 g Wurzelspeck*

ZUBEREITUNG | Die Schalotten in feine Würfel schneiden und in Butter farblos anschwitzen. Die geschälten Maroni hinzufügen, mit Weinbrand und Trockenbeerenauslese ablöschen, reduzieren und mit dem Geflügelfond auffüllen. Langsam auf die Hälfte einkochen. Wenn die Maroni weich sind, durch ein Sieb passieren. Maroni in den Geflügelfond mixen, bis die Suppe eine sämige Konsistenz erhält, und mit Salz und Pfeffer abschmecken.
Den Staudensellerie in 2 cm lange Stifte schneiden und in Butter kurz ansautieren.
Die Gänseleber in 4 gleich große Stücke schneiden; mit Salz und Pfeffer würzen, vakuumieren und für 6 Minuten bei 65 °C ins Backrohr geben.
Die angegarte Gänseleber mit dem Brenner abflämmen. Den Wurzelspeck in feine Streifen schneiden und kross braten.

ANRICHTEN | Die Gänseleber auf 4 vorgewärmte Teller aufteilen, den Staudensellerie und den kross gebratenen Wurzelspeck dazugeben. Vor dem Gast die Suppe eingießen. Foto links

Lammleber

THYMIAN & ROSMARIN

ZUTATEN | *800 g Lammleber* | *4 EL Rapsöl* | *2 EL Balsamicoessig* | *50 g Butter* | *½ Bund Rosmarin*
½ Bund Thymian | *Salz, Pfeffer, grobes Meersalz*

ZUBEREITUNG | Die Haut der Leber abziehen und die Leber in 5 mm dicke Scheiben schneiden. Die Leber pfeffern (aber nicht salzen, da sie sonst trocken wird) und in Öl etwa 5 Minuten auf beiden Seiten anbraten. Die Leber herausnehmen und warm stellen. Den Bratenrückstand in der Pfanne kurz erhitzen, mit Balsamicoessig ablöschen, mit etwas Wasser aufgießen, die klein gehackten Rosmarinzweige beigeben und das Ganze reduzieren lassen. Die Sauce mit Butter montieren und mit Salz und Pfeffer abschmecken.

ANRICHTEN | Die Leber auf den vorgewärmten Tellern anrichten, mit Sauce übergießen und etwas Meersalz daraufstreuen. Mit frischen Rosmarin- und Thymianzweigen garnieren und mit Braterdäpfeln servieren.

Kalbsleber

MIT GLASIERTEM APFEL

ZUTATEN | *1 Kalbsleber à 500 g* | *400 g Sellerie* | *100 g Butter* | *200 ml Sahne*
Salz, Pfeffer, Zucker, Cayennepfeffer, Muskat | *2 Äpfel* | *500 g Spinat* | *100 ml Sahne* | *1 Schalotte*
rosa Pfeffer

ZUBEREITUNG | Den Sellerie in kräftigem Salzwasser ca. 35 Minuten kochen. Danach abgießen und in einem Topf mit Butter, Obers, Salz, Pfeffer, Muskat und Cayennepfeffer zu einem Püree rühren.
Die Kalbsleber putzen, portionieren und anbraten. Nach dem Braten mit Salz und Pfeffer würzen.
Die Äpfel schälen und in Würfel schneiden, mit Butter und Zucker in einer Pfanne karamellisieren, leicht salzen.
Den Spinat in kräftigem Salzwasser blanchieren, in Eiswasser abschrecken, ausdrücken und in einem Mixer mit einer in Butter gegarten Schalotte mixen. Abschließend etwas Obers beifügen.

ANRICHTEN | Die Kalbsleber auf dem Teller verteilen, jeweils dazwischen aus Sellerie und Spinat Nocken formen und die Apfelwürfel danebensetzen. Abschließend mit rosa Pfeffer bestreuen.

Herz, Zunge & Kutteln

VOM KALB IM ROTGIPFLER-WINZERSEKTSUD

ZUTATEN | *250 g gesäubertes Herz* | *250 g Zunge* | *Salz* | *1 Bund Suppengemüse* | *150 g Kutteln*
Essig | *4 Weißkrautblätter* | *1 Karotte* | *Pflanzenöl* | *60 g gesalzene Butter* | *4 cl Rotgipfler-Winzersekt*
4 cl Rinderkraftbrühe | *4 cl Zungenbrühe* | *1 kleine Schalotte* | *Pfeffer, Schnittlauch*

ZUBEREITUNG | Herz von Adern, Blutgerinnseln und weniger schönen Teilen befreien und in gleichmäßige Stücke schneiden. Zunge in Salzwasser mit Suppengemüse ca. 20 min kochen, bis die Spitzen weich sind. Kutteln in Essig-Salzwasser kochen und das Kraut und die Karotten in feine Streifen schneiden.
Das Herz in Pflanzenöl bei mittlerer Temperatur 2 min pro Seite braten und anschließend 5 min ruhen lassen. Kraut und Karottenstreifen in Butter anschwitzen und mit 8 cl Wasser aufgießen, so lange kochen, bis das Wasser verdunstet.
Rotgipfler-Winzersektsud | Rotgipfler-Winzersekt, Rinderkraftbrühe, Zungenbrühe und fein geschnittene Schalotte auf ein Drittel einkochen und mit Butter montieren. Herz und warme Zunge in ½ cm dicke Scheiben schneiden, die Kutteln in 1-cm-Streifen und alles in eine Sauteuse legen. Butter mit gekochtem Gemüse vermischen, zu den Innerein geben, erwärmen – nicht kochen, würzen und den frischen Schnittlauch drüberstreuen.

ANRICHTEN | Das Gericht in einem schönen Porzellangeschirr anrichten. Das geschnittene Herz, die Kutteln und die warme Zunge hineinlegen und das Buttergemüse darüber anrichten. Vollendet wird es mit frisch geschnittenem Schnittlauch.

Kalbsbries

GEBACKEN & GLASIERT

ZUTATEN | *300 g Kalbsbries* | *1 Zwiebel* | *1 Karotte* | *1 Stangensellerie* | *5 g Mehl*
3 EL Essig | *1 EL Marsala* | *1 Tasse Kalbsfond* | *Salz, Pfeffer*

Panade | *8 g griffiges Mehl* | *8 g Brösel* | *1 Ei* | *¼ l Tafelöl (zum Backen)* | *5 g Butter*

ZUBEREITUNG | Das Kalbsbries mit dem Essig und dem Gemüse etwa 5 Minuten kochen lassen, herausnehmen, die Haut entfernen und die Stücke runterziehen.
Den einen Teil in Mehl, Ei und Brösel panieren und im heißen Fett rausbacken.
Den anderen Teil in die zerlassene Butter geben und auf allen Seiten anbraten, salzen und mit Mehl bestäuben.
Den Marsala darüberträufeln und die Stücke garen, dabei gelegentlich etwas Brühe darübergießen.

ANRICHTEN | Das gebackene und glasierte Bries auf einem Teller anrichten und eventuell mit Risotto und Kartoffeln servieren.

Kalbsbries

MIT SCHWARZER TRÜFFEL, GESPICKT AUF TOPINAMBUR

ZUTATEN | *500 g gut gewässertes Kalbsbries* | *40 g Stifte von der schwarzen Wienerwaldtrüffel*
80 g Butter | *1 EL Rapsöl* | *Salz und weißer Pfeffer aus der Mühle* | *80 ml braune Kalbssauce*
500 g Topinambur | *Muskat, frisch gerieben* | *1 kräftiger Schuss Madeira*

ZUBEREITUNG | Das Kalbsbries in 12 Röschen teilen und diese mit den Trüffelstiften spicken (falls Sie keine Trüffeln verwenden möchten, zum Schluss etwas Trüffelöl bester Qualität über die Kalbsbriesröschen geben).
Langsam von beiden Seiten in einer Butter-Öl-Mischung (die Hälfte der Butter) braten und mit Salz und weißem Pfeffer würzen. Das Braten sollte auf jeder Seite, je nach Stärke, 3 Minuten dauern, dann im Rohr (70 °C) warm stellen.
Topinambur schälen (wie Kartoffeln) und in sehr dünne Scheiben schneiden (2 mm). Roh in Butter wie Bratkartoffeln zubereiten, mit Salz und frisch geriebener Muskatnuss würzen, den Bratensatz des Kalbsbrieses mit der braunen Kalbssauce ablöschen und kurz einkochen lassen, danach einen Schuss Madeira darübergeben und einreduzieren.

ANRICHTEN | Den Topinambur mittig auf einem Teller anrichten, Kalbsbriesröschen rundherum platzieren und mit der Kalbs-Madeira-Reduktion nappieren. Dazu einen Endiviensalat mit einer Hanner-Marinade servieren.

Kalbsbries mit Blüten

LIMETTEN & KAPERN

Ein k. u. k. Klassiker. Die Kombination Kapern und Limetten war in der Monarchie der Gourmethit schlechthin. Sehr gut zu kombinieren auch mit Kalbsnaturschnitzel und heimischen Fischen. Kleiner Tipp: Besondere Geschmacksnuancen erzielt man, wenn man anstatt der Kapern die kleinen Knospen von Löwenzahnblüten oder die Blütenknospen bzw. die grünen Samen von der Kapuzinerkresse verwendet.

ZUTATEN | *1 kg Kalbsbries* | *Salz* | *1 Schalotte in Ringe geschnitten* | *2 Lorbeerblätter* *10 Pfefferkörner* | *2 EL Estragonessig aus Hanner's Genussladen* | *125 ml Weißwein* | *2 Limetten* *100 g Butter* | *2 EL eingelegte kleine Kapern* | *2 EL Kalbsjus* | *frittierte Petersilie für die Garnitur*

ZUBEREITUNG | Das Kalbsbries ca. 3-4 Stunden unter fließendem Wasser wässern, damit es schön weiß wird. 2 l Wasser leicht salzen, Schalotte, Lorbeerblätter und Pfefferkörner, Estragonessig und Weißwein zugeben und aufkochen. Das Kalbsbries einlegen und ca. 15 Minuten lang ziehen lassen. Bries aus dem Sud heben, die Haut abziehen und in große Rosen teilen. Eventuell knorpelige oder durchzogene Teile großzügig entfernen.

Limetten schälen und die Filets mit einem kleinen Messer zwischen den weißen Häutchen herausschneiden und beiseite stellen.

In einer Pfanne 80 g Butter erhitzen, Kalbsbries darin bei mittlerer Hitze langsam auf allen Seiten braten.

Die Kapern zugeben und mit einem Löffel die nun entstandene braune Butter ca. 6 Minuten lang über das Bries löffeln, bis das Bries außen schön braun und innen fast durch ist. Kurz vor dem Anrichten die Limettenfilets in die Pfanne geben und den Herd auf minimale Hitze zurückdrehen. Den Kalbjus zugeben und 20 g kalte Butterwürfel einrühren.

ANRICHTEN | Das Bries mit der Sauce in die Tellermitte setzen und mit frittierter Petersilie anrichten, eventuell mit Erdäpfelpüree als Beilage servieren.

Foto rechts

Kalbsnieren in Zweigelt

ZUTATEN | *1 Zwiebel* | *500 g Tomaten* | *3 EL Olivenöl* | *1 TL Mehl* | *5 EL Zweigelt* | *500 g Kalbsnieren*

ZUBEREITUNG | Die Nieren längs halbieren, von Häuten und weißen Teilen befreien, 30 Minuten wässern, dabei das Wasser mehrmals erneuern.

Die Tomaten kurz blanchieren, häuten und in Stücke schneiden. Den Stielansatz und die Kerne entfernen. Die Zwiebel schälen und hacken. Die Nieren abtrocknen, in feine Scheiben zerteilen, mit Mehl bestäuben; die Zwiebelwürfel in heißem Öl glasig dünsten. Die Nieren zugeben, kräftig anbraten, mit dem Zweigelt ablöschen und etwas einkochen lassen. Die Tomaten zufügen, 2 Minuten mitdünsten, mit Salz und Pfeffer abschmecken und mit Petersilie bestreuen.

ANRICHTEN | Die Nieren mit der Rotweinsauce übergießen und die Tomaten mit Petersilie bestreuen. Als Beilage empfehle ich Hartweizen-Spiralen.

Es fliegt, es fliegt

Das Hausgeflügel in der feinen Küche

DAS HUHN – ARISTOKRAT ODER BAUER?

Die sympathischste Regierungserklärung der Geschichte stammt vom französischen König Heinrich IV., der, als man ihn bei der Krönung nach seinen Regierungszielen fragte, kurzerhand antwortete: „Ich möchte, dass jeder Franzose jeden Sonntag sein Huhn im Topf hat." Das soll, so wollen Kulinarhistoriker jedenfalls wissen, die Geburtsstunde des berühmten Coq au Vin gewesen sein.

Der französische Klassiker zählt übrigens auch zu Heinz Hanners Lieblingsgerichten, auch wenn dieser in Wein geschmorte Hahn „doch eher der bäuerlichen bis bourgeoisen Küche angehört und mit feiner Küche nur wenig zu tun hat". Dennoch kann ein gutes Huhn ein veritables Feinschmeckergericht abgeben, vorausgesetzt, dass die folgenden zwei Bedingungen zur Geltung kommen: Zum einen muss das Huhn von allererster Qualität sein, zum anderen von erlesener Zubereitung.

Was die Hühnerqualität betrifft, so ist das schon vor über 8000 Jahren aus dem wilden Dschungelhuhn (einem engen Verwandten unseres Fasans) zum Haushuhn domestizierte Huhn im letzten Drittel des vorigen Jahrhunderts leider etwas in Misskredit geraten. Schuld daran war nicht zuletzt die Tatsache, dass Hühner durch künstliche Fütterung, unmoralische und abstoßende Massentierhaltung sowie zuletzt auch noch durch aus dem fernöstlichen Raum nach Europa geschwappte Tierseuchen zunehmend schwerer verdaulich wurden.

Erfreulicherweise gibt es nun schon seit etlichen Jahren eine Gegenbewegung, die unter Tierfreunden wie auch unter Gourmets deutlich an Popularität gewinnt: Die Käfighaltung von Hühnern ist inzwischen streng verboten, und immer mehr Bauern halten ihre Hühner wieder im freien Land, lassen ihr Geflügel von kritischen Tiermedizinern überprüfen, unterwerfen ihre Betriebe freiwillig strengen Bio-Beschränkungen und achten bei den ihnen anvertrauten Hühnern auf Auslauf, Köndlfutter und Lebensglück, was die Freude am Huhn nicht nur moralischer, sondern auch geschmackvoller macht – allerdings auch bezahlt sein will.

DER HÜHNERSTALL ALS KULINARISCHER KOSMOS

Doch ist Huhn keineswegs gleich Huhn. Da unterscheidet man etwa das kleine und besonders zart schmeckende Stubenküken, das etwas größere, aber noch vor der Geschlechtsreife geschlachtete Junghuhn, die auch Masthuhn genannte Poularde, die einen stattlichen Braten für die ganze Familie abgibt, den seltenen, aber ungemein geschmacksintensiven und weißfleischigen Kapaun, der als steirische Spezialität gilt und ein junger, kastrierter Hahn ist.

Wer wie Heinz Hanner frankophil veranlagt ist und vor allem gerne in alten Kochbüchern schmökert, der kommt um das Thema „Kapaun" auch heute nicht herum. Wo immer er auftritt, wird der Kapaun als besonders edles Geflügel gepriesen – und wer sich gerne in italienischen oder französischen Feinschmecker-Hochburgen herumtreibt, der weiß, dass das auch stimmt. Der Kapaun ist schließlich nicht mehr und nicht weniger als der Ochs der Geflügelwelt. Und dass Ochsenfleisch besser mundet als Stierfleisch, ist unter Rindfleischtigern wohl unumstritten.

Erst zu Beginn des dritten Jahrtausends wurde im südsteirischen Sulmtal gemeinsam mit den Universitäten Marburg und Ljubljana ein Aufsehen erregendes Forschungsprojekt in die Wege geleitet, das dem zu Zeiten der alten Donaumonarchie europaweit legendären Sulmtaler Geflügel – und mit ihm neben dem sogenannten Kaiserhuhn und dem Kaiserhahn auch dem Sulmtaler Kapaun – zu neuer Bedeutung verhelfen sollte.

An edlem Hausgeflügel für die feine österreichische Küche fehlt es demnach schon längst nicht mehr. Jetzt braucht es nur noch gute Ideen, wie man dasselbe auch möglichst finessenreich zubereiten kann.

Heinz Hanner beschäftigt sich beispielsweise besonders akribisch mit einem kaum bekannten Hühnerteil, der auf Französisch „Le sot-l'y-laisse" heißt, was sich auf Deutsch am ehesten mit Hühnerhüfte oder Hühnerschäuferl übersetzen lässt. Und selbstverständlich werden Hühner und Kapaune bei Hanner auch im Ganzen gebraten, wobei Geflügelfeund Hanner rät: „Da die besten Hühner nicht nur einen besonders kräftigen Geschmack, sondern auch ebensolche Muskeln haben, lohnt es sich, Kapaune oder Poularden zunächst eine Viertelstunde zu kochen, bevor man sie dann, gut trocken getupft, unter dem Grill fertig brät."
Und noch ein Hendl-Tipp aus der kulinarischen Wienerwald-Enklave Mayerling, welcher mit den bekannten Wienerwald-Hendln der gleichnamigen Fast-Food-Kette freilich ganz und gar nichts zu tun hat: „Spicken Sie die Hühnerbrust vor dem Braten unter der Haut mit frischen schwarzen Trüffeln oder füllen Sie die aufgeschnittene Brust mit Trüffelscheiben. Feiner kann ein Huhn gar nicht mehr schmecken."

NICHT ALLE FEINEN ENTEN STAMMEN AUS NANTES

Wenn es um seine Lieblingsente geht, so macht Heinz Hanner aus seinem Herzen keine Mördergrube: Seit 1989 setzt er immer wieder alle Hebel in Bewegung, um die kleinen „Nantaiser Enten" in seine Mayerlinger Töpfe und Kasserollen zu bekommen, um sie dann beispielsweise mit Marillen und Topfenküchlein zu servieren.
„Es hat lange gedauert", erinnert sich Heinz Hanner, bis es mir gelang, auch vergleichbare einheimische Qualität zu bekommen. Doch mittlerweile lässt er sich von Waldviertler Bauern junge Entlein liefern, die das Nantaiser „Idealgewicht" von nur einem Kilo pro Stück aufweisen und „zwar nur wenig Fleisch am Knochen haben, allerdings ist dieses umso zarter".
Heinz Hanner brät seine Ente grundsätzlich in zwei Gängen, nachdem er sie allerdings schon am Vortag „in die richtige Balance" gebracht hat. Im Klartext bedeutet das: waschen, trocken tupfen, mit Apfel füllen und mit Majoran würzen, dann eine halbe bis eine dreiviertel Stunde zwischen 180 und 200 °C braten, Ente aus dem Rohr nehmen, auskühlen lassen, Brüste und Keulen auslösen und dann über Nacht im eigenen Schmalz „regenerieren". Wichtig bei diesem Vorgang ist, dass die Brust mit der Hautseite nach oben in einen aus der Karkasse gezogenen Jus mit Entenfett gelegt wird, wobei die Haut nicht mit dem Jus in Berührung kommen darf.
Der Vorteil dieser Methode liegt, so Hanner, „nicht nur darin, dass die Ente dann am nächsten Tag nicht mehr viel Arbeit macht, sondern vor allem darin, dass sie sich über Nacht wie ein zartes Entenconfit entwickelt, das man vor dem Servieren nur noch ein halbes Stündchen überknuspern muss. Nicht zuletzt deshalb empfiehlt sich das Regenerieren auch für die häusliche Küche: Man hat, wenn die Gäste kommen, keinen Bratengeruch im Haus und kann in Ruhe Tischgespräche führen, anstatt sich der Ente zu widmen."

Die Brust brät Hanner am liebsten *à la minute* in der Pfanne, bis sie zartrosa und saftig ist, während er die Keule an den Karkassen noch weitere 20 Minuten im heißen Entenfett weitergart oder übergrillt.
„Dieselbe Methode lässt sich auch auf größere Enten anwenden", rät Hanner für zu Hause, „allerdings muss man dann die Bratzeiten dem Gewicht entsprechend verlängern."
Für Hobbyköchinnen und -köche, die sich etwas auf ihr handwerkliches Geschick einbilden und keine Herausforderung scheuen, hat Hanner allerdings noch einen besonders guten Ententipp parat: die hohl ausgelöste und gefüllte Ente.
Für dieses feine Rezept muss die Ente mit einem scharfen Messer von innen so penibel ausgelöst werden, dass nur noch das Fleisch, nicht aber die Karkasse zurückbleibt. Aus zerhackten Knochen bereitet man dann einen klassischen Fond zu (vgl. S. 15), während man das ausgelöste Entenfleisch mit einer Fülle aus Äpfeln, frischem Majoran oder anderen Küchenkräutern, entrindetem Toast-

brot, Apfelwürfeln und -würfelchen, gekochten Maroni, Entenleberstücken, klein geschnittenen Rosinen und Trüffeln (ersatzweise auch Pilzen bzw. Champignons) und Grünzeug (z. B. Petersil, Kerbel) füllt. Dann wird die Ente mit einem Küchengarn zugenäht oder mit Holzsspießchen abgesteckt. Danach schneidet man sie wie eine Galantine scheibenweise auf und begießt die Tranchen mit der inzwischen fertig gezogenen Entensauce.

GANS GUT

Auch wenn Napoleon einmal gesagt haben soll, dass es für einen wahren Gourmet keinen größeren Genuss als Gänsebraten mit einer Flasche Pommard gäbe, so sind sich Feinschmecker und Spitzenköche heute doch weitgehend einig, dass die Ente das wesentlich feinere Tier der Großgeflügelfamilie und der Gans daher vorzuziehen ist. Nichtsdestoweniger lässt sich auch mit dem etwas grobfaserigen und derben Gänsefleisch „feine Küche" produzieren, wenn man es richtig anstellt.

So rät Heinz Hanner etwa, die Gänsebrüste zunächst mit Pfeffer, Majoran, Nelkenpfeffer (Neugewürz, gemahlen), Rosmarin und einer frisch gepressten Orange samt Zesten ein bis zwei Stunden lang zu marinieren. Anschließend werden die beiden Brüste vakuumiert und ziehen danach etwa zwei Stunden lang in einem auf 70 °C temperierten Wasserbad. Danach werden die beiden Filets aus dem Vakuumbeutel genommen und gut abgetropft. Den Saft lässt man einmal aufkochen, seiht ihn ab und reduziert ihn noch einmal gut ein, bevor er zuletzt mit Gänseschmalz oder Gänseleber gebunden und mit Portwein oder Cointreau und ein paar Tropfen Pernod oder einem anderen Anisschnaps abgeschmeckt wird. Nunmehr wird die Gänsehaut mit einem scharfen Messer geschröpft und mit der Hautseite nach unten unter stetigem Begießen mit heißem Gänseschmalz knusprig gebraten. Heinz Hanner: „Auf diese Weise kann der oft vergeblich geträumte Traum von der zartrosa Gänsebrust, die weich und saftig, aber trotzdem knusprig ist, wahr werden."

Und weil Hanner schon beim Thema „Gans" ist, verrät er auch gleich sein allerliebstes Gänse-Geheimrezept, das – unschwer zu erraten – ein Gänseleberrezept ist. Auch diese packt der Meister von Mayerling ins Vakuum und gart sie im auf 60 °C temperierten Wasserbad, je nach Dicke der Medaillons, etwa 8–12 Minuten lang. Beim Herausschneiden der Leber aus dem Vakuumbeutel achtet Hanner sorgsam darauf, dass das ausgetretene Schmalz aufgefangen wird. „Gänseleberschmalz ist für jeden guten Koch pures Gold, denn man kann damit nicht nur Saucen binden, sondern auch ganz vortrefflich Gemüse abschmecken." Nunmehr wird die Gänseleber mit einer Lötlampe abgeflämmt, wodurch sie zuletzt „von einer dünnen, röstaromatischen Haut überzogen wird, die innen zart und homogen wie ein Pudding ist."

Das ist freilich schon mehr als „Gans gut", das ist wahrhaft große Küche.

Gefülltes Brathuhn

ZUTATEN | *2 Brathühner (Maishuhn) à 1,5 kg* | *100 g Weißbrot, entrindet* | *3 Eidotter*
30 g Butter | *15 g Brösel von entrindetem Weißbrot oder 10 g Semmelbrösel* | *Salz, Muskatnuss gerieben*
1 TL Petersilie, gehackt | *10 g Butterschmalz*

ZUBEREITUNG | Die Hühner in Wasser einweichen, das entrindete und geweichte Weißbrot ausdrücken und durch ein Sieb streichen. Butter schaumig rühren, passiertes Brot, Petersilie, Gewürze und Weißbrotbrösel/Semmelbrösel einmengen und die Eidotter unterrühren. Die Brathühner von innen würzen, füllen, Öffnung verschließen, von außen würzen, den Ofen auf 220 °C vorheizen und die Hühner mindestens 1 Stunde braten. Das Butterschmalz in dem Bräter erhitzen, die Hühnchen hineinlegen und in den Ofen schieben. Häufig übergießen, aber keine Flüssigkeit zugießen! Wenn beide Brusthälften braun sind, wenden. Die Hühner sind gegart, wenn man sie anhebt und aus dem Inneren nur mehr klare Flüssigkeit austritt.

ANRICHTEN | Das Brathuhn auf einem schönen Porzellanteller anrichten. Als Beilage würde ein Vogerlsalat genügen.

Stubenküken gedämpft & geschmort

Haselnusssalz, Kresse & Ricottagnocchi

ZUTATEN | *2 Stubenküken à 800 g* | *100 g Gnocchiteig (Erdäpfelteig)* | *2 Bund Kresse*
50 g Haselnüsse | *4 EL Hendljus* | *Ursalz* | *Pfeffer* | *Muskat* | *1 Zweig Thymian* | *1 Zweig Rosmarin*
2 EL Rapsöl | *Saft von einer halben Zitrone* | *100 g braune Butter*

ZUBEREITUNG | Das Stubenhendl auslösen und die Haut von der Brust und Keule entfernen. Die Keule im Hendljus mit Thymian und Rosmarin schmoren. Die Brust mit Salz und Pfeffer würzen und dämpfen. Aus dem Gnocchiteig Gnocchi formen und im Salzwasser kochen. In brauner Butter schwenken und mit Muskat und Salz würzen. Für das Haselnusssalz die Haselnüsse rösten, mit Ursalz mischen und auf die gedämpfte Brust geben. Die Kresse mit Zitrone und Rapsöl marinieren.

ANRICHTEN | Die Gnocchi auf einem ovalen Teller verteilen, die Brust und die Keule vom Stubenhendl darauf platzieren und mit Kresse garnieren.

Nudel-Krustade vom Stubenküken

Kräutersalat

Als Krustade oder Croustade bezeichnet man in der feinen Küche eine Pastete mit knuspriger Teigkruste

ZUTATEN | *4 Stubenküken, ausgelöst* | *120 g Gänseleber* | *200 g Tagliatelle* | *Salate*
1/8 l Kalbsjus, dunkel | *frittierte Dille*

ZUBEREITUNG | Die Stubenküken hohl auslösen und halbieren. Die Flügelknochen wegschneiden und die Flügerl braten. Die Kükenbrust mit Salz und Pfeffer würzen und mit etwas Gänseleber füllen. Die Küken zusammenklappen und mit einem Spieß fixieren. Die Nudeln rundherum wickeln und frittieren.

ANRICHTEN | Den Salat etwas klein schneiden, marinieren und auf einem Teller damit ein Nest bauen. Das Stubenküken daraufsetzen, mit dem Spieß den Flügelknochen fixieren, auf die Brust stecken, mit Jus beträufeln und Dille darüberstreuen.

Truthahnroulade

ZUTATEN | *2 Knoblauchzehen | 8 Wirsingblätter | 50 g Mandelblätter | 0,3 l Brühe 40 g Butterschmalz | 200 g süße Sahne | 1 Eigelb | 1 Bund Schnittlauch | ½ l Wasser | Salz, Pfeffer 1 Bund Petersilie | 2 Tomaten | 8 Truthahnbrustscheiben (je etwa ½ cm dick)*

ZUBEREITUNG | Die Petersilie hacken, Schnittlauch in Röllchen schneiden, Knoblauchzehen auspressen, alles mit Mandelblättern, Zitronenschale und Eigelb mischen und mit Salz und Pfeffer abschmecken.
Das Wasser mit Salz ankochen und die Wirsingblätter darin blanchieren. Fleischscheiben mit Salz und Pfeffer würzen, jeweils ein Wirsingblatt darauflegen, mit Muskat würzen, die Kräuterfüllung darüber verteilen und aufrollen. Die Rollen mit Küchengarn wie ein Päckchen überkreuzt verschnüren oder mit Rouladenklammern umschließen. Das Butterschmalz erhitzen, Rouladen darin anbraten, mit Brühe aufgießen und 15–20 Minuten schmoren. Die Rouladen herausnehmen und warm stellen. Tomaten blanchieren, abziehen und in Würfel schneiden, mit Sahne in den Fond geben, aufkochen und Sauce eventuell mit angerührtem Mehl binden.

ANRICHTEN | Die Roulade aufschneiden und mit der Sauce übergießen. Als Beilage gibt es Salzkartoffeln und Brokkoli.

Gebratener Truthahn

MIT VERSCHIEDENEN FÜLLUNGEN

ZUTATEN | *50 g Butter | 150 g Esskastanien | 1 Brötchen | 1 Bund Suppengrün | 1 Bund Petersilie 9 Scheiben Toast | 1 Truthahn à 4 ½ kg mit Innereien | ¼ Bleichselleriestaude | 30 g Speck, in dünne Scheiben geschnitten | 1 große Karotte | 200 ml heiße Milch | 1 Zwiebel | ½ l Weißwein | 1 Ei ¼ Sellerieknolle | 4 Eier | 40 g weiche Butter | 2 EL Petersilie | ½ l Hühnerfond | 100 g scharfe Hartwurst*

ZUBEREITUNG | Den Truthahn waschen, trocken tupfen, innen und außen mit Salz und Pfeffer einreiben. Den Ofen auf 220 °C vorheizen. Das Toastbrot in kleine Würfel schneiden und mit der heißen Milch begießen. Karotte, Sellerie, Zwiebel, Truthahnleber- und Herz in kleine Würfel schneiden. Die Butter erhitzen und zuerst das Gemüse, dann die Innereien darin anbraten und etwas abkühlen lassen. Das Toastbrot ausdrücken und mit dem Gemüse, den Eiern und der Petersilie vermischen. Falls die Füllung zu kompakt ist, noch ein Ei, falls sie zu weich ist, etwas Paniermehl hinzufügen. Den Truthahn mit der Mischung füllen und die Öffnung mit Küchengarn zunähen. Mit der Brust nach oben in den Bräter legen und dick mit der weichen Butter bestreichen. Das Suppengrün klein schneiden und um den Truthahn verteilen. Auf die unterste Schiene des Ofens stellen und 30 Minuten braten lassen, mit der Hälfte des Weißweines aufgießen, wenden und weitere 30 Minuten braten. Den Ofen auf 160 °C herabregeln und den Truthahn mit der Brust nach oben noch 2½ bis 3 Stunden garen. Dabei immer wieder mit Fond, Weißwein und dem Bratenfond begießen. Den Truthahn aus dem Ofen nehmen, die Bratflüssigkeit durch ein Sieb streichen und etwas einkochen lassen. Den Truthahn zerlegen und mit der Sauce servieren.
Füllungsvariation | Esskastanien kreuzweise einschneiden, 20 Minuten kochen, schälen und halbieren. Die Zutaten und Gewürze sowie die fein gehackten Puter-Innereien miteinander vermischen. Den Puter damit füllen und wie oben beschrieben zubereiten.

ANRICHTEN | Den Truthahn auf einer großen Platte präsentieren!

Truthahnschäuferl »Wienerwald«

CREMESPINAT, PINIENKERNE, WIENERWALDTRÜFFEL, ROTWEINVINAIGRETTE, PILZE UND GÄNSELEBER

ZUTATEN | *4 Truthahnschäuferl à 35 g (Das Schäuferl sitzt beim Truthahn unter der Brust.)*
250 g Blattspinat | 2 Schalotten | 50 g Butter | Salz, Pfeffer, Muskat

35 g Pinienkerne | 150 g Kräuterseitlinge

1 Wienerwaldtrüffel | 50 g Gänseleberparfait oder rohe Gänseleber | Ursalz
¼ l Trockenbeerenauslese | ¼ l Rotwein (Zweigelt) | 100 g Butter

ZUBEREITUNG | Truthahn | Gut abgehangenes Truthahnschäuferl verwenden und die Sehne in der Mitte herauslösen. Danach salzen, pfeffern und in einer Pfanne von beiden Seiten kurz anbraten und für 3 min bei 180 °C im Ofen garen.
Cremespinat | Den Blattspinat von den groben Stielen befreien und in reichlich gesalzenem Kochwasser blanchieren. Mit Eis abschrecken, damit der Spinat seine grüne Farbe behält.
2 Schalotten schneiden und in etwas Butter garen. Zusammen mit dem Blattspinat fein mixen und mit Salz, Pfeffer und Muskat würzen.
Pilze | Hierbei wird der Stiel von Steinpilzen oder Kräuterseitlingen verwendet (Tipp: die Kappen fein hacken, kurz ansautieren und mit anrichten).
Die Stiele salzen und sofort in Mehl, Ei und Bröseln panieren und im Fett herausbacken. Wenn die Stiele goldbraun sind herausnehmen, gut in einem Tuch abtropfen und nochmals leicht salzen.
Rotweinvinaigrette | Trockenbeerenauslese und Rotwein auf die Hälfte reduzieren lassen, mit Salz, Pfeffer und etwas Zucker abschmecken und mit Butter montieren.
Gänseleber | Die Gänseleber in den Tiefkühler geben. Entweder man reibt sie fein oder schneidet sie in feine Scheiben und würzt mit Ursalz.

ANRICHTEN | Den Cremespinat mit geschlagenem Obers verfeinern und einen Sockel auf einem Teller anrichten. Den Truthahn in einer Pfanne kurz in brauner Butter nachschwenken und nebenan setzen. Den Pilz in Scheiben schneiden und davor verteilt platzieren, mit gerösteten Pinienkernen vollenden.

Truthahnmedaillons mit Steinpilzen

Risotto & Kräutercreme

ZUTATEN | *600 dag Brustfleisch vom Bio-Truthahn | 4 Eier | 1 Rosmarinzweig | 5 dag Asmonte (= steirischer Parmesan), gerieben | 20 g Mehl | Salz und Pfeffer aus der Mühle*

Risotto | *100 g Risottoreis | 1 kleine Zwiebel | 1 kleine Knoblauchzehe | Olivenöl extra vergine 1/16 l trockener Weißwein (Riesling) | ½ l Pilzfond (die Putzreste und die schwammigen Sporen der Pilze in Olivenöl anschwitzen, mit Geflügelsuppe aufgießen, 20 Minuten ziehen lassen, abseihen) 200 g frische Kräuterseitlinge, in Scheiben geschnitten | 1 Zweig Rosmarin | 5 dag kalte Butterwürfel*

Kräutercreme | *10 dag verschiedene Kräuter (Petersilie, Kerbel, Salbei, Estragon, Basilikum) 1 kleine mehlige Kartoffel, geschält und gekocht | 250 ml Geflügelfond (ersatzweise eine leichte Geflügel- oder Rindsuppe) | 50 ml fruchtiges Olivenöl (kaltgepresstes Rapsöl)*

ZUBEREITUNG | Die Truthahnbrust in kleine Medaillons schneiden, salzen und pfeffern. Die Eier verquirlen, den geriebenen Käse hinzufügen und mit klein geschnittenem Rosmarin, Salz und Pfeffer würzen; die Medaillons bemehlen und durch die Eiermasse ziehen. In nicht zu heißem Butterschmalz langsam ausbacken.
Für den Risotto die kleine Zwiebel und den Knoblauch in Olivenöl anschwitzen, den Risottoreis leicht mitrösten, mit dem Weißwein ablöschen, einreduzieren und anschließend den Pilzfond unter ständigem Rühren immer wieder in kleinen Mengen zugießen, bis der Reis weich, aber innen noch leicht kernig ist. Die in Butter angebratenen Pilzscheiben salzen und pfeffern, mit geschnittenem Rosmarin würzen und zum Risotto geben. Die kalten Butterwürfel einschwenken, nochmals abschmecken!
Für die Kräutercreme die gezupften Kräuter mit dem heißen Fond und dem Erdapfel im Mixer pürieren, mit Salz, Pfeffer und ein wenig Olivenöl abschmecken!

ANRICHTEN | Den Risotto in der Mitte anrichten, die Medaillons daraufsetzen und mit der Kräutercreme umgießen!

Wildentenbrust in altem Apfel

ZUTATEN | *2 Wildentenbrüste à 400 g | 50 g Butter | 2 Schalotten | 100 ml Rotwein | 1 Apfel 2 EL alter Apfelschnaps (z. B. von Gölles) | 100 ml Schlagobers | 2 EL Öl*

ZUBEREITUNG | Die Entenbrüste vom Knochen lösen und in feine Streifen schneiden. Den Apfel schälen, vierteln, entkernen und in Würfel schneiden. Die Schalotten abziehen und fein würfeln. Das Öl erhitzen und das Entenfleisch kurz darin anbraten, herausnehmen, warm stellen und das Öl abgießen.
Im Bratgefäß Butter zerlassen, Apfel- und Schalottenwürfel darin dünsten, mit Rotwein ablöschen und zum Kochen bringen. Etwas einkochen lassen, die Sauce mit dem Apfelschnaps sowie Salz und Pfeffer abschmecken und das Fleisch in die Sauce geben.

ANRICHTEN | Die Ente auf einem Orangen-Fenchel-Salat anrichten und dazu Spätzle reichen.

Martinsgans

MIT BROT, SPECK, EIERN & INNEREIEN GEFÜLLT

ZUTATEN | *½ Zwiebel | 2 Eier | 1 TL Butterschmalz | 80 g Speck | 1 l Gemüse- oder Kalbsfond 4 altbackene Brötchen | 1/8 l Milch | 1 Gans mit Innereien à ca. 3,5–4 kg | Jodsalz | Pfeffer gehackte Kräuter | kleingeschnittenes Wurzelwerk*

ZUBEREITUNG | Die Gans gut auswaschen und anschließend mit Küchenkrepp trocken tupfen. Die Brötchen in kleine Stücke schneiden und in eine Schüssel geben.

Die fein gehackte Zwiebel und den klein geschnittenen Speck in Butterschmalz glasig dünsten und zusammen mit den Eiern unter die Brötchen mengen. Die Milch erhitzen und über die Semmelmasse gießen. Mit Jodsalz und Pfeffer würzen, mit den gehackten Kräutern bestreuen und alles gut miteinander vermischen. Die klein geschnittene Leber, das Herz und den Magen kurz anbraten und unter die Semmelmasse geben, nochmals gut vermengen. Die Masse in die Gans füllen, gerade so viel, dass die Füllung nicht herausquillt. Die Gans in einen Bräter geben, mit etwas Kalbsfond übergießen und im Rohr bei 200 °C braten. Das klein geschnittene Wurzelwerk hinzufügen, ebenfalls die restliche Brühe, und bei 180 °C ca. 1–1½ Stunden weiterbraten. Nach Ende der Garzeit die Gans aus dem Ofen nehmen.

ANRICHTEN | Die Gans vierteln und zusammen mit Kartoffelknödel und Rotkraut auf den Tellern anrichten und mit Bratenfond übergießen.

Zitronenkapaun

ZUTATEN | *1 Kapaun, ersatzweise Huhn oder Poularde, ca. 2 kg, Haut unverletzt) 2 kleine Zitronen oder Limetten, unbehandelt*

ZUBEREITUNG | Das Huhn innen und außen waschen und zum Abtropfen mindestens 15 Minuten auf ein Abtropfgitter setzen, sodass auch aus dem Inneren das Wasser auslaufen kann. Dann mit Küchenkrepp nachtrocknen, innen großzügig pfeffern und nicht ganz so großzügig salzen. Den Backofen auf 190 °C vorheizen. Die beiden Zitronen gut waschen, trocknen und mit der flachen Hand etwa eine Minute kräftig auf dem Tisch rollen, bis sie weich sind. Mit einer Kuchengabel je 20-mal einstechen, sodass nun jede 60 kleine Löcher hat. Möglichst wenig Saft austreten lassen. Überflüssiges Fett, vor allem den Pürzel vom Huhn, entfernen, die Zitronen in die Bauchhöhle stecken, dann das Geflügel an Vorder- und Hinterteil mit Dressier- oder Rouladennadeln zustecken oder zunähen. Damit es sich gut bläht, muss man praktisch eine Hohlraumversiegelung vornehmen. Die Flügel mit Garn an den Körper binden. In einen ungefetteten flachen Bräter legen, und zwar mit dem Bauch nach unten. In dieser Lage auf mittlerer Einschubleiste ohne Deckel in den 180 °C heißen Ofen schieben und ca. 30 Minuten braten. Dann umdrehen und weitere 25 Minuten braten. Nun den Ofen auf 220 °C schalten, das Huhn aber nicht mehr wenden, weitere 25 Minuten zu Ende braten, bis die Haut schön braun und – da man gut abgedichtet hat – das Huhn vielleicht aufgeblasen ist! Zum Servieren die Nadeln oder das Garn entfernen, die Zitronen entsorgen.

ANRICHTEN | Den Kapaun auf einer schönen Platte präsentieren, als Beilage passen Rosmarin-Kartoffeln und Brot.

Gebackenes Wildhendl

VOGERLSALAT, KERNÖL & ERDÄPFEL

ZUTATEN | *1 Wildhendl | 250 g Vogerlsalat | 14 Kartoffeln | Salz, Pfeffer | 1/8 l Hesperidenessig 1 Prise Zucker | 100 g Brösel | 100 g griffiges Mehl | 2 Eier | 1 Zitrone | ½ l Rapsöl (zum Marinieren des Salats) | 2 rote Schalotten | 1/8 l Tafelöl (zum Backen)*

ZUBEREITUNG | Das Hendl zerteilen, die Keulen und die Brust auslösen und vom Knochen entfernen.
Die Wildhendlstücke würzen, in Mehl, Ei und Brösel panieren und bei 165 °C backen.
Die Kartoffel in Salzwasser weich kochen, schälen und in Scheiben schneiden.
Die klein geschnittenen Schalotten mit Öl, Essig und Gewürzen verrühren.
Den Vogerlsalat waschen und die kleinen Wurzeln abschneiden.

ANRICHTEN | Das Backhuhn in eine Stoffserviette einschlagen und in ein Körbchen geben, den Vogerlsalat marinieren, auf den Erdäpfelsalat setzen und mit Kernöl vollenden.
Die Zitrone in Scheiben oder Spalten schneiden und auf die gebackenen Hendlstücke setzen.

Foto rechts

Schwarzfederhuhn

ENTENLEBER & WILDKRÄUTERSALAT

Das Schwarzfederhuhn ist etwas kleiner als das Haushuhn und hat einen sehr intensiven Geschmack. Sein Aroma erinnert leicht an eine Wachtel.

ZUTATEN | *4 Brüste vom Schwarzfederhuhn à 90 g | 2 Keulen vom Schwarzfederhuhn à 60 g 1 Entenleber, geputzt, à 450 g | 1 Bund Wildkräuter | 2 Eigelb | 2 EL Selleriefond 2 EL Hanner-Salatmarinade | Salz, Pfeffer | 5 cl Madeira | 4 cl Gelber Muskateller*

Balsamicoreduktion | *50 g Zucker | 1 Lorbeerblatt | 1 Walcholderbeere | 150 ml Balsamico*

ZUBEREITUNG | Die Brüste klopfen, mit Salz und Pfeffer würzen. Entenleber mit Gelbem Muskateller, Madeira und Pfeffer würzen. Eine Tonform mit Plastikfolie auslegen, 2 Brüste hineinlegen, die geputzte und gewürzte Entenleber einschlichten, mit den anderen 2 Brüsten belegen und im Backrohr bei 60 °C ca. 5 Stunden garen.
Die Hühnerkeulen mit Salz und Pfeffer würzen und im Ofen bei 200 °C ca. 18 min knusprig braten.
Für die Balsamico-Eigelb-Sauce, das Eigelb mit Selleriefond zur Rose abziehen, mit 2 EL der Balsamicoreduktion mischen, passieren und in eine Spritzflasche abfüllen. Die Salatkräuter damit marinieren.

ANRICHTEN | Die Balsamico-Eigelb-Sauce als Saucenspiegel auf den Teller auftragen. Das Schwarzfederhuhn portionieren und daraufsetzen. Den Wildkräutersalat kurz vor dem Anrichten mit der Marinade marinieren und locker auf und um das Fleisch verteilen.

Junge Wildentenkeule

aus Klausen-Leopoldsdorf im Wienerwald in der Haselnusskruste

ZUTATEN | Wildente | *2 Wildenten, im Ganzen* | *Salz & Pfeffer* | *¼ l Entenbratensaft oder neutraler Bratenfond* | *¼ l Rotwein* | *4 cl Madeira*

glasierte Dirndln | *150 g Dirndln* | *50 g Zucker* | *4 cl Madeira* | *50 g Butter*

Früchte-Couscous | *500 g Couscous* | *½ l Fond* | *Kardamom* | *Rosmarin* | *Petersilie Muskatnuss* | *Datteln, getrocknet und gehackt* | *Dörrpflaumen, gehackt* | *Marillen, kandiert und gekocht*

Kruste zum Überbacken | *125 g Butter* | *250 g Haselnüsse, gehobelt* | *1 Eidotter Honiglebkuchengewürz*

ZUBEREITUNG | Ente | Die Enten filetieren, die Brust an der Karkasse lassen, Haxen vom Knochen entfernen und dann in Butter anbraten. Das Ganze ablöschen, mit Madeira, Rotwein und mit Entensauce auffüllen und weich garen. Abschließend mit Sauce fertig glasieren.
Die Brust anbraten und bei 185 °C im Ofen 5 min garen und mindestens 15 min rasten lassen.
Kruste | Die Butter weiß aufschlagen, bis sie cremig ist, anschließend die gehobelten Haselnüsse, die Gewürze und den Eidotter hinzufügen, bis es eine schöne Kruste gibt.
Dirndln | Den Zucker karamellisieren, mit Madeira ablöschen, mit Butter montieren, die Dirndln hinzufügen und glasieren.
Früchte-Couscous | Den Fond aufkochen, das Couscous beifügen und quellen lassen. Die restlichen Zutaten hinzufügen und langsam erwärmen.

ANRICHTEN | Den Couscous in der Mitte des Tellers anrichten, die Entenkeule daraufsetzen und rundherum die Dirndln platzieren.

Wildente »Apicius«

Steinpilznudeln und Entenleber

Die Apicius-Kruste ist nach dem altrömischen Feinschmecker und Kochbuchautor Apicius benannt.

ZUTATEN | **Apfeljuskruste** | *2 EL Honig* | *1 ML Kardamom* | *1 ML Pfeffer, schwarz* | *1 ML Salz* *1 Hauch Piment* | *50 g Blätterteigbrösel* | *1/16 l Entenjus*

Steinpilznudeln | *100 g Tagliatelli* | *¼ l Gemüsefond* | *1/8 l Sauerrahm* | *100 g Steinpilze, geputzt* *5 g Butter* | *1 Schalotte* | *50 g Crème fraîche zum Verfeinern*

1 Scheibe geräucherte Entenbrust | *1 Scheibe Entenleber roh* | *frittierte Rosmarinnadeln*

Apicius-Kruste | *250 g Butter* | *4 EL schwarzer Pfeffer, gemahlen* | *4 EL Honig* | *4 EL geröstete und geriebene Mandeln* | *200 g Weißbrot/Blätterteigbrösel/Kürbisbrösel* | *1 KL Kardamom* | *schwarzer Pfeffer*

ZUBEREITUNG | Die Entenbrust zuerst scharf anbraten und anschließend bei 60 °C ca. 4 Stunden ins Backrohr schieben.
Apicius Kruste | Die Butter schaumig rühren, die Gewürze, den Honig und die Brösel jeglicher Art zusammenmengen und kneten. Die Masse in Backpapier rollen, damit sie besser portioniert werden kann.
Apfeljuskruste | Die Zutaten miteinander verrühren, bis eine schöne Masse entsteht.
Steinpilznudeln | Die Nudeln in Salzwasser al dente kochen. Die Steinpilze in Scheiben schneiden und in Öl schnell anbraten. Eine klein geschnittene Schalotte in Butter glasieren. Mit dem Gemüsefond ablöschen und den Sauerrahm einarbeiten. (Wichtig ist dabei: Es darf nicht zu stark kochen.) Die Sauce würzen und die Nudeln darin schwenken. Abschließend die Steinpilze und Crème fraîche hinzufügen.
Die Entenbrust mit der in Scheiben geschnittenen Kruste belegen und kurz bei 220 °C Oberhitze überbacken, bis die Kruste knusprig braun ist.

ANRICHTEN | Die Nudeln mit den Steinpilzen auf einem flachen Teller drehen. Die Ente in dünne Scheiben aufschneiden und neben den Nudeln verteilen. Abschließend die Apfeljusbröselkruste darüberstreuen.
TIPP | Zum Garnieren können Sie die Nudeln mit frischer Sakurakresse bestreuen.

KLEIN, ABER FEIN

LAMM, ZIEGE, TAUBE & CO

FLEISCH, DAS NACH MILCH SCHMECKT

Kleinvieh macht auch Mist, so lautet ein altes Sprichwort. In der feinen Küche gelten Kleintiere wegen ihres zarten Fleisches als ganz besonders begehrenswert. Das gilt für ein Junglamm oder ein Ziegenkitz ebenso wie für ein gut und natürlich gefüttertes Kaninchen, vor allem aber für die beiden ewigen „Gourmethits“ Taube und Wachtel.

All diese Tiere verbindet zoologisch gesehen so gut wie nichts, geschmacklich wenig, was Zartheit und Zubereitung betrifft, jedoch allerlei.

„Wie bei allen anderen Grundprodukten für die feine Küche steht auch hier eine verlässliche Quelle im Mittelpunkt“, sagt Heinz Hanner im vollen Bewusstsein, dass seine Lammfleisch-Quellen zu den besten in ganz Niederösterreich zählen. Was Lamm betrifft, so gerät er über sein „Holzschläger Berglamm“ geradezu ins Schwärmen. Holzschlag, erzählt er, liegt nämlich gleich gegenüber dem Peilstein, der zu den liebsten Klettergebieten der Wiener zählt. „Und dort klettern“, fügt Hanner augenzwinkernd hinzu, „nicht nur die Wiener, sondern auch die Lämmer, nur dass sich Letztere wesentlich besser – nämlich fast ausschließlich von frischen Bergkräutern – ernähren.“

Vom Hafnerberg bei Mariazell wiederum bezieht Hanner eine spezielle, vor allem mit wildem Thymian gefütterte Brillenschafsorte, während er seine österlichen Ziegenkitze traditionell aus der Gegend um Krems erhält.

Dass von Lamm und Ziege nur die Filets für die feine Küche geeignet seien, hält Hanner für einen weit verbreiteten Irrglauben. „Ein in Buttermilch marinierter Milchziegenschlegel“, ist er überzeugt, „kann ebenso große Küche sein wie ein niedertemperaturgegarter, aber zum Schluss knusprig gebratener Lammbauch. Von einer ganzen Junglammschulter mit Bärlauch und heurigen Kartoffeln oder rosa Tannenzapfen erst gar nicht zu reden.“

In Mayerling leistet Heinz Hanner sich (und seinen Gästen) den Luxus, fast ausschließlich mit Milchlamm und Milchziege – also mit hellem zartem Fleisch ohne jeden „schöpselnden“ oder „goaßelnden“ Nebenton – zu arbeiten. „Man kann ja ruhig zugeben“, gesteht Hanner, „dass die großen Vorbilder ganz eindeutig die französischen Pauillac- und Presalé-Lämmer sind, aber heimisches Milchlamm braucht sich davor heutzutage wahrlich auch nicht mehr zu verstecken.“

HANNERS WAPPENTIER ODER: DER VOGEL AUS DEM SCHLARAFFENLAND

Die Taube, die dem Glücklichen am besten gebraten in den Mund fliegt, ist nicht nur ein Symbol für das schlemmerische Schlaraffenland, sondern auch ein Höhepunkt jeder Gourmetküche und vor allem auch: Heinz Hanners „geheimes“ Wappentier.

Kaum ein anderer Küchenchef hat sich über Jahrzehnte hinweg so intensiv und kreativ mit der schon früher als alle anderen bekannten Vogelarten – nämlich bereits vor 7000 Jahren – domestizierten Felsentaube *(Columba livia livia)* beschäftigt. Den fleischigen „Bluttauben“-Züchtungen aus der französischen Bresse und den würzig-feinen toskanischen Tauben stehen in den letzten Jahren auch immer mehr heimische Tauben allererster Qualität gegenüber, die von bodenständigen Züchtern zurzeit forciert auf den Markt gebracht werden. Darüber hinaus gibt es in Österreich auch noch die Wildtauben. Und wenn von solchen – ihre Schusszeit ist von Anfang Oktober bis Mitte Jänner – gesprochen wird, so sind selbstverständlich nicht die Stadttauben gemeint, bei denen es sich lediglich um verwilderte Abkömmlinge der guten alten Haustaube handelt. Im Mittelpunkt des feinschmeckerischen Interesses steht vielmehr die Ringeltaube, die leicht an ihrem weißen Halsring zu erkennen ist. Ebenfalls als Jagdwild gilt die Türkentaube mit dem halbmondförmigen schwarzen Nackenband.

Ob wild oder gezüchtet, erfreut sich die Taube vor allem bei Spitzenköchinnen und -köchen allerhöchsten Ansehens ob ihrer vielseitigen Einsetzbarkeit in der feinen Küche. So harmoniert sie beispielsweise hervorragend mit Gänseleber, aber auch

mit Morcheln und Edelpilzen. Manche Köche verwenden nur die Brüste und ziehen aus Keulen und Karkassen köstliche Jus und Saucen. Andere konzentrieren sich auf einfallsreiche Füllungen, die von Wild- und Semmelfarcen bis hin zu einem alten Rezept reichen, in dem die Taube mit Forellenmus gefüllt auf den Tisch kommt.

Alte Kochbücher erweisen sich denn auch als wahre Fundgruben für kulinarische Tauben-Verehrer. Wer etwa das Taubenkapitel in dem von der Wiener Jagdzeitung 1871 herausgegebenen Sammelband *Waidmanns-Küche* aufschlägt, findet darin Rezepte für in einem Fässchen eingelegte, in Schmalz gebackene, mit Provencekräutern in Zitronensaft gedünstete, als Kompott zubereitete oder mit Wurstbrät oder Hafergrütze gefüllte Tauben. Besonders reizvoll ist auch das aus Amerika stammende, wenngleich heute nur noch bedingt nachzuvollziehende Rezept für „Tauben nach Indianerart", bei dem die wilden Tauben in eine Erdgrube gelegt, mit Glut bedeckt und dann langsam gebraten werden.

Die Rezept- und Geschmacksvielfalt zum Thema „Taube" lässt sich, wie Heinz Hanner überzeugt ist, jedoch auf einen ganz einfachen Nenner bringen: „Das Geheimnis der Taube liegt nicht nur in ihrem dunklen Brustfleisch, das über einen sehr ausgeprägten, unverwechselbaren Eigengeschmack verfügt, der wesentlich intensiver als jener der Suprêmestücke von Rind oder Kalb ist, sondern vor allem in der Tatsache, dass dieser Geschmack auch in der Haut sitzt."

Tauben sollte man, so Hanner, daher unbedingt an der Haut braten, was auch für Hobbyköchinnen und -köche kein besonderes Problem darstellt, wenn sie folgende Grundregeln beachten:

- Die Faustregel des Taubenbratens lautet: Auf keinen Fall zu viel Hitze geben!
- Die ausgelösten Taubenbrüste sollten mit der Hautseite nach unten unter beständigem Arrosieren (Begießen mit heißem Bratensaft) maximal 1–2 Minuten gebraten werden, bis die Haut knusprig ist. Dann werden die Taubenbrüste umgedreht und noch eine weitere halbe Minute gebraten, bevor man sie auf einen heißen Teller oder in eine feuerfeste Form setzt, um sie im auf 145 °C vorgeheizten Backrohr noch etwa vier bis fünf Minuten mit der Hautseite nach oben nachgaren zu lassen.
- Während die Taubenbrust à point gebraten wird, sollte man schon längere Zeit vorher damit beginnen, die Keulen zu „confieren", sprich: zu schmoren, bis das Fleisch vom Knochen fällt und dabei ein feiner Schmorsaft entsteht.

Mit dieser „gourmetsicheren" Methode (mit der übrigens, wie nach fast allen Taubenrezepten, auch Wachteln zubereitet werden können) sind die interpretatorischen Möglichkeiten der Taubenzubereitung freilich noch keinesfalls erschöpft. Heinz Hanner liebt es beispielsweise, seine „Tauben von der Hohen Reith" klassisch in Salzteig oder einer Lehmkruste durchzubraten.

Eine nicht minder vielversprechende Methode besteht darin, die Taubenbrüste auszulösen, mit Kräutern, Gänseleber und Trüffeln zu füllen, mit einer beliebigen Farce zu umhüllen und anschließend im Schweinsnetz als sogenannte Crépinette oder im Strudel- oder Filoteig fertig zu braten. Die Tauben von der Hohen Reith, im romantischen Pielachtal gezüchtet, wiegen bis zu 700 Gramm und brauchen sich hinter den französischen Bresse-Lieferanten keinesfalls zu verstecken.

Im Übrigen eignet sich das Brustfleisch der Taube auch hervorragend für feine Ragouts, z. B. mit Spargel, Morchel, Beurre Blanc (weiße Sauce) und Selleriesaft mit Trüffeln und Gänseleberwürfeln. Das Ragout passt übrigens perfekt zu einer confierten Taubenkeule.

Und so bleibt zum Abschluss nur, mit Papageno, dem Vogelfänger aus Mozarts „Zauberflöte", zu schwärmen: „Ein so ein sanftes Täubchen wär' Seligkeit für mich."

Carpaccio

VON DER GEPÖKELTEN LAMMZUNGE

ZUTATEN | *3 EL Öl* | *1 Bund Basilikum* | *½ Bund Schnittlauch* | *2 EL Balsamicoessig*
2 TL kleine Kapern | *100 g weißer Kren* | *250 g gepökelte Lammzunge*

ZUBEREITUNG | Den Kren schälen, erst in dünne Scheiben, dann in Stifte schneiden, Basilikumblätter von den Stielen befreien. Den Schnittlauch in feine Röllchen schneiden, Kapern im Sieb unter fließendem Wasser abspülen. Den Essig mit Salz, Zucker und Pfeffer würzen und das ÖL unterrühren.

ANRICHTEN | Die in Scheiben geschnittene Lammzunge auf eine Platte legen, mit Rettich, Basilikum, Schnittlauch und Kapern bestreuen. Die Salatsauce darüber gießen und etwas italienisches Weißbrot dazu reichen.

Lammkarree in St. Laurent

FEINE BOHNEN, LAUCHPÜREE

ZUTATEN | Lauchpüree | *100 g grüner Teil vom Lauch* | *100 g Kartoffel* | *2 EL Schlagobers*
20 g Butter | *Salz und Muskat* | *Schnittlauch*

Feine Bohnen | *80 g Kenia-Bohnen* | *80 ml Selleriefond* | *10 g Butter* | *Salz und Zitronensaft*
eventuell Thymian

Lammkarree | *4 Rückenstücke à 120 g* | *Meersalz, grober Pfeffer, Lorbeeren*

St.-Laurent-Reduktion | *2 EL Paprikasaft* | *1 dl. St. Laurent* | *1 EL braune Butter*

ZUBEREITUNG | Lauchpüree | 100 g vom grünen Teil des Lauches weich blanchieren und eiskalt abschrecken. 100 g geschälte, weich gekochte Kartoffel, fein passiert, mit Salz und Muskat würzen. 2 El Schlagobers und 20 g Butter hinzufügen. Den Lauch mit dem heißen Obers fein pürieren und mit dem heißen Kartoffelschnee vermengen. Das Lauchpüree mit Butterflocken erhitzen und glatt rühren, abschmecken.
Feine Bohnen | 80 g Kenia-Bohnen knackig blanchieren und sofort in 80 ml heißen Selleriefond legen. Den Sud mit 10 g Butter und einigen Tropfen Olivenöl umgießen und leicht salzen. Zum Schluss mit einem Spritzer Zitronensaft verfeinern, eventuell etwas Thymian in die Bohnen zupfen.
Lammkarree | Vier Rückenstücke à 120 g in Butter und Olivenöl mit Meersalz, grobem Pfeffer und Lorbeerblatt rosa braten. Danach bei ca. 100 °C auf einem Gitter ca. 10 Minuten rasten lassen.
St.-Laurent-Reduktion | 2 EL reduzierter roter Paprikasaft, 1 dl St. Laurent, 1 EL braune Butter, Paprikasaft mit St. Laurent abermals reduzieren und mit brauner Butter verfeinern.

ANRICHTEN | Das Lauchpüree auf dem Teller verteilen und mit Schnittlauch bestreuen. Das Bouquet von feinen Bohnen mit Sellerie-Thymian-Saft unterhalb angießen. Das tranchierte Lammkarree auf die Teller setzen und mit der Reduktion beträufeln.

Foto nächste Seite

Lammkeule & Ofenkartoffeln

ZUTATEN | *2,5 kg Lammkeule, ganz* | *8 Knoblauchzehen* | *1 Bund Salbei* | *1 Bund Rosmarinzweige*
1 EL Rapsöl | *2 kg Kartoffeln, fest kochend* | *6 Scheiben geräucherter Schinken*

ZUBEREITUNG | Den Ofen auf 220 °C mit Ober- und Unterhitze vorheizen.
Die Lammkeule waschen und trocken tupfen, mit einem scharfen Messer unten und oben am Knochen entlang eine Tasche schneiden (ca. 6 cm tief). Je ca. 2 cm tiefe Löcher in das Fleisch schneiden und mit dem Finger „aufbohren". Rapsöl, Salbei, Knoblauch und Rosmarin gut vermengen, zerstoßen (am besten im Mörser) und mit Salz und Pfeffer würzen. Diese Mischung nun in die Löcher füllen, danach die Schinkenscheiben grob würfeln und ebenfalls in die Löcher stopfen.
Die Keule auf den Rost in den Backofen legen und für ca. 1 ½ Stunden im Ofen garen (pro Kilogramm eine knappe halbe Stunde), abschließend noch mal 20 Minuten, dann ist sie sehr zart.
Eine Fettpfanne darunterstellen, um den abtropfenden Saft aufzufangen. Eventuell herunterfallende Knoblauchzehen aus der Pfanne herausnehmen, da sie bei der Hitze verbrennen.
Die Kartoffeln schälen, in Salzwasser 5 Minuten ankochen und 20 Minuten vor Ende der Garzeit der Keule in die Fettpfanne geben und im Saft schwenken.

ANRICHTEN | Die Lammkeule in die Mitte des Tellers setzen und rundherum die Ofenkartoffel anrichten. Je nach Belieben kann man auch grüne Bohnen dazu servieren.

Holzschläger Berglammrücken

GLASIERTER KNOBLAUCH, MUSKATKÜRBISTASCHERLN & PINIENHONIG

ZUTATEN | *2 Lammkarrees à 250 g* | *100 g Muskatkürbis* | *2 Knoblauchzehen* | *4 EL Lammjus*
100 g Ravioliteig | *50 g braune Butter* | *Pinienhonig* | *Salz, Muskat* | *Thymian* | *Rosmarin* | *100 g grüne Bohnen*

ZUBEREITUNG | Für die Ravioli den Muskatkürbis in Butter weich dünsten und mit Salz und Muskat würzen. Den Ravioliteig dünn ausrollen und mit dem Püree füllen. Den Lammrücken zuparieren, mit Salz, Pfeffer und Thymian würzen und rosa garen.
Die grünen Bohnen weich kochen und der Länge nach schneiden. Knoblauch schälen, in Wasser kurz blanchieren, abschrecken und danach mit Pinienhonig und Olivenöl glasieren.

ANRICHTEN | Die Kürbistascherl in brauner Butter schwenken, Bohnen in Butter anschwenken und mit Salz und Pfeffer würzen. Alles auf einem runden Teller verteilen, den Lammrücken daraufsetzen und mit Rosmarin und Pinienhonig garnieren.

Geschmortes Lamm

ZUTATEN | *1 kg Lammfleisch* | *1 kg Zwiebeln* | *500 g Tomaten (klein geschnitten)* *0,5 TL Kümmel* | *1 TL wilder Majoran* | *2 Lorbeerblätter* | *2 cl Olivenöl* | *Salz, Pfeffer*

ZUBEREITUNG | Man schichtet zuerst in einem Topf lagenweise die Zwiebeln, dann die Tomaten und dann das Fleisch aufeinander, dann wieder Zwiebeln, Tomaten usw. so lange, bis der Topf voll ist.
Jede Schicht Fleisch würzen, das Öl darübergießen und den Topf gut bewegen, sodass das ÖL überall hinfließt. Dann legt man zum Schluss die Lorbeerblätter oben auf und gibt Majoran und Pfeffer darüber. Dann verschließt man den Topf entweder mit einem passenden Deckel oder mit Alufolie. Man kann zum Beispiel auch einen Römertopf für die Zubereitung des Gerichtes verwenden. Anschließend kommt der Topf für 2 Stunden in den 210 °C heißen Ofen.

ANRICHTEN | Man serviert dieses gebackene Lamm im Topf. Als Beilage passen sehr gut Fisolen, Zucchini und Melanzani.

Lamm in der Pinienkernkruste

ZUTATEN | *4 Lammrücken à 140 g* | *1 Knoblauchzehe* | *4 Thymianzweige* | *6 Schalotten* *100 g Pinienkerne* | *25 g Zwieback* | *5 Stangen Staudensellerie* | *500 g Möhren* | *6 EL Rapsöl* *100 ml Gemüsebrühe* | *Salz, Pfeffer*

ZUBEREITUNG | Das Fleisch abbrausen, trocken tupfen, Knoblauch abziehen, hacken, Thymian waschen und fein hacken. Die Schalotten abziehen, zwei davon werden würfelig geschnitten und der Rest in Spalten. Die Pinienkerne und den Zwieback fein mahlen. Die Selleriestangen putzen und schräg in ½ cm große Stücke teilen. Die Karotten schälen und ebenfalls schräg in dünne Scheiben schneiden. Die Schalottenwürfel, den Knoblauch und den Thymian in zwei Esslöffel ÖL andünsten und die Pinienkern-Zwieback-Mischung unterrühren, danach salzen und pfeffern. Den Backofen auf 225 °C vorheizen. Die Lammrücken salzen und pfeffern, im übrigen Öl anbraten und dann rasch herausnehmen. Den Sellerie, die Karotten und die Schalottenspalten im Bräter anbraten, dann die Brühe hinzufügen und 5 Minuten schmoren lassen.

ANRICHTEN | Das Krustenwasser auf dem Fleisch verteilen und das Fleisch auf das Gemüse setzen. Im Ofen bei 225 °C 10 Minuten garen lassen. Das Fleisch 3 Minuten ruhen lassen und mit dem Gemüse servieren. Dazu passen gut gebackene Kartoffeln.

Gebratene Lammschulter

ZUTATEN | *20 g Butter* | *30 g Öl* | *¼ l Fleischbrühe* | *1 entbeinte Lammschulter (ca. 1 kg)* *20 g Butter oder Öl* | *3 Stängel Thymian* | *3 dünne Scheiben durchwachsener Speck* *2 Köpfe Endiviensalat*

ZUBEREITUNG | Die Lammschulter unter kaltem Wasser abbrausen und mit Küchenpapier trocken tupfen. Die Öffnungen der Schulter mit der Butter oder mit Öl bestreichen und den gewaschenen und trockenen

Thymian hineinlegen. Etwas Salz und Pfeffer darüberstreuen, danach die Schulter zusammenrollen und mit einem Baumwollfaden binden. Die Speckscheiben in einem Bratentopf auslassen und das Öl hinzufügen. Danach den Braten hineinlegen und von allen Seiten anbraten. Das Fleisch sodann rundum mit Salz und Pfeffer bestreuen, etwas Fleischbrühe angießen, den Topf zudecken und die Lammschulter bei mittlerer Hitze 90 Minuten lang schmoren lassen. Zwischendurch immer wieder Fleischbrühe zugießen und den Braten wenden. Den Endiviensalat putzen, waschen und abtropfen lassen. Salzwasser in einem Topf ansetzen und zum Kochen bringen. Den Endiviensalat darin 4 Minuten blanchieren, auf ein Sieb geben, abtropfen lassen und in grobe Streifen schneiden. Die Butter in einer Pfanne zerlassen, die Endivienstreifen mit etwas Salz und Pfeffer würzen und 8–10 Minuten bei kleiner Hitze sautieren. Das Fleisch aus dem Topf nehmen und auf eine vorgewärmte Platte geben. Etwas Brühe in den Bratentopf gießen und den Bratensatz unterrühren, danach loskochen. Den Bratenfond durch ein Sieb passieren, in einem anderen Topf auffangen und eventuell mit etwas Obers verfeinern.

ANRICHTEN | Den Braten aufschneiden und auf einem vorgewärmten Teller anrichten, mit der Schmorflüssigkeit übergießen und den Endiviensalat und die Salzkartoffel dazureichen.

Berglammrücken mit Bohnen

COUSCOUS UND MOLKE

ZUTATEN | *etwas Lamm-Jus | 600 g Lammrücken | 4 Knoblauchzehen | 3 Zweige Rosmarin 3 Zweige Thymian | 3 Schalotten*

Couscous | *300 g Couscous | 500 ml Geflügelfond | 2 Lorbeerblätter | 5 angedrückte Wacholderbeeren | 2 Limettenblätter | 1 EL schwarze Pfefferkörner | Salz, Zucker, Cayennepfeffer | Kurkuma 2 Schalotten | 1 Knoblauchzehe*

Molke | *¼ l Molke | 1 Schuss Sahne | 4 g Iota (Bindemittel zur Herstellung von Gelees) 200 g Sojabohnen | 10 getrocknete Tomaten | 180 g Fisolen*

ZUBEREITUNG | Das Lamm würzen, in Öl beidseitig anbraten und mit den Aromen bei 180 °C für 6 Minuten ins Rohr schieben. Anschließend in Alufolie einpacken und an einem warmen Ort rasten lassen.
Für das Molkegelee die Molke mit einem Schuss Sahne erhitzen, mit Salz abschmecken und das Iota einrühren. Dabei einmal aufkochen lassen. In eine mit Klarsichtfolie ausgelegte Form füllen, auskühlen lassen und in Würfel schneiden.
Für das Couscous die Schalotten und die Knoblauchzehe grob schneiden, in etwas Butter anglasieren, die Gewürze hinzufügen, mit dem Fond aufgießen und köcheln lassen. Abschließend Kurkuma hinzugeben (für Geschmack und Farbe).
Die Fisolen in kräftigem Salzwasser weich kochen und in Eiswasser abschrecken. Anschließend halbieren und beiseite stellen.
Die Sojabohnen mit gehackten Tomaten in Öl, Salz, Pfeffer, Zitronensaft leicht erwärmen (nicht zu stark, da die Sojabohnen sonst grau werden!).

ANRICHTEN | Die Fisolen in der Mitte des Tellers kreisförmig auflegen, den Lammrücken daraufsetzen und nebenbei etwas Couscous und einen Molkegeleewürfel anrichten. Die Sojabohnen punktuell auf dem Teller verteilen und mit etwas Jus vollenden.

Ziegenkitzbraten

ZUTATEN | *2 Knoblauchzehen* | *Bohnenkraut* | *Thymian* | *Lammgewürz* | *0,13 l Rotwein*
1 kg Fleisch vom Kitz | *2 EL Rahm*

ZUBEREITUNG | Das Fleisch waschen und mit gehacktem Knoblauch einreiben. Mit Bohnenkraut, Thymian und Lammgewürz gut würzen, etwas salzen und Rotwein zusetzen.
Eine halbe Stunde bei 180 °C im Backofen braten. Zwischendurch mit klarer Fleischbrühe aufgießen und anschließend warm stellen. Die Sauce mit etwas Rahm verfeinern.

ANRICHTEN | Sehr gut passen Nudeln oder Reis dazu.

Ziegenbraten im Römertopf

ZUTATEN | *2 kg Ziegenfleisch* | *8 Knoblauchzehen* | *3 große Zwiebeln* | *mittelscharfer Senf*
Kräutersalz, Pfeffer, Paprika | *etwas Sojasauce* | *2 EL Rapsöl* | *200 g grüne Bohnen*

ZUBEREITUNG | Je nach Dicke des Fleischstückes (z. B. Keule) wird das Fleisch am Tag zuvor vorbereitet. (bei Rippenstücken nur 2 Stunden vorher): Den Braten von allen Seiten mit gepresstem Knoblauch und Senf einreiben, etwas Kräutersalz, Pfeffer und Paprika (scharf) darüberstreuen. Zum Schluss etwas Sojasauce daraufspritzen und im Kühlschrank ziehen lassen.
Den Römertopf wässern, die Zwiebeln grob würfeln, eine Lage davon unten in den Topf legen, das Fleisch darauflegen und den Rest Zwiebeln außen verteilen. Etwas Rapsöl darübergießen (wenn das Fleisch selbst ausreichend Fett aufweist, ist dies nicht notwendig). Den kalten Römertopf bei 225 °C eine Stunde in den nicht vorgeheizten Backofen stellen, die Temperatur auf 190 °C senken und das Fleisch immer wieder wenden. Die Garzeit ist abhängig von der Fleischart (Keule dauert länger als Rippe). 15 Minuten vor Ende der Bratzeit die Bohnen dem Sud beigeben.

ANRICHTEN | Den Römertopf in die Mitte platzieren und als Beilage Salzkartoffeln reichen.

Kitz gebacken

ZUTATEN | *1 Kitzrücken à 500 g* | *1 Zweig Rosmarin* | *Vogerlsalat (ca. 250 g)* | *1 Zitrone*
50 g Speck | *Mehl, Eier und Brösel zum Panieren* | *Salz, Pfeffer* | *Öl zum Frittieren*
1/8 l Apfelessig | *1/8 l Rapsöl*

ZUBEREITUNG | Den Vogerlsalat waschen und mit Essig, Öl, Salz und Pfeffer marinieren. Kurz vor dem Servieren knusprige Speckstückchen untermischen.

Das Kitz mit Salz und Pfeffer würzen, panieren und im Öl bei 160 °C goldgelb backen.

Kaninchen à la Coq au Vin

in Zweigeltsauce

ZUTATEN | *4 Knoblauchzehen* | *4 EL Rapsöl* | *3 EL Zitronensaft* | *5 Lorbeerblätter*
½ l Brühe (instant) | *¼ l Zweigelt* | *200 g Schalotten* | *250 g Tomaten* | *1 Kaninchen, küchenfertig (ca. 2 kg)* | *1 kleiner Rosmarinstiel* | *150 g Zucchini* | *1 Pkg. Oliven, schwarz (156 ml)*

ZUBEREITUNG | Die Schalotten und den Knoblauch schälen, das Kaninchen waschen, trocken tupfen und in ca. 8 gleich große Teile schneiden.
Das Rapsöl in einem großen Behälter erhitzen, darin die Kaninchenteile von allen Seiten kräftig anbraten, mit Salz und Pfeffer würzen und anschließend die Kaninchenteile herausnehmen.
Die Schalotten und den Knoblauch im Bratfett glasig dünsten, Rosmarin und Lorbeerblätter hinzufügen, mit dem Zweigelt und der Brühe ablöschen und bei starker Hitze ca. 5 Minuten kräftig kochen lassen.
Die Kaninchenteile wieder in die Sauce legen und die Tomaten und Oliven untermischen. Den geschlossenen Bräter in den vorgeheizten Backofen (E-Herd: 200 °C / Gasherd: Stufe 3 / Umluft:175 °C) schieben und ca. 1 Stunde schmoren. Nach der Hälfte der Garzeit Zucchini hinzufügen und mit Salz, Pfeffer und Zitronensaft herzhaft abschmecken.

ANRICHTEN | Das Kaninchen in Rotweinsauce im Suppenteller servieren und mit einem herrlichen knusprigen Baguette garnieren.

Kaninchen-Marillen-Ragout

in Rotweinlikör

ZUTATEN | *2 Zwiebeln* | *1 Bund Schnittlauch* | *etwas Marillenmarmelade* | *1 Lorbeerblatt*
1 TL weiße Pfefferkörner | *50 g Frühstücksspeck* | *400 ml Rotweinlikör* | *1 kg Kaninchenfleisch*
Saft von 1 Zitrone | *2 EL grober Gewürzsenf* | *1/8 l dunkler Kalbsfond*

ZUBEREITUNG | Das Kaninchenfleisch unter Wasser abspülen, trocken tupfen und mit Salz und Pfeffer würzen. Speck und Zwiebeln würfeln, den Speck kross anbraten, das Kaninchenfleisch darin 5 Minuten langsam hellbraun braten, die Zwiebeln zugeben und eine Minute weiterbraten. Die Hälfte des Rotweinlikörs zugießen, Pfefferkörner und Lorbeerblatt hinzufügen und bei geöffnetem Topf die Flüssigkeit einkochen lassen. Mit dem restlichen Rotweinlikör ablöschen und nun zugedeckt bei geringer Hitzezufuhr etwa 50 Minuten schmoren. Das Ragout zuletzt mit Zitronensaft, Marillenmarmelade und Senf einmal aufkochen und abschmecken.

ANRICHTEN | Das Kaninchenragout auf einem ovalen Teller mit Romanescoröschen anrichten und dazu Teigwaren jeglicher Art servieren.
TIPP | Als Garnierung geben Sie einen langen Brotchip und frische Kresse zum Ragout.

Kaninchenspiess

MIT ERDÄPFELSTROH

ZUTATEN | *1 Kaninchenrücken à 600 g | 2 fest kochende Kartoffeln | Fett zum Frittieren 4 Holzspieße | 200 g Dörrzwetschken | 1 kleiner Bund Schnittlauch | 200 ml Rotwein 1 Lorbeerblatt | 3 angedrückte Wacholderbeeren | 2 Knoblauchzehen | 400 ml Geflügelfond*

ZUBEREITUNG | Den Kaninchenrücken putzen. Das Fleisch in grobe Stücke schneiden und von allen Seiten scharf anbraten. Das Fleisch aus der Pfanne nehmen und zur Seite stellen. Anschließend die Knochen klein hacken und in derselben Pfanne bräunen. Die Gewürze zu den Knochen geben und mit dem Rotwein ablöschen, mit dem Fond aufgießen und einköcheln lassen. Den Fond abseihen und die Dörrzwetschken untermengen. Das Fleisch für 2 Minuten bei 180 °C im Ofen nachgaren. Anschließend alles auf den Spieß aufstecken.

Für das Erdäpfelstroh die Erdäpfel schälen, auf der Aufschnittmaschine in 2 mm dicke Scheiben schneiden, anschließend mit einem Messer in feine Streifen schneiden. In einem Tuch ausdrücken, bis die meiste Flüssigkeit entzogen worden ist. Weiters in 160 °C heißem Fett goldgelb knusprig frittieren, abtropfen und sofort mit Salz und Pfeffer würzen.

ANRICHTEN | Das Erdäpfelstroh in der Mitte des Tellers platzieren, den Spieß mit frischem Schnittlauch bestreuen, daraufsetzen und mit etwas Jus beträufeln.

Kaninchenpaella

ZUTATEN | *1 ganzes Kaninchen* | *6 kleine Wallerwürfel à 10 g* | *10 EL Olivenöl*
100 ml passierte Tomaten | *1 Pkg. Paella-, Milch- oder Risottoreis* | *1 Pkg. grüne dünne Bohnen*
6 g pannonischer Safran | *12 Willendorfer oder andere Fluss- bzw. Bachkrebse*

ZUBEREITUNG | Das Kaninchen in Portionsstücke zerlegen und zusammen mit den Wallerstücken in einer großen Pfanne (muss keine Paella-Pfanne sein) kräftig anbraten. Die Stücke fast durchbraten, mit den passierten Tomaten ablöschen und die Hitze reduzieren.
Jetzt konzentrieren: Mit tassenweise Wasser auffüllen, bis die Fleischteile knapp bedeckt sind. Tassen zählen! Den Safran und die Fleischteile schön in der Pfanne verteilen (später kann nur noch bedingt gerückt werden). Die Brühe kräftig mit Salz würzen, die Hälfte der (vorher gezählten) Tassen Wasser an Reis hinzufügen – keine Panik: Es sieht etwas seltsam aus, aber der Reis nimmt an Volumen zu! Abschließend die Bohnen hinzugeben und adrett zwischen Reis und Fleisch verteilen. Die Hitze so einstellen, dass das Ganze schön vor sich hinschmurgelt. Die Original-Paella wird ab jetzt nicht mehr umgerührt, höchstens ein bisschen gerüttelt. Der Ansatz am Boden gehört für Kenner dazu.
In einer getrennten Pfanne die Krebse in Olivenöl anbraten und kurz vorm Servieren hübsch auf der Paella verteilen. Die Paella ist fertig, wenn der Reis alles Wasser aufgenommen hat, manchmal muss man noch ein Schlückchen Wasser nachgießen (einfach probieren, ob der Reis weich ist).
Das Schwierige an dem Rezept ist, dass man später nicht mehr viel ändern kann, da alles zu einem Zeitpunkt zusammenkommt. Es ist aber auch für Anfänger machbar und schindet bei Gästen ungemein Eindruck. Viel Spaß!

ANRICHTEN | Die Paella zum Schluss mit frischen Kräutern bestreuen und sofort servieren.

Gebratene Taube von der Hohen Reith

Speckbirne & Morchelcroutons

ZUTATEN | *4 Taubenbrüste à 90 g* | *2 Birnen* | *100 g Räucherspeck* | *1/8 l Sherry*
4 Toastscheiben | *2 Schalotten, geschält* | *½ Bund Petersilie* | *Salz, Pfeffer* | *50 g Butter*
100 g Morcheln | *1/16 l Zweigelt* | *1/16 l Geflügelfond*

Sauce hollandaise | *1 Eidotter* | *1 Messerspitze Cayennepfeffer* | *¼ kg Butterschmalz, flüssig*
1/16 l Weißwein, trocken | *Salz* | *1 Spritzer Zitrone* | *1 Spritzer Haselnussöl*

ZUBEREITUNG | Speckbirne | Die Birnen und den Räucherspeck hauchdünn schneiden und zwischen 2 Silikonmatten beschwert im Backrohr bei 60 °C über Nacht trocknen.
Morchelcroûtons | Das Toastbrot entrinden, in eine Tarte-Form schneiden und mit Sherry besprenkeln. Die halbierten, gewaschenen Morcheln in dünne Scheiben schneiden. Schalottenscheibchen in Butter glasig dünsten und auf dem Toast verteilen. Morcheln roh sautieren, mit Petersilie bestreuen, auf den Toast geben und leicht salzen und pfeffern.
Taubenbrust | Die Taubenbrüste salzen, pfeffern und mit einem Rosmarienzweig knusprig braten. Den Bratensatz mit Rotwein und Geflügelfond ablöschen, einkochen und passieren. Den Speck rund ausstechen und die Birnen erwärmen. Die Morchelcroutons bei 140 °C ca. 12 Minuten ins Backrohr schieben, kalte Butterflocken verteilen und mit Hollandaise flämmen.
Sauce hollandaise | Den Eidotter mit Weißwein über Dampf schaumig aufschlagen. Einen Spritzer Zitronensaft, Salz und Cayennepfeffer hinzufügen und mit gut temperiertem Butterschmalz über Dampf einarbeiten, bis eine cremige Konsistenz entsteht. Zum Schluss mit ein bisschen Haselnussöl verfeinern.

ANRICHTEN | Sämtliche Bestandteile hübsch auf einem Teller verteilen, die Sauce einträufeln und sofort servieren.

Foto rechts

Taubenpastete

ZUTATEN | *2 Tauben à 600 g* | *10 dag Kalbfleisch (ohne Sehnen)* | *10 dag Lungenbraten (Rind)*
10 dag geräuchertes Schweinefleisch | *4 dag Butter* | *Salz* | *10 dag Makkaroni* | *5 dag Asmonte (= steirischer Parmesan)*

Mürbteig | *30 dag Mehl* | *20 dag Butter* | *1 Ei* | *Salz* | *1 EL Sauerrahm*

ZUBEREITUNG | Die Tauben ausnehmen und zerteilen. Den Lungenbraten und das geräucherte Schweinefleisch faschieren, mit dem geschnittenen Taubenfleisch in Butter dünsten, mit Suppe aufgießen und salzen. Inzwischen kurze Makkaroni in Salzwasser kochen und mit dem gedünsteten Fleisch und dem Parmesan vermischen.
Aus den Zutaten für den Mürbteig mit kalten Händen einen Teig kneten und 30 min kühl rasten lassen. Auswalken und eine Springform (Pastetenform) auskleiden. Mit der Fleischmasse füllen (einfüllen) und mit einer Teigplatte bedecken. Die Pastete 30 min im Rohr bei einer Temperatur von 180 °C Heißluft backen.

Taube mit Herbstpilzen

FISOLEN UND ZWEIGELT-POLENTA

ZUTATEN | *150 ml Zweigelt* | *150 ml fruchtigen Rotwein (Blaufränkisch)* | *60 g Polenta* *1 kleines Lorbeerblatt* | *1 Prise Salz, Muskat* | *10 g kalte Butter* | *4 Tauben-Doppelbrüste à 200 g* *Pfeffer, Wacholder* | *Ursalz* | *1 EL Butterschmalz* | *1 Thymianzweig* | *80 g Fisolen* | *1 EL braune Butter* *80 g Herbsttrompeten*

ZUBEREITUNG | Rotwein-Polenta | Den Zweigelt mit dem Rotwein aufkochen lassen, die Polenta einstreuen, Gewürze beigeben und zugedeckt bei 80 °C ca. 30 min quellen lassen.

Tauben | 4 Tauben-Doppelbrüste mit Pfeffer, Wacholder und Ursalz würzen und in Butterschmalz mit einem Thymianzweig schön rosa braten. Danach die Brüste bei 80 °C auf einem Rost im Backrohr ca. 10 min rasten lassen.

Herbstpilze | In der Zwischenzeit feine Fisolen in Salzwasser kremig weich kochen und in brauner Butter kurz schwenken. Diese mit Salz und Muskat kurz würzen. Die Herbsttrompeten abbrausen und trocken tupfen. Die Pilze in Butter rasch sautieren und mäßig salzen.

ANRICHTEN | Die Rotwein-Polenta dünn auf einen Teller streichen, die Trompetenpilze und die Taube aufsetzen und mit Taubenjus umgießen.

Taube mit schwarzen Trüffeln

in der Lehmkruste mit Jungspinat

ZUTATEN | *2 Tauben von der Hohen Reith à 600 g | 4 Rosmarinzweige | 20 g Butter*
2 kg Lehm oder Töpferton | 8 Wacholderbeeren | 12 Pfefferkörner | Salz, Pfeffer

Sauce | *1 Périgord- oder Wienerwaldtrüffel (in Scheiben geschnitten) | 2 cl Weinbrand*
6 cl Madeira | 100 ml Geflügelfond oder -suppe | 30 g kalte Butter | 100 g junge Spinatblätter

ZUBEREITUNG | Die Tauben flämmen, innen und außen salzen und pfeffern. Je 1 Rosmarinzweig in die Bauchöffnung stecken und in Butter scharf anbraten. Den Töpferton 2 mm dick auswalken, in 2 Quadrate teilen und jeweils eine Taube daraufsetzen. Wacholderbeeren und Pfefferkörner leicht andrücken und die Tauben damit bestreuen. Die Tauben im Ton einschlagen und im Backrohr bei 180 °C ca. 20 Minuten lang braten. Herausnehmen und im Ton rasten lassen. Den Bratenrückstand in eine Pfanne geben und die Trüffelscheiben darin anschwitzen. Mit Weinbrand flambieren und mit Madeira ablöschen. Den Geflügelfond hinzugießen und kurz köcheln lassen. Mit kalter Butter montieren, salzen und pfeffern. Den Spinat waschen, putzen und trocknen und kurz durch die Sauce schwenken, sodass er noch knackig und nur lauwarm ist.

ANRICHTEN | Die Sauce mit der Trüffel und dem Spinat auf den Tellern anrichten. Die Tauben aus dem Ton schlagen, tranchieren und Brust und Keulen auf die Sauce legen.
TIPP | Dazu passen auch gut Rote-Rüben-Gnocchi. Dafür kocht man eine rote Rübe in Salz-Essig-Wasser mit Kümmel weich, schält und püriert sie. 2 EL des Rote-Rüben-Pürees unter eine Gnocchimasse mischen und eventuell noch mit ganz wenig Kümmel und einem Spritzer Apfel-Balsamessig würzen.

Taube in der Lehmkruste

Karfiol & Zichoriensauce

ZUTATEN | *2 Tauben von der Hohen Reith à 600 g | 500 g Lehm | 300 g Karfiol*
1 EL Kaffeebohnen | 4 EL Taubenjus | 1 Zweig Rosmarin | 1 Zweig Thymian | Pfeffer, Salz
100 g Couscous | Gemüsefond | 20 g Zucker | 2 angedrückte Kardamomkapseln
100 g Haselnüsse

ZUBEREITUNG | Den Lehm dünn ausrollen. Die mit Rosmarin, Thymian, Pfeffer und Salz gewürzten Tauben darin einschlagen. Bei 180 °C ca. 10 min garen, anschließend 15 min rasten lassen.
Das Couscous im Gemüsefond einweichen, danach in Butter anrösten und mit Salz, Pfeffer und Kardamom würzen, geröstete Haselnüsse hinzugeben.
Den Karfiol in kleine Stücke schneiden, in der Pfanne langsam rösten und mit Pfeffer und Salz abschmecken.
Für die Zichoriensauce die Kaffeebohnen im Taubenjus ziehen lassen und durch ein Sieb abseihen.

ANRICHTEN | Taube in der Lehmkruste vor dem Gast präsentieren. Couscous und Karfiol auf einem runden Teller verteilen. Die Taube aus dem Lehm herauslösen, tranchieren und anrichten. Abschließend mit der Zichoriensauce nappieren.

Taubenbrust mit Tannenhonig

SCHWARZER PFEFFERLACK, GLASIERTE ZWETSCHKEN, RÖSTZWIEBELN & KRÄUTERSALAT, EIERSCHWAMMERL

ZUTATEN | *4 Taubenbrüste (Royal Taube) à 90 g | 1/8 l Tannenhonig | 100 g schwarzer Pfeffer 9 vollreife Zwetschken | 4 Schalotten | ½ Bund Kerbel | ½ Bund Pimpernell | ½ Bund Petersilie ½ Bund Majoran | ½ Bund Oregano | 150 g Eierschwammerl | ¼ l Öl (Tafelöl, Rapsöl ...) 50 g Butter | 1/8 l Marsala | Salz, Pfeffer | 50 g Mehl | 50 g Paprikapulver*

ZUBEREITUNG | Die Taubenbrüste mit Salz und Pfeffer würzen und auf der Hautseite in einer heißen Pfanne anbraten. 4 Minuten bei 190 °C im Heißluftofen garen, das Rohr ausschalten und die Tauben in Alufolie gepackt mindestens 20 Minuten rasten lassen.

Den Tannenhonig mit dem grob gemahlenen Pfeffer vermengen. Die Zwetschken entkernen, in Butter glasieren und mit dem Marsala verfeinern. Die Kräuter vom Stiel trennen, zupfen und in eine Schüssel geben, leicht salzen. Die Schalotten schälen und feine Ringe mit der Brotschneidemaschine schneiden. (Aufpassen: Die Maschine danach sofort säubern.) Die Eierschwammerl mit kaltem Wasser abbrausen und sofort trocknen. Am besten wäre, sie ohne Wasser zu säubern, entweder mit einem kleinen Messer oder mit Papier. Die Eierschwammerl in einer heißen Pfanne ganz kurz schwenken, würzen und mit gehackter Petersilie verfeinern.

ANRICHTEN | Die Taubenbrust nach dem Rasten mit der Pfefferglasur bestreichen und in die Mitte des Tellers platzieren. Die glasierten Zwetschken verteilen. Den Kräutersalat mit den Röstzwiebeln mischen und auf die Zwetschken geben, mit den Eierschwammerln vollenden.

Taube mit Trüffelpalatschinken

Petersilie und Wurzelsaft

ZUTATEN | *4 Tauben von der Hohen Reith à 600 g* | *1 Petersilienwurzel* | *Speisestärke* | *1 Bund Blattpetersilie* | *50 g Palatschinkenteig* | *Salz* | *Saft von einer Zitrone* | *60 g Trüffelspäne* | *2 EL Dijon-Senf*

ZUBEREITUNG | Petersilienwurzel-Espuma | Die Petersilienwurzeln entsaften, den Saft reduzieren, mit Speisestärke binden und mit frischem Saft von den Petersilienblättern mischen. Die Sauce in eine Isi-Flasche füllen.

Trüffelcrêpe | Aus dem Crêpeteig einen dünnen Crêpe backen, mit Dijon-Senf bestreichen und wie eine Schnecke zusammenrollen.

Taube | Die Taube wie üblich auslösen, aus den Karkassen einen Taubenjus herstellen. Die Haxerln frittieren, die Haut von den Brüstchen lösen und diese mit Speck spicken. Im Backrohr bei 60 °C über Nacht trocknen lassen. Den Petersilienwurzelfond reduzieren, Taubenbrust in die Reduktion legen und von beiden Seiten ca. 2 min rasch garen, sodass der Saft die Brust umhüllt. Die Brust danach leicht salzen, pfeffern, mit Zitrone beträufeln und im offenen Backrohr bei 60 °C rasten lassen.

ANRICHTEN | Das Petersilien-Espuma auftragen, die Palatschinke auf einen Teller legen und mit Taubenjus beträufeln. Die Brust schräg aufschneiden, auf das Espuma setzen, etwas Wurzelsaft auf das Gericht träufeln und sofort servieren.

Taubenbrüste mit Roten Rüben

TRÜFFELN, NUDELN, BRUNNENKRESSE

ZUTATEN | *4 Taubenbrüste von der Hohen Reith à 90 g* | *8 schwarze Trüffelscheiben*
200 g feine Trüffelnudeln | *240 g rote Rüben* | *1 Schale Brunnenkresse*

ZUBEREITUNG | Die Taubenbrüste hohl auslösen und scharf anbraten. Die roten Rüben kochen und beliebig schneiden. Die Trüffel dünn schneiden. Die Nudeln in einem weiten Topf in Salzwasser kochen. Die roten Rüben in Butter anschwenken, die Trüffelscheiben hinzufügen und die Teigwaren ebenfalls dazugeben und etwas mitschwenken, anschließend würzen. Gezupfte und geputzte Brunnenkresse dazu durchschwenken.

ANRICHTEN | Auf dem Teller rundherum anrichten, in die Mitte die Taube setzen und mit etwas Jus beträufeln.

Bouillon mit Ei & Wachtelbrüstchen

ZUTATEN | *2 Wachteln à 200 g* | *Öl zum Braten* | *100 g Karotten* | *100 g Sellerie*
½ Stange Schnittlauch | *7 Schalotten* | *2 cl weißer Portwein* | *1/16 l Weißwein* | *Rosmarin*
Thymian | *Wacholder* | *1 Lorbeerblatt* | *2 cl Madeira* | *4 Wachteleier* | *Schnittlauch* | *Salz, Pfeffer*

ZUBEREITUNG | Die Wachteln ausnehmen und die Brust herunterlösen. Die Knochen klein hacken und in einem Topf mit heißem Öl anrösten. Das Gemüse waschen und in Würfel schneiden, Schalotten schälen und klein schneiden. Sobald die Wachtelkarkassen etwas Farbe angenommen haben, Gemüsewürfel und Schalotten zugeben und mitrösten. Wenn der Röstansatz eine schöne braune Farbe hat, mit Portwein und Weißwein ablöschen und mit Wasser auffüllen. Die Kräuter und Gewürze zugeben und ca. 1 Stunde auf kleiner Flamme kochen lassen. Die Suppe durch ein Sieb gießen, mit Salz und Madeira abschmecken.
Die ausgelösten Wachtelbrüste mit Salz und Pfeffer würzen, in Butter rosa braten und beiseite stellen. Vor dem Servieren in Streifen schneiden.

ANRICHTEN | Die Wachtelbouillon in einen Suppenteller füllen, je einen abgeklärten Wachteleidotter und eine in Streifen geschnittene Wachtelbrust hineingeben. Mit frischem Schnittlauch bestreuen.
Selbstverständlich können Sie auch die ganzen Wachteleier in etwas Essigwasser pochieren und in die Suppe einlegen.

Gegrillte Wachteln am Spiess

ZUTATEN | *3 EL Butter* | *8 Wachteln à 480 g* | *1 kleine Dose Weinblätter (20 g)*
8 Scheiben grüner Speck | *Salz, Pfeffer*

ZUBEREITUNG | Die ausgenommenen Wachteln innen mit Haushaltspapier säubern und mit Wasser gut abwaschen, gut trocknen und mit Salz und Pfeffer bestreuen.
Die Butter in einem Pfännchen langsam flüssig (nicht braun) werden lassen und die Wachteln damit begießen.
Die Weinblätter aus der Dose nehmen und auf einem Brett auslegen. Jede Wachtel in Weinblätter einwickeln, dann in je 1 Scheibe Speck. Die Speckscheiben mit Rouladennadeln befestigen.
Die Wachteln so auf Spieße stecken, dass sie sich gleichmäßig drehen. Über dem Grill 15–20 Minuten garen und sofort servieren.

ANRICHTEN | Die Wachteln mit Rosmarinerdäpfeln servieren.
TIPP | Wer lieber eine knusprige Haut haben möchte, kann die Wachteln nach 15–20 Minuten aus der Schale wickeln und auf dem Grill kurz Farbe annehmen lassen. Der Speck wird entfernt und die Weinblätter werden getrennt zu den Wachteln gereicht.

HANNERS FEINE FLEISCHESLUST

Schwein, Kalb, Rind & Co

DAS GOLDENE KALB

Rund um das „goldene Kalb" wurde schon in der Bibel getanzt, und auch unter Feinschmeckern gilt Kalbfleisch als einer der Schlüssel zum Gourmethimmel. Ist es doch wesentlich zarter als Rind und vermag wie kaum ein anderes Fleisch „am Gaumen zu schmelzen", ja, man kann in besonderen kulinarischen Glücksmomenten sogar Messer und Gabel aus der Hand legen und das Fleisch mit dem Löffel zerteilen.

Voraussetzung ist freilich, dass man Kalbfleisch allererster Qualität zur Verfügung hat, dessen Herkunft man möglichst bis zum Züchter zurückverfolgen kann. Heinz Hanners Lieblingskalbfleisch stammt aus dem bekannten Wallfahrtsort Klein-Mariazell am Hafnerberg in der Wienerwald-Gemeinde Altenmarkt.

Die Qualität von gutem Kalbfleisch lässt sich übrigens gar nicht so schwer erkennen. Ob ein Stück wirklich von erlesenster Qualität ist, sieht man an seiner besonders dichten und feinen Gewebsstruktur. Außerdem sollte das Fleisch unter reichlicher Fetteindeckung eine angenehm rosige, helle Farbe aufweisen. Ein Kalb, das sich, wie es sein sollte, von Weidegras und Heu ernährt, nimmt mit dem Futter nämlich das eisenhältige Hämoglobin auf, das die Fasern des Kalbfleisches ins Zart-Rötliche färbt.

Die Reifedauer bei Kalbfleisch ist relativ kurz und beträgt nur vier bis sieben Tage, dann sollte man das Fleisch so schnell wie möglich zubereiten. Im Gegensatz zu Rindfleisch wird es durch Abliegen kaum besser, sondern lediglich „gerüchiger".

In Mayerling ist es vor allem das Milchkalb, das vorzugsweise für die Zweisterneküche verarbeitet wird. Wie der Name bereits sagt, wird es in einem Alter zwischen sechs Wochen und drei Monaten geschlachtet, also in jenem Zeitraum, in dem das Kalb sich noch von der Milch des Muttertieres ernährt. Das Fleisch des Milchkalbs ist daher auch eher weißlich als rötlich und von besonders feiner Faserstruktur. Milchkälber sind, ihrer Seltenheit entsprechend, kostspielig. Wer eines bekommt, sollte es daher auch wirklich mit einer ähnlichen Andacht essen, als wäre es aus purem Gold.

Besonders feine Stücke vom Kalb (und daher selbstverständlich auch vom Milchkalb) sind neben der in Österreich auch Kalbsjungfer genannten Lende vor allem der Rücken, der ausgelöst gebraten, aber auch in saftige Koteletts geschnitten wird. Auch der Kalbsschlegel hat als sogenanntes „*Grosse Pièce*", im Ganzen gebraten oder weich gedünstet, einen Fixplatz in der feinen Küche. (Aus der zum Schlegel gehörenden Kalbsnuss wird übrigens das klassische Wiener Schnitzel geschnitten, das bei „Hanner leger", dem Café-Bistro des Mayerlinger Gourmetrestaurants, je nach Gästewunsch in unterschiedlich gebräunten Farbschattierungen angeboten wird.)

Neben den im Innereienkapitel bereits erwähnten Teilen ist auch der (zumeist gepresst verwendete) Kalbskopf ein Klassiker jeder feinen Küche. Und Kalbsfüße lassen sich mit etwas Geschick nicht nur perfekt mit Trüffeln und Gänseleber füllen, sondern auch als Grundlage für eine hausgemachte Gelatine verwenden, die in keiner Küche, die sich etwas auf Finesse zugute hält, fehlen darf.

DIE RINDER DES SONNENGOTTES

Im alten Griechenland, so lässt es sich in Homers *Odyssee* nachlesen, verfügte der Sonnengott Helios über eine kleine Herde von unsterblichen Rindern. Als die Gefährten des Odysseus eines Tages versuchten, diese besonders gut genährten Prachtexemplare zu schlachten, rächte sich der Gott daher auch prompt – und ertränkte die Rinderschänder im Meer.

Das Rind hat sich die Wertschätzung als „göttliches Tier" zumindest unter Feinschmeckern bis heute bewahrt, auch wenn diese gottlob nicht mehr befürchten müssen, den Genuss eines feinen Rindsbratens mit Leib und Leben zu bezahlen.

Bezahlen müssen sie ihn gleichwohl. Denn qualitätvolles Rindfleisch, das heute auch in Österreich in größeren Mengen zur Verfügung steht, gilt – vor allem, was die Edelteile wie das Filet, die Beiried

oder das Côte-de-Bœuf betrifft – mit Recht als Luxusgut.

Besonders begeistert ist Heinz Hanner beispielsweise von den Wagyu-Kobe-Rindern, die der ehemalige Radprofi Gerhard Zadrobilek nach dem berühmten japanischen Vorbild, aber in durchaus vergleichbarer Qualität auf Weiden im Wienerwald züchtet. „So ein Stückchen Wagyubeef kann schon ein kulinarisches Erlebnis der dritten Art sein", schwärmt Hanner, der sich auch intensiv mit japanischer Küche beschäftigt hat. „Wenn das Produkt stimmt, macht sich die Zubereitung praktisch von selbst: einfach rundum angrillen, würzen – und vielleicht noch branden (s. Seite 19), damit sich der Rauchgeschmack verstärkt. Danach braucht man die Würfelchen nur noch in einer möglichst reduzierten Ästhetik anzurichten, und man hat ein Gericht, das selbst bei anspruchsvollen Gästen niemals seine Wirkung verfehlt."

Leider kann es – aufgrund seiner Seltenheit – selbst bei Heinz Hanner in Mayerling nicht täglich Kobe-Beef geben. An schmackhaften Rindfleisch-Alternativen fehlt es jedoch nicht. So experimentiert Hanner beispielsweise erfolgreich mit Bio-Bisonfleisch aus dem nahen Thenneberg bei Altenmarkt, an dem er vor allem den „mit sechs Prozent wirklich niedrigen Fettgehalt bei gleichzeitiger Geschmacksintensität" schätzt.

Besonders gerne verwendet Hanner jedoch auch Bio-Jungrind aus der Kremser Gegend, dessen „butterweiches und zartes Fleisch" er sowohl als Filet als auch als Rib-Eye zum Braten oder Grillen schätzt, während er das besonders g'schmackige „Gab" (so bezeichnet man in Niederösterreich den Rinderbrustkern) am liebsten stundenlang auf kleiner Hitze „durchschmort".

Während französische Köche auf Siedefleisch vom Rind schon seit den Zeiten des großen Vatel verächtlich hinabsehen, kann eine feine österreichische Küche das Thema „Schulterscherzl, Tafelspitz & Co." allein schon aus historischen Gründen nicht ganz aussparen. Das findet auch Heinz Hanner, der sich ganz vortrefflich auf zeitgemäße österreichische Rindfleischküche wie etwa ein „niedertemperaturgegartes und butterweiches zartrosa Beinfleisch mit Senfkruste, weißem Rübenpüree und souffliertem Semmelkren" versteht. Und selbst der eher derben Altwiener Wirtshaussitte, den heißen Markknochen mit dem Rindfleisch mitzuservieren, weiß Hanner Finesse abzugewinnen: „Drei unterschiedlich hohe Markknochen mit dreierlei verschiedenen Füllungen – das kann nicht nur sehr gut aussehen, sondern auch exzellent schmecken."

IST SCHWEIN UNFEIN?

Keineswegs, findet Heinz Hanner, auch wenn er in Mayerling niemals einen Schopfbraten oder ein Karree servieren würde, das, wie Anton Wildgans es in seinem Epos *Kirbisch* so trefflich beschrieb, „herrlich vom kümmel- und knoblauchgesättigten Safte umspült" wird.

Dafür hat Hanner die Freuden eines idealen „Gourmetschweinsbratens" entdeckt, von dem Wildgans wohl nicht einmal zu träumen gewagt hätte: „Niedertemperaturgegarter Schweinebauch mit crosser Kruste und einem Kaviar aus heimischem Kren" nennt Hanner das Wunderding. Auch für Schweinsbackerln mit Wirsing und Rotweinsauce mit einem butterigen Erdäpfelpüree in der Tradition des Pariser Meisterkochs Joël Robuchon weiß sich der finessenbewusste Hanner jederzeit zu erwärmen. Auch wenn er einschränkt: „Mit dem gemeinen Hausschwein weiß ich in der feinen Küche nicht allzu viel anzufangen. Das gehört nun wirklich eher auf den Wirtshaustisch als in ein Gourmetrestaurant." Wenn Hanner davon spricht, dass er „Schwein hat", so meint er daher fast immer Wildschwein. Und davon wird im folgenden Wildkapitel noch ausführlicher die Rede sein.

Frischlingskoteletts

in Zwetschkensauce

ZUTATEN | *8 Frischlingskoteletts à 80 g* | *Salz, weißer Pfeffer aus der Mühle* | *2 EL Butter*
12 Zwetschken, entsteint und halbiert | *10 g Butter* | *3 EL Zweigelt (aus dem Burgenland)* | *Zucker*
1 ¼ dl Rotwein (Tafelwein) | *2 ½ dl Bratensauce* | *2 EL Zwetschkenwasser* | *2 EL Crème fraîche*

ZUBEREITUNG | Die Koteletts leicht klopfen, mit Salz und Pfeffer würzen und in steigender Butter braten, jede Seite ca. 2 Minuten. Die Koteletts aus der Pfanne nehmen und warm stellen.
Für die Sauce Butter und Zucker in der Pfanne leicht karamellisieren lassen, mit dem Zweigelt ablöschen, Rotwein, Bratensauce und Zwetschkenhälften zugeben und 2 Minuten durchkochen. Die Crème fraîche und das Zwetschkenwasser vorsichtig unterheben.

ANRICHTEN | Die Koteletts auf einer vorgewärmten Platte anrichten und mit einem Teil der Sauce umgießen. Den Rest der Sauce separat dazuservieren und mit in Butter gebrannten, hausgemachten Spätzle anrichten.

Milchferkelschmaus

Stampferdäpfel & Palmwirsing

ZUTATEN | *1 Milchferkelrücken* | *4 Milchferkelbackerln* | *2 große Kartoffeln* | *8 Palmwirsingblätter (alte Wirsingart, Blätter wie bei der Palme)* | *2 Radieschen* | *4 EL Milchferkeljus (= Fond)*
Salz, Pfeffer, Kümmel | *1 l Rotwein* | *½ l Malaga* | *1 EL Crème Fraîche* | *Muskat* | *Butterschmalz*
Butter

ZUBEREITUNG | Die Milchferkelbackerln salzen und mit Pfeffer in Butterschmalz stark anbraten. Mit Rotwein und Malaga ablöschen, einkochen lassen, den Vorgang 3-4-mal wiederholen und ca. 2 Stunden butterweich dünsten.
Den Milchferkelrücken zuputzen, mit Salz, Pfeffer und Thymian würzen, anbraten und leicht rosa garen. Die Schwarte weich kochen, mit Kümmel, Salz und Pfeffer würzen und ca. 40 min bei 160 °C kross braten (wie beim Schweinsbraten).
Den Palmwirsing waschen, die Radieschen in feine Scheiben hobeln und in Butter mit Salz und Pfeffer anschwitzen. Für die Stampfkartoffel die Kartoffeln weich kochen, durch ein Sieb zerdrücken und mit Crème fraîche, Salz und Muskat vollenden.

ANRICHTEN | Die Stampferdäpfel in der Mitte des Tellers anrichten. Das Milchferkelbackerl daraufsetzen, die Palmwirsingblätter rundherum platzieren und mit den Radieschen vollenden. Wichtig: Dieses Gericht braucht sehr viel Schmorsauce.

Feiner Jausen-Aufstrich

(vom Schwein)

ZUTATEN | *200 g kalter Schweinebraten* | *200 g gekochter Speck* | *150 g Schweineschmalz*
2 kleine Knoblauchzehen | *30 g Vollwertbrot (Fünfkornbrot)*

ZUBEREITUNG | Den Schweinebraten und Speck würfelig schneiden, mit Schweineschmalz, Knoblauchzehen und Vollwertbrot gut vermengen und bei –20 bis –22 °C gefrieren und pacossieren (fein pürieren).

ANRICHTEN | Mit 2 Löffeln Nockerln drehen oder den Aufstrich in ein kleines Töpfchen füllen und servieren.

Bauch vom Schwein

mit Krautsalat und Braterdäpfeln

ZUTATEN FÜR 4 PERSONEN | *½ Bauch vom Schwein à 500 g* | *6 Knoblauchzehen*
Salz, Pfeffer, Kümmel | *1 l Wasser*

Sauce | *Angelikawurzeln* | *Kümmel*

1 Krautkopf | *Kümmel* | *1 guter Schuss Apfelessig* | *etwas Zucker* | *Salz, Pfeffer* | *1/8 l Tafelöl*
500 g Heurige | *50 g Butter* | *1 Zweig Rosmarin* | *1 Zweig Thymian* | *1 Knoblauchzehe*

ZUBEREITUNG | Den Bauch mit Knoblauch, Salz, Pfeffer und Kümmel mindestens einen Tag lang marinieren. Schweinsbauch in einer Bratenform mit der Fettschicht nach unten mit Wasser fast bedecken. Im Rohr bei einer Temperatur von 180 °C 45 bis 50 Minuten garen. Danach umdrehen und die Fettschicht einschneiden (kleine Vierecke). Im eigenen Saft und Fett ca. 25 Minuten fertig garen, bis das Fleisch weich ist. Die Fettschicht sollte dann schön knusprig und braun sein. Den Bratensaft abschöpfen, mit Kümmel und etwas Angelikawurzeln kurze Zeit am Herd köcheln lassen.
Das Kraut in feine Streifen schneiden, salzen und zuckern, eine Klarsichtfolie daraufgeben, diese fest andrücken und ca. eine halbe Stunde ziehen lassen (damit das Kraut garen kann). In der Zwischenzeit die Heurigen waschen und in kräftigem Salzwasser mit der Schale ca. 15 Minuten kochen. Danach abgießen, kurz überkühlen lassen, halbieren und in einer Pfanne mit Butter goldgelb braten. Abschließend mit Salz und Pfeffer würzen und den Rosmarin, Thymian und die angedrückte Knoblauchzehe zum Aromatisieren zugeben.
In der Zwischenzeit einen Teil des Krautwassers (welches beim Einsalzen austritt) mit Öl, Essig und etwas Kümmel würzen und eventuell mit Salz und Zucker abschmecken. Das Kraut damit marinieren.

ANRICHTEN | Den Schweinsbauch in Scheiben schneiden und neben dem Kraut auf einem Teller platzieren. Die gebratenen Heurigen dazugeben und mit etwas Bratensaft umgießen.

Foto rechts

Schremser Milchkalb mit Bohnen

IM PAPRIKA-SABAYON MIT RÖSTI & STAUDENSELLERIE

ZUTATEN | Paprika-Sabayon | *1 dl reduzierter roter Paprikasaft* | *3 Dotter* | *Spritzer Zitrone Ursalz, Muskat* | *100 g flüssige Butter*

Feine Bohnen | *30 g Bohnen (pro Pers.)* | *1 dl Gemüsefond* | *2 EL kalte Butter* | *Salz* | *Zitronensaft*

Milchkalb | *4 Medaillons à 180 g* | *125 ml Kalbsjus* | *1 EL Rapsöl* | *2 EL Butter* | *Salz, Pfeffer*

Rösti | *4 Erdäpfel* | *3 EL Butterschmalz* | *½ Staudensellerie*

ZUBEREITUNG | Paprika-Sabayon | In einem Schneekessel über Wasserdampf sämtliche Zutaten dick schaumig aufschlagen, die flüssige Butter einarbeiten und warm halten.
Feine Bohnen | Die Bohnen blanchieren, in Gemüsefond mit kalter Butter gebunden zu einem Ragout rühren, leicht salzen und mit Zitronensaft verfeinern.
Milchkalb | Vier Medaillons in Rapsöl und Butter mit Salz und Pfeffer zartrosa braten, den Bratensatz mit etwas Kalbsjus ablöschen und leicht einköcheln. Die Medaillons warm halten.
Rösti | 4 runde, geschälte rohe Erdäpfel grob reiben, gut ausdrücken, auf einer Platte salzen und in Butterschmalz braten (unter die rohen Erdäpfel einige blanchierte Staudensellerie mengen).

ANRICHTEN | Die Medaillons auf einen Teller setzen, die Bohnen mit Buttersaft anrichten, Paprika-Sabayon einträufeln und den Bratensatz übers Medaillon träufeln. Rösti à part anrichten, eventuell mit frittierten Staudenselleriblättern bestreuen.

Milchkalb

OFENKARTOFFELGRATIN, SCHNITTLAUCHSAUCE & SALBEI

ZUTATEN | Kalb | *1 Kalbsfilet à 450 g* | *1 große Kalbsniere à 110 g* | *½ Bund Salbei*

Ofenkartoffelgratin | *4 Ofenkartoffeln* | *1/8 l Obers* | *Salz, Pfeffer, Muskat*

Schnittlauchsauce | *1 Zwiebel* | *50 g Butter* | *10 g Mehl* | *1/8 l Weißwein* | *¼ l Kalbsfond*
1/8 l Obers | *Salz, Pfeffer, Muskat* | *1 Bund Schnittlauch*

Eierschwammerlair | *1 l Eierschwammerlessenz* | *11 g Lecithin (Stabilisator für Schäume)*
Salz, Pfeffer

Sauerrahmgelee | *1 kg Sauerrahm* | *21 g Iota (Bindemittel zur Herstellung von Gelees)* | *Salz, Pfeffer*

Pilzfolie | *1 Liter Pilzessenz* | *21 g Iota* | *Salz, Pfeffer*

ZUBEREITUNG |
Kalb | Das Kalbsfilet putzen, portionieren. Das Kalbsfilet zuerst in Klarsicht- dann in Alufolie einwickeln und im Wasserbad bei 62 °C ca. 20 Minuten garen. Die Kalbsniere kurz im Tiefkühler leicht anfrieren lassen und anschließend in dünne Scheiben schneiden.
Ofenkartoffelgratin | Die Kartoffeln schälen, in feine Scheiben schneiden und in Salz, Pfeffer und Muskatnuss aromatisieren. Obers aufkochen, in einen Bräter abfüllen und 30 Minuten bei 180 °C durchgaren, abkühlen lassen und anschließend in kleine Portionsquadrate schneiden oder rund ausstechen.
Schnittlauchsauce | Zwiebel in Butter anschwitzen, mit Mehl stauben und mit Weißwein ablöschen, mit Kalbsfond aufgießen und einkochen. Obers hinzufügen, aufkochen, mixen, passieren und mit Salz, Pfeffer und Muskatnuss abschmecken. À la minute Schnittlauchröllchen hinzufügen.
Eierschwammerlair | Die Eierschwammerlessenz erhitzen und das Lecithin darin lösen, noch einmal für 1 Minute köcheln lassen und mit Salz und Pfeffer abschmecken.
Sauerrahmgelee | Den Sauerrahm erhitzen, mit Iota vermengen und noch einmal ca. 1 Minute erhitzen. Mit Salz und Pfeffer abschmecken, in eine Form füllen und stocken lassen, danach portionieren.
Pilzfolie | Die Pilzessenz erhitzen, Iota hinzu geben und 1 Minute köcheln lassen. Mit Salz abschmecken, auf einem mit Folie ausgelegten Blech ca. 2 mm stark ausgießen und stocken lassen. Mit einem großen Rundausstecher portionieren.

ANRICHTEN | Zuerst die Nierenscheiben auf den Teller legen, mit Jus beträufeln und mit der Pilzfolie bedecken. Danach das Milchkalb in der Mitte des Tellers anrichten. Das Ofenkartoffelgratin mit der Schnittlauchsauce links und rechts davon positionieren. Mit der Eierschwammerlair vollenden und mit Salbei garnieren..

Milchkalbsrücken mit Kürbissen

Kürbisrisotto, Kürbispüree, roher & gebackener Kürbis

ZUTATEN | *4 Kalbsrücken à 180 g* | *½ Muskatkürbis, ca. 800 g* | *1 Ei* | *Zwiebeln* | *Weißwein* | *Fond* *Zucker* | *Salz* | *Muskat* | *Cayennepfeffer* | *100 g Mehl* | *100 g Brösel zum Panieren* | *1 Lorbeerblatt* *2 angedrückte Wacholderbeeren* | *1 angedrückte grüne Kardamomkapsel* | *Zitronensaft von einer halben Zitrone* | *1 EL Rapsöl* | *50 g Kürbiskerne* | *1 Bund Petersilie* | *Ei, Mehl, Brösel zum Panieren* | *1 Zweig Rosmarin* | *1 Zweig Thymian*

ZUBEREITUNG | **Risotto** | *200 g* Kürbis fein würfelig schneiden, Zwiebeln anschwitzen, Kürbis hinzufügen und mit Weißwein ablöschen. Lorbeerblatt, Wacholder ebenfalls beimengen und mit etwas Fond aufgießen, mit Salz, Muskat und Cayennepfeffer abschmecken.

Püree | *200 g* Kürbis schälen, in große Stücke schneiden, im Ofen schmoren, im Thermomixer pürieren und mit Kardamon, Salz und Zucker würzen.

Roher Kürbis | *200 g* Kürbis in feine Streifen schneiden und mit Zucker, Salz, Pfeffer und Zitronensaft sowie Olivenöl würzen. Gehackte Kürbiskerne und Petersilie untermischen.

Gebackener Kürbis | *200 g* Kürbis rund ausstechen und kurz in Salzwasser kochen, danach kalt abschrecken. Die Kugeln panieren und im Fett ausbacken.

Milchkalbsrücken | Fleisch mit Salz und Pfeffer würzen, von beiden Seiten anbraten und bei 180 °C für 10 min im Ofen garen. Danach in Alufolie einwickeln und 10 Minuten rasten lassen. Vor dem Anrichten in Butter mit Rosmarin und Thymian leicht nachbraten.

ANRICHTEN | Etwas von dem Püree in die Mitte des Tellers geben und den Risotto darüber verteilen. Die gebackenen Kugeln neben dem Püree aufreihen und etwas rohes Kürbistatar daraufsetzen. Das Fleisch halbieren, in die Mitte setzen, mit Sauce beträufeln und servieren.

Filet vom Milchkalb mit Kalbskopfwürfeln

Lila Stampfkartoffeln

ZUTATEN | *1 großes Kalbsfilet à 600 g* | *80 g Kalbskopf* | *1 Bund Schnittlauch* | *3 große Kartoffeln (lila)* *Salz, Pfeffer, Muskat, Cayennepfeffer* | *Öl und Butter* | *etwas Kalbsjus*

ZUBEREITUNG | Die Kartoffeln mit der Schale in kräftigem Salzwasser ca. 35 Minuten kochen. Danach abgießen, schälen und in einem Topf mit Butter, Salz, Pfeffer, Muskat und Cayennepfeffer zerstampfen.
Den Kalbskopf würfelig schneiden und in etwas Jus erwärmen.
Das Kalbsfilet putzen, portionieren und würzen. Von allen Seiten scharf anbraten und für 5 Minuten bei 180 °C in den Ofen geben. Danach in Alufolie einwickeln und an einem warmen Ort rasten lassen.

ANRICHTEN | Die Stampfkartoffeln mit Hilfe eines Ringes in der Mitte des Tellers platzieren. Das Kalbsfilet darauf anrichten, mit dem geschnittenen Kalbskopf bedecken, frisch geschnittenen Schnittlauch darüberstreuen und mit dem restlichen Kalbsjus nappieren.

Rosa gedämpfter Tafelspitz

VOM SCHREMSER MILCHKALB · KNUSPRIGE STAMPFKARTOFFELN

ZUTATEN | *1 Kalbs-Tafelspitz (ca. 1 kg)* | *2 l Suppe* | *1 Gemüsebouquet (Wurzelwerk/Suppengrün)*

Stampfkartoffeln | *600 g gekochte, mehlige Kartoffeln* | *1/8 l Obers* | *Salz, Kümmel* | *3 EL Butterschmalz*

Rahmsauce | *¼ l Suppe* | *250 g Crème fraîche* | *1 TL Senf* | *1 Spritzer Weißweinessig*
1 EL geschlagenes Obers | *Kren, Salz, Pfeffer*

Gemüse | *1 Karotte* | *1 gelbe Rübe* | *1 Kohlrabi* | *200 g Blattspinat* | *1 EL Butter* | *Salz, Pfeffer*

Garnitur | *frisch gerissener Kren* | *1 TL Kernöl* | *einige Schnittlauchhalme*

Nicht immer muss der Tafelspitz vom Rind sein. Die zarte Variante ist vom Kalb, verlangt kürzere Garzeiten, ist bestens für den kleinen Haushalt geeignet und lässt sich geschmackvoll rosa garen ... Ja, Sie lesen richtig: rosa Tafelspitz!

ZUBEREITUNG | Den Tafelspitz in der Suppe mit dem Gemüsebouquet zugedeckt im Backrohr bei 85 °C ca. drei Stunden lang ziehen lassen.
Für die Stampfkartoffel die gekochten und geschälten Kartoffeln mit Obers klein stampfen, mit Salz und Kümmel würzen. Aus der Kartoffelmasse mit einem Löffel Nockerln ausstechen und diese in heißem Butterschmalz knusprig braten. Für die Rahmsauce Suppe auf die Hälfte einreduzieren. Crème fraîche und Senf zugeben und etwas mitkochen lassen. Mit Salz, Pfeffer und Essig abschmecken, mit geschlagenem Obers und Kren vollenden.
Karotte, gelbe Rübe und Kohlrabi schälen, klein schneiden und in Salzwasser weich kochen. Geputzten Spinat kurz in Butter anziehen lassen und mit dem restlichen Gemüse vermischen, mit Salz und Pfeffer würzen.

ANRICHTEN | Den Tafelspitz in Scheiben schneiden, auf Gemüse mit der Rahmsauce und den Stampfkartoffeln anrichten, mit frisch gerissenem Kren, Kernöl und Schnittlauch garnieren.

Filet vom Schremser Biomilchkalb

FELDGURKE & GEBACKENE KARTOFFEL

ZUTATEN | *4 Filetstücke vom Kalb à 190 g* | *200 ml Rindsuppe* | *1 Gurke* | *200 g Kartoffel*
Salz, Pfeffer | *Lorbeerblätter, Wacholder* | *1/16 l weißer Apfelbalsamico* | *13 g Iota (Geliermittel aus roten Algen, (erhältlich z. B. auf www.spiceworld.at)* | *4 Blatt Gelatine* | *50 g griffiges Mehl*
50 g Weißbrotbrösel | *1 Ei* | *8 mittelgroße Heurige* | *Kürbiskerne*

ZUBEREITUNG | Das Filet mit Salz, Pfeffer würzen und in Öl anbraten, bei 180 °C im Heißluftofen 9 min garen. 8 Stück mittelgroße Heurige kochen, abkühlen lassen und mit einem Perlausstecher aushöhlen.
Für den Kartoffelsalatsalat 200 g Erdäpfel in zwei Größen würfelig schneiden (1 x 2,5 cm, 1 x 1 cm). Dann in je 100 ml Rindsuppe mit Salz, Pfeffer, Lorbeer, Wacholder und etwas Essig langsam kernig weich dünsten.

Für die Kartoffelrolle die 2,5 cm geschnittenen Kartoffelwürfelwürfel mit 13 g lota binden und mit einem Spritzsack 1 cm dicke Bahnen ziehen, danach in den Tiefkühler geben.
Danach die Gurke schälen und feine Streifen mit dem Sparschäler bis zum Kerngehäuse runterschälen, die Erdäpfelbahnen darin einschlagen (einpacken).
Die 1 cm geschnittenen Kartoffelwürfel mit 4 Blatt Gelatine versetzen, abkühlen lassen und in die ausgehöhlten Erdäpfel füllen.
Die gefüllten Kartoffel in Mehl, Ei, Brösel panieren und in heißem Fett (140 °C) rausbacken.

ANRICHTEN | Den Kartoffelsalat in der Mitte des Tellers anrichten und das Filet darauf setzen. Die gebackenen Kartoffeln und die Feldgurkenrolle danebensetzen. Den Teller mit gerösteten Kürbiskernen vollenden.
TIPP | Das Filet ebenfalls 15 min im ausgeschalteten Rohr ruhen lassen. Gutes Gelingen!

Schremser Milchkalb »Parmentier«

Gebackenes Kartoffelpüree & Kräutersalat

Angeregt von der französischen Speise „Hachis Parmentier", ist diese Kreation 1993 entstanden. In einer großen Backform oder Schüssel ist das gebackene Kartoffelpüree leicht vorzubereiten und besonders für Familienfeste oder größere Tafelrunden geeignet!

ZUTATEN | Gebackenes Kartoffelpüree | *200 g mehlige Kartoffeln, gekocht und passiert*
75 ml Milch | *10 g Butter* | *Muskatnuss* | *4 Strudelblätter* | *250 g gehacktes Kalbfleisch* | *Salz, Pfeffer*

4 Medaillons vom Kalbsfilet (à 100 g) | *20 g Butter* | *Saft von ½ Zitrone* | *4 Salbeiblätter*
¼ l Kalbsjus | *Kräuter und Salate der Saison*

ZUBEREITUNG | Für das Kartoffelpüree die Kartoffeln schälen, kochen und passieren. Mit Milch, 5 g Butter, Muskatnuss, Salz und Pfeffer über Dampf aufschlagen und auskühlen lassen. Die restliche Butter zu Nussbutter bräunen. Vier kleine Kasserollen mit der Nussbutter ausstreichen und mit Strudelteig auslegen. Anschließend jeweils mit etwas Püree füllen. In die Mitte das gehackte, mit Salz und Pfeffer gewürzte Kalbfleisch platzieren und mit Kartoffelpüree bedecken. Die Strudelblätter darüber zusammenfalten und verschließen. Im Backrohr bei 200 °C 20 Minuten backen. Die Kalbsfilets in Butter gut anbraten. Dann im Backrohr bei 120 °C noch 8 Minuten fertig braten. Den Bratenrückstand mit Zitronensaft und Salbei aromatisieren, etwas Kalbsjus zugießen.
Kräuter und Salate putzen, je nach Geschmack marinieren.

ANRICHTEN | Das gebackene Kartoffelpüree ausstechen, mit dem Kalbsfleisch in der Tellermitte anrichten und mit der Sauce beträufeln. Den Kräutersalat extra dazuservieren.

Kalbskotelett auf Salbeijus

Frische Wienerwald-Morcheln & Pommes „Maxim"

ZUTATEN | *4 Stück Kalbskotelett à 20 dag* | *1/16 l Olivenöl* | *100 g Morcheln* | *¼ l Obers*
1/16 l Madeira | *1 Bund Salbei* | *¼ l Kalbsjus – Bratensaft* | *1/8 l Portwein* | *5 mittelgroße speckige Kartoffeln* | *140 g Butterschmalz* | *Salz, Pfeffer*

ZUBEREITUNG | Die Kalbskoteletts gut salzen und pfeffern, in Olivenöl-Butter-Gemisch anbraten, im Rohr bei 150 °C ca. 7 Minuten fertig braten und anschließend rasten lassen.
Morchelsauce | Die Stiele mit Sahne einreduzieren, mit Salz und Pfeffer würzen und mixen.
Salbeijus | Den Kalbsjus mit Salbeiblättern und Portwein ziehen lassen.
Frische Morcheln | Die Köpfe von den Morcheln 2- bis 3-mal waschen (Sand) und anschließend trocknen. Die Morcheln in brauner Butter kurz braten und mit Salz würzen.
Pommes Maxim | Die Kartoffeln in 1–2 mm dicke Scheiben schneiden, einsalzen und 35 Minuten ziehen lassen. Die Kartoffeln trocken tupfen und mit wenig Muskat würzen. Die Kartoffelscheiben kreisförmig bzw. rosettenförmig auflegen, mindestens 2 Schichten, die Rosette in Butterschmalz nur auf einer Seite anbraten und danach ins Rohr schieben und knusprig braten.

ANRICHTEN | Die Koteletts mit den Morcheln auf dem Salbeijus anrichten, mit der Morchelsauce Farbkleckse in die braune Sauce ziehen, Pommes Maxim apart servieren.

Kalbsbackerl mit Kartoffelpüree

Tomaten-Zwiebel-Ragout

ZUTATEN | *4 Kalbsbackerl à 120 g | 3 weiße Zwiebeln | 50 g getrocknete Tomaten | 1 kleiner Bund Petersilie | 4 große, mehlige Kartoffeln | 100 g Butter | 200 ml Sahne | Salz, Pfeffer, Zucker, Cayennepfeffer, Muskat | 2 Karotten | 1 Sellerie | 1 Lauch | 2 Lorbeerblätter | 10 Pfefferkörner | 5 Wacholderbeeren, angedrückt | 1 kleine Gewürznelke | 1 l Rotwein | ¾ l Kalbsfond | 2 Zwiebeln | 1 EL Tomatenmark*

ZUBEREITUNG | Die Erdäpfel mit der Schale in kräftigem Salzwasser ca. 35 Minuten kochen. Danach abgießen, schälen und in einem Topf mit Butter, Obers, Salz, Pfeffer, Muskat und Cayennepfeffer zu einem Püree rühren. Die Kalbsbackerl in einem großen Topf in Öl von beiden Seiten scharf anbraten und wieder herausnehmen. Anschließend das Wurzelgemüse und die 2 Zwiebeln kräftig anbraten, etwas Tomatenmark zugeben und kurz mitrösten. Mit Rotwein ablöschen und einreduzieren lassen, mit etwas Fond aufgießen, die Backerl wieder hineingeben und ca. 40 Minuten bei geringer Hitze schmoren lassen.
Die weißen Zwiebeln schälen und in Streifen schneiden. Die getrockneten Tomaten ebenfalls in Scheiben schneiden und mit den Zwiebeln in einer Pfanne mit Butter und etwas Fond langsam dahinschmurgeln lassen.

ANRICHTEN | Das Kartoffelpüree mit einem Löffel auf den Teller ziehen, die Kalbsbackerl daraufsetzen, mit dem Zwiebel-Tomaten-Ragout bedecken und mit Schmorsaft begießen.

Rindsrouladen

ZUTATEN | *4 große dünne Rindsschnitzel à 18 dag (z. B. Gusto, Rostbratenstück) | Salz, Pfeffer aus der Mühle | 2 Zweige Thymian | 2 Blätter Lorbeer | etwas griffiges Mehl zum Stauben | 2 EL Öl oder Schmalz zum Anbraten | ¼ l Rindsknochensuppe | 1 EL Dijonsenf zum Bestreichen | 1 Karotte 1 Sellerie | 4 Stück Cornichons | 1 Zwiebel | 1 Speckschwarte | ½ Bund Schnittlauch*

ZUBEREITUNG | Das Fleisch in Tranchen schneiden, klopfen und mit Dijonsenf bestreichen (nicht zu dünn). Den Speck kurz ziehen lassen (nicht zu knusprig).
Das Fleisch mit den Cornichons und den angeschwitzten Zwiebeln füllen, einwickeln und binden. Dann von außen mit Salz und Pfeffer würzen.
Zwiebeln, Sellerie, Knoblauch Karotten, Thymian, Lorbeer mit dem Jusansatz und der Speckschwarte die Roulade anbraten und in die Sauce legen und weich dünsten. Im Rohr bei 180 °C ca. 70 min offen lassen und die letzte halbe Stunde zudecken.

ANRICHTEN | Die Rindsroulade halbieren und auf dem Teller anrichten, mit reichlich Sauce servieren und mit frischem Schnittlauch bestreuen.

Rindsbraten auf Wildbretart

ZUTATEN | *4 EL Wasser | 10 getrocknete Wacholderbeeren – leicht gezuckert | 10 Pfefferkörner ½ kleine Sellerie, fein geschnitten | 2 Zwiebeln, in Scheiben geschnitten | 1,5 kg Schmorfleisch 10 Körner Piment | 60 g Schmalz | ½ Petersilienwurzel | ½ Karotte | 1 Lorbeerblatt 1 Prise getrockneter Thymian | 0,5 TL Paprika | Saft von 1 ½ Zitronen | 1 TL Weizenmehl 250 ml Rotwein | 200 ml dunkler Kalbsfond*

ZUBEREITUNG | Wenn Wildbret fehlt ... Wildbret ist heute schon selten und wird gewiss immer seltener und auch teurer. Es gibt jedoch, und zwar schon recht lange, ein Mittel, nicht vom Wild stammendem Fleisch ein Aroma zu geben, das dem Wildfleisch täuschend ähnlich ist. Erreicht wird das durch eine entsprechende Zusammenstellung von Marinaden und Gewürzen, unter denen getrocknete Wacholderbeeren eine Hauptrolle spielen. Nachstehend ein Rezept mit dem so geschätzten Geschmack und Aroma von Wildbret: Rinderbraten auf Wildbretart, sowohl heiß als auch kalt genossen ganz ausgezeichnet.
Das Schmorfleisch mit in Scheiben geschnittenen Zwiebeln belegen. Die Zutaten der Marinade kurz aufkochen und kochend heiß über das Fleisch gießen. Zwei Tage später (das Fleisch muss an einem kühlen Ort aufbewahrt und von Zeit zu Zeit gewendet werden, damit es gleichmäßig mürbe wird) aus der Flüssigkeit nehmen und (eine Stunde vor der Zubereitung) mit Salz einreiben, mit Speck spicken und leicht mit Paprika bestäuben. Dann in einen Schmortopf mit stark erhitztem Schmalz legen. Ist es auf allen Seiten angebraten, die Gewürze und das Gemüse aus der Marinade beifügen, den Schmortopf zudecken, ins 200 °C heiße Backrohr schieben und den Braten ab und an abwechselnd mit einem Löffel Wasser und einem Löffel Marinade übergießen und später mit dem Bratensaft beschöpfen. Den schon weichen Braten (nach ca. 80 min) mit Kalbsfond übergießen, der mit Weizenmehl gut verrührt wurde. Die Sauce soll nur einmal kurz aufkochen und dann auf kleiner Flamme 2 bis 3 Minuten lang leise vor sich hin kochen. Den Braten in nicht zu dünne Scheiben schneiden (ist er als

kalter Aufschnitt gedacht, allerdings in sehr dünne) und mit der durch das Sieb gestrichenen Sauce übergießen, die sorgsam abgeschmeckt werden muss (mit Salz, Zucker und etwas Zitronensaft).
Als Beilage wird das Schmorgemüse gereicht. Soll der Braten kalt serviert werden, kommen zur Sauce Preiselbeeren.
Der Kalbsbraten wird ähnlich zubereitet, es wird jedoch anstatt Schmalz Butter zum Braten verwendet, das Fleisch mit Speck umwickelt oder gespickt und der Marinade wird kein Wasser zugesetzt.

ANRICHTEN | Das Schmorgemüse in die Mitte des Tellers platzieren, den Schmorbraten in 1 cm dicke Scheiben schneiden und darauflegen, mit reichlich Sauce nappieren.

Gekochtes Schulterscherzel

IN BALSAMICO-ROTWEINBEIZE

ZUTATEN | *¼ l Rotwein (Zweigelt) | 2 EL Salz | 2 gelbe Rüben | 1 kg Rindfleisch (Schulterscherzel) | 80 g Butter | 80 g Mehl | 2 Lorbeerblätter | 1 l Wasser | 1 Zwiebel 1 EL Zucker | 1 Tasse Balsamico-Essig*

ZUBEREITUNG | Aus Wasser, Essig und den übrigen Gewürzen stellt man eine Beize her, die entweder kalt oder gekocht über das Fleisch gegossen wird. Man mariniert das Fleisch gut zugedeckt 2–4 Tage darin. Das Fleisch wird dann in der Beize gekocht, eine dunkle Einbrenn hergestellt (Zwiebel fein geschnitten in Butter anschwitzen, mit Mehl stauben und dunkel rösten), mit der Beizflüssigkeit (¼ bis ½ Liter) aufgefüllt. Das weich gekochte Fleisch in Scheiben schneiden und nochmals ¼ Stunde in der Sauce ziehen lassen. Die Sauce kann mit etwas saurem Rahm verfeinert werden.

Gefüllte Rindsscheiben

ZUTATEN | *1 geräucherte Bratwurst | 1 Scheibe Rindfleisch aus der Oberschale à 500 g 2 große Scheiben gekochter oder geräucherter Schinken | 1 Zwiebel, gehackt | 4 EL Olivenöl 250 ml Rotwein | 250 ml Rindsuppe | Salz, frisch gemahlener Pfeffer*

ZUBEREITUNG | Die geräucherte Wurst mehrmals einstechen, in ein Tuch wickeln und in einem großen Topf vollständig mit Wasser bedeckt 1 Stunde leise köcheln lassen. Dann herausnehmen, abtropfen lassen, das Tuch entfernen, die Wurst enthäuten und abkühlen lassen.
Das Rindfleisch flach klopfen, die Schinkenscheiben nebeneinander darauflegen und die Bratwurst in die Mitte setzen. Das Ganze einrollen und mit Küchengarn umwickeln. Das Öl in einer Kasserolle erhitzen, die Zwiebel zugeben und 5 Minuten dünsten. Anschließend die Fleischrolle zugeben und von allen Seiten gleichmäßig anbraten. Mit Wein und Rindsuppe aufgießen, mit Salz und Pfeffer abschmecken und bei geschlossenem Deckel so lange schmoren, bis das Fleisch weich ist. Die Fleischrolle herausnehmen und kurz abkühlen lassen.

ANRICHTEN | Den Faden entfernen und das Fleisch vorsichtig in Scheiben schneiden, mit Schmorsaft übergießen und servieren. Als Beilage empfehle ich Teigwaren jeglicher Art.

Filet vom Rind

SCHWARZER & WEISSER PFEFFER

ZUTATEN | *Rindermedaillons à 90 g* | *Salz und Pfeffer* | *Fein gehackte Pfefferkörner, schwarz und weiß* *1/16 l vergorener Wein aus der Thermenregion* | *1/8 l Kalbsjus*

ZUBEREITUNG | Filetsteaks beidseitig salzen und pfeffern und in Öl und Butter langsam anbraten (mindestens 5 Minuten für 90 g). Das Fleisch aus der Pfanne nehmen, im Bratrücksaft Butter aufschäumen und darin die fein gehackten Pfefferkörner anschwitzen, mit dem vergorenen Wein ablöschen, reduzieren, mit Glace auffüllen, kurz einkochen, abschmecken und mit Butter montieren.

ANRICHTEN | Das Filet mit der Sauce nappieren, als Beilage Gemüse und Kartoffeln servieren.

Rumpsteak flambiert

ROSMARIN & KIPFLERERDÄPFEL

ZUTATEN | *2 EL Butter* | *1 EL Walnussöl* | *3 EL Obers* | *3 EL Weißwein, trocken* | *0,5 cl Weinbrand* *1 EL Senf, am besten scharfer Dijon- oder Estragonsenf* | *1 EL Estragon, frisch, sehr fein gewiegt* *4 Stück Rumpsteak à 250 g* | *200 g Kipfler (kleine Kartoffeln)* | *Knoblauch* | *Salz, Pfeffer* | *Rosmarin*

ZUBEREITUNG | Rumpsteaks mit Walnussöl einpinseln und mit Salz und grob zerstoßenem Pfeffer würzen. Die Hälfte der Butter und das Öl in der Pfanne stark erhitzen und die Steaks auf beiden Seiten anbraten, bis sie je nach Geschmack englisch, medium oder durch sind. Die Pfanne vom Feuer nehmen und mit dem Weinbrand flambieren, den man in einer Schöpfkelle angewärmt hat.
Sauce | Den Bratansatz mit Wein ablöschen, die andere Hälfte der Butter zufügen und einige Sekunden kochen lassen. Durch ein feines Sieb in eine kleine Kasserolle abgießen. Eine Spur Knoblauch, Estragon, Senf und Obers unterrühren und über ganz kleiner Flamme unter ständigem Schlagen mit dem Schneebesen heiß werden lassen, aber nicht kochen; mit Salz und Pfeffer abschmecken.
Die Kipfler waschen, im Salzwasser kochen, bis sie weich sind, und mit der Schale in einer Pfanne mit Rosmarin knusprig braten.

ANRICHTEN | Das Rumpsteak mit der Sauce übergießen, die Kipfler rundherum am Teller verteilen und sofort servieren.

Klare Ochsenbouillon

KRÄUTERFRITTATEN

ZUTATEN | *1 ½ l Wasser* | *2–3 dag Rindsleber* | *1 Bund Suppengrün (Sellerie, Karotte, gelbe Rübe, Petersilienstängel)* | *1 Muskatblüte, Lorbeerblatt, getrocknet* | *20 dag gehackte Rinds- und Markknochen* *80 dag Suppenfleisch vom Ochsen* | *1 Blatt frischer Liebstöckel* | *2 Zwiebeln*

Kräuterfrittaten | *10 dag griffiges Mehl* | *1 Prise Salz* | *2 Eier* | *1/8 l Milch* | *etwas Mineral- oder Sodawasser* | *4 EL Backfett/Tafelöl (zum Ausbacken)* | *Schnittlauch, Petersilie ... (Kräuter je nach Bedarf: Basilikum, Oregano, Majoran ...)*

ZUBEREITUNG | Das Wurzelwerk putzen, klein schneiden und in einen großen Topf geben. Mit kaltem Wasser auffüllen und aufkochen lassen. Die klein zerhackten Rindskochen oder dünn geschnittenen Markknochen und die feinwürfelig geschnittene Leber hinzufügen und erneut aufkochen lassen, dann erst das kalt abgespülte Suppenfleisch hinzugeben. Anschließend die Gewürze und die zwei zerteilten, schwarz angebratenen Zwiebeln daruntermischen. Mit einer Schöpfkelle die Suppe abschäumen (den sich bildenden Schaum vorsichtig abheben), dann die Temperatur senken und die angesetzte Suppe noch 3–4 Stunden ziehen lassen. Das Fleisch und die ganzen Knochen aus der Suppe nehmen und diese abseihen. Das Fleisch kann separat verwendet werden.

TIPP | Die angebratene Zwiebel dient der goldenen Farbe der Suppe.

Das Mehl mit Salz in eine Schüssel sieben. Die Eier hineinschlagen, Milch und das Mineralwasser oder Sodawasser mischen und zum Mehl hinzufügen. Langsam rühren, bis ein geschmeidiger Teig entsteht, und die gehackten Kräuter zum Schluss beifügen. Den Frittatenteig 30 Minuten lang quellen lassen, damit die Kräuter durchziehen und ihr Aroma entfalten können. Nun in einer Palatschinkenpfanne das Fett erhitzen und dünne Palatschinken ausbacken, die Frittaten einrollen und in dünne Nudeln schneiden.

ANRICHTEN | Die heiße Ochsenbouillon über die Frittaten in einen Suppenteller gießen und mit frisch geschnittenem Schnittlauch bestreuen.

Zweierlei vom Atterochsen

ZUTATEN | *400 g Gab vom Atterochens (Schopfbraten vom Rind) | 200 g Entrecôte vom Atterochsen 2 Tomaten | ½ l Rotwein (Pinot Noir) | 100 g Wurzelgemüse | 1 KL Dijonsenf | 1 Zwiebel ¼ l Rotwein | 1/16 l Portwein | je 2 violette, rote und gelbe Kartoffeln | Thymianzweig*

ZUBEREITUNG | Gab mit Senf, Salz und Pfeffer würzen, im Bräter anbraten, herausheben und Bratrückstand und Wurzelgemüse leicht tomatisieren. Den Gab wieder in den Bräter geben, mit einem Schuss Rotwein ablöschen und im Rohr bei 150 °C mindestens 1 Stunde weich schmoren, dabei mehrmals mit dem Rotwein ablöschen.

Zwiebel, Portwein und Rotwein einkochen, die abgeseihte Schmor-Sauce beimengen und vor dem Anrichten mit Butter montieren.

Dreierlei Kartoffeln (violette, rote und gelbe) in kleine Würfel schneiden, in Butter und Wasser weich dünsten und mit Salz, Pfeffer und Thymian abschmecken.

Das Entrecôte salzen und pfeffern, in Butter scharf anbraten und im Rohr bei 150 °C für ca. 20 Minuten braten, anschließend 15 Minuten rasten lassen.

ANRICHTEN | Den Gab und das Entrecôte in kleine Scheiben schneiden, mit der Sauce und dem Kartoffelragout anrichten.

Tournedos Rossini

VOM ATTEROCHSEN

ZUTATEN | *600 g Filet vom Atterochsen | 120 g Butter | 1 kleine Knolle frische oder eingelegte Wienerwald-Trüffel | 1/16 l Madeira, auf die Hälfte eingekocht | 200 ml Rindsjus | 20 g Gänseleber Mehl zum Bestauben | 4 Scheiben Toast | Ursalz | Salz, Pfeffer*

Pommes Soufflees | *2 große mehlige Erdäpfel | Rapsöl zum Frittieren | Salz*

Dieser weltberühmte Klassiker der feinen Küche ist nach Gioacchino Rossini, dem Komponisten von „Der Barbier von Sevilla", „La Cenerentola" und „Wilhelm Tell", benannt. Die Besonderheiten an diesem Gericht sind einerseits die Verwendung des Atterochsenfleisches von LandArt und die Begleitung durch Pommes Soufflees, deren Kunst in Österreich heute wahrscheinlich nur noch in Mayerling beherrscht wird.

ZUBEREITUNG | Das Filet vom Atterochsen in vier gleich große Tournedos schneiden, salzen und pfeffern. In 20 g Butter scharf anbraten und anschließend im Backrohr bei 150 °C ca. 7 Minuten (je nach Fleischdicke) ziehen lassen, herausnehmen, in Alufolie wickeln und rasten lassen.

Trüffelknolle gut waschen und in dünne Scheiben schneiden. Die Anschnitte der Knolle für die Sauce klein schneiden. Die Trüffelscheiben werden zum Garnieren verwendet.

Die Trüffelabschnitte in 20 g Butter anschwitzen und mit Madeira ablöschen, mit Rindsjus aufgießen und langsam auf die Hälfte einreduzieren. Zum Schluss mit 20 g kalter Butter binden.

Die Gänseleber in vier Scheiben schneiden, salzen und pfeffern. Mit Mehl bestauben und in 20 g heißer Butter kurz beidseitig scharf anbraten, herausnehmen und rasten lassen.
Die Toastscheiben mit einem Ausstecher von 6 cm Durchmesser rund ausstechen. In einer Pfanne 40 g Butter erhitzen und die Toastscheiben darin beidseitig anbraten.
Pommes Soufflees | Für die Pommes Soufflees die Erdäpfel schälen und in 3 mm dicke Scheiben schneiden. In einer Pfanne Rapsöl auf 100 °C erhitzen, Erdäpfel darin pochieren. Herausnehmen und abtropfen lassen. Dann Öl auf 170 °C erhitzen und Erdäpfel darin fertig frittieren. Herausnehmen und sofort salzen.

ANRICHTEN | Auf einem Teller jeweils zuerst ein Tournedo anrichten und dann mit einer Gänseleberscheibe belegen. Mit Trüffelscheiben garnieren, mit Ursalz bestreuen und mit der Trüffelsauce umgießen. Pommes Soufflees sind dazu die perfekte Beilage.

Gefüllter Schlepp & geschmorter Gab

Markknödel

ZUTATEN | *400 g Gab vom Atterochsen (Schopfbraten vom Rind) | 150 g Wurzelwerk (Karotten, Sellerie, Petersilstängel, Lauch) | ¼ l Zweigelt | 1 EL Tomatenmark | 1,5 kg Ochsenschlepp | 100 g Wurzelwerk ¼ l Zweigelt | ¼ l Kalbsfond, dunkel | 1 EL Tomatenmark | 1 Scheibe Gänseleber à 150 g | 4 Zwiebeln 1 Schweinsnetz (beim Fleischer vorbestellen)*

Markknödel | *100 g Mark | 100 g Weißbrot | 2 Eier | Salz, Pfeffer | Muskat | Ursalz | Petersilie*

ZUBEREITUNG | Den Schlepp anbraten, mit Gemüse und Tomaten tomatisieren, mit gutem Rotwein ablöschen und über den Schlepp gießen und fertig garen. Auslösen (wichtig: keine Knorpel) und in Terrinenform geben. Leicht pressen, die Gänseleberwürfel gebraten mit Gemüsebrunoise in Fett weich garen. Den Schlepp in den Ring einsetzen, die Gänseleber in die Mitte setzen, mit Brunoise bedecken und in ein Schweinsnetz einschlagen. Gab mit Senf, Salz und Pfeffer würzen, anbraten, den Bratrückstand und das Wurzelgemüse leicht tomatisieren, im Rohr schmoren und mit Rotwein ablöschen.
Saucen zweimal ansetzen, mit Zwiebeln, Zweigelt und Rotwein einkochen und Gänseleber-Abschnitte montieren.
Markknödel | Aus 50 g Toastbrotwürfeln Croutons zubereiten. Die Croutons fein hacken, unter die Masse heben und einen Esslöffel frische Petersilie zum Schluss zur Masse hinzufügen. Diese mindestens ½ Stunde ziehen lassen, in Salzwasser fertig kochen und in brauner Butter schwenken

ANRICHTEN | Die Markknochen mit frisch geriebenem Bergkäse gratinieren und vor dem Servieren mit Ursalz bestreuen. Den gefüllten Schlepp und den geschmorten Gab zusammen am Teller anrichten, mit Sauce nappieren und mit den oben beschriebenen Markknochen vollenden. Die Markknödel rundherum platzieren.

Rindsmedaillons

Feines Gemüse, Thymiankartoffeln, schwarzer & weisser Pfeffer

ZUTATEN | *4 Rindermedaillons à 40 g | Salz, Pfeffer | fein gehackte Pfefferkörner, schwarz und weiß 1/8 l Madeira | 1/8 l Kalbsfond dunkel | 1/8 l Trüffelsaft | 150 g gemischtes Gemüse je nach Saison 150 g Kipfler | ½ Bund Thymian | 50 g Butter | 1/16 l Rapsöl | 200 g Lardo (grüner Speck)*

Sauce Madeira | *2 Teile Kalbsjus | 2 Teile Madeira | 1 Teil Trüffelsaft | Salz, Pfeffer*

ZUBEREITUNG | Die Zutaten für die Sauce auf Konsistenz einkochen lassen und mit Salz und Pfeffer vollenden. Das Gemüse in Salzwasser kochen und mit Butter, Salz und Pfeffer glacieren. Die Kipfler mit der Schale weich kochen und später in Rapsöl knusprig braten, mit Thymian vollenden.
Die Rindsmedaillons in Form binden, mit grünem Speck umwickeln, in Rapsöl-Buttermix anbraten, nach Garzeit Verband entfernen, soll gebraten aussehen (keine weißen Ränder).

ANRICHTEN | Das Filet auf einem flachen Teller mittig anrichten. Das feine Gemüse auf dem Teller verteilen und die knusprigen Rosmarin- oder Thymiankartoffeln ebenfalls auf dem Teller platzieren, die Sauce über die Medaillons nappieren.

Gedünstetes Bisonfleisch

ZUTATEN | *1 TL Salz | 2 EL Sojasauce | 50 g brauner Zucker | 2 EL Reiswein oder Sherry 750 g Beinfleisch vom Bison | 1 TL 5-Gewürz-Pulver | 2 Scheiben Ingwerwurzel | 200 g Tomaten, geviertelt | 200 g geschälte Karotten | Salz*

ZUBEREITUNG | Das Bisonfleisch würfelig schneiden, mit Wasser bedecken und zum Kochen bringen. Sherry, Sojasauce, 5-Gewürz-Pulver, Ingwer und Tomaten zugeben und 45 Minuten kochen lassen. Die Karotten in gleich große Stücke schneiden, zugeben, Salz hinzufügen und weitere 30 Minuten köcheln lassen, bis die Sauce eindickt (falls nötig, die Flüssigkeit zum Schluss auf kleiner Flamme reduzieren lassen).

ANRICHTEN | Das Beinfleisch vom Bison mit Erdäpfelschmarren und mit eingemachtem Gemüse servieren.

Saftschinken vom Almochsen

LIMETTEN, OLIVEN

ZUTATEN | *250 g Schinken vom Almochsen (dunkelrot) | 1 Limette | 100 g Kapern 50 g schwarze Oliven | frische Kräuter je nach Saison*

ZUBEREITUNG | Den Saftschinken dünn aufschneiden. (Vorsicht: Dieser Schinken trocknet schnell und ist sehr empfindlich!)

ANRICHTEN | Den Schinken schön auf einem Teller locker auflegen, mit Kapern und schwarzen Oliven ausgarnieren, mit geschnittenem Limettenfilet vollenden.

DIE FEINE WILDKÜCHE

Raffiniertes von Hoch-, Nieder- & Flugwild

DAS NONPLUSULTRA DER FEINEN KÜCHE

„Wir befinden uns hier", sagt Hanner nicht ohne Stolz, „inmitten der ehemaligen Jagdreviere des Kronprinzen Rudolf, der ja wie sein Vater, Kaiser Franz Joseph, ein passionierter Jäger war. Er soll in unserer Gegend einmal an einem einzigen Tag 52 Rehböcke geschossen haben, und das, obwohl er sich als leidenschaftlicher Ornithologe eigentlich viel mehr für Flugwild interessierte. Der unglückliche Kronprinz, der seinem Leben mit seiner Geliebten Mary Vetsera im nahen Jagdschloss Mayerling ein ebenso legendenumwobenes wie spektakuläres Ende setzte, war vor allem ein Freund von Rebhühnern, Fasanen und Wildenten, wie es sie hier, wo die Ostalpen allmählich zur pannonischen Tiefebene hin abfallen, auch heute noch in großer Zahl gibt. Nur dass die Rebhühner von Jahr zu Jahr seltener werden."

Heinz Hanners bevorzugtes Flugwild ist jedoch eines, das weniger den Ehrgeiz des Jägers als jenen des Kochs herausfordert.

„Wild ist für uns das Nonplusultra", sagt Heinz Hanner fast mit einer gewissen Feierlichkeit, die erkennen lässt, wie wichtig ihm dieses Thema ist. „Wenn es nach mir ginge, würde ich konsequenterweise ausschließlich Tiere aus Jagdbeständen oder Wildfang anbieten. Nur lässt sich das leider aufgrund der Essgewohnheiten der meisten Gäste nicht konsequent durchhalten."

Dabei spräche doch so unglaublich viel für den Wildgenuss, und zwar keineswegs nur aus geschmacklichen, sondern auch aus tierethischen Gründen. „Freilebend – das ist nun einmal die optimale Form der Tierhaltung", ist Hanner überzeugt. „Das beginnt schon bei der Fütterung und endet bei der ‚Schlachtung' mittels einer Kugel, die schneller ist als der Schall. Bevor das Tier noch den Schuss hört, ist es schon tot. Da gibt's auch keine unnötigen Transportwege und keine CO_2-Belastung." Zudem ist das Fleisch frei von Zusatzstoffen und Hormonen, verfügt aber über jede Menge intramuskulöses Fett.

MORGENSTUND HAT REH IM MUND

Es ist sieben Uhr morgens, und eine milchige Nebelsuppe taucht die Wienerwald-Lichtung in ein verwunschenes Silberweiß. Doch die Nebelschwaden bleiben nicht lange an den tauschweren Gräsern und Zweigen hängen. Schon bald haben sie sich, abgesehen von ein paar dekorativen Schleiern, verflüchtigt. Zwischen diesen freilich bewegt sich etwas und huscht wie ein Schatten am Waldrand vorbei.

„Schauen Sie nur, dort drüben", sagt Heinz Hanner, der gerade die ersten Kommandos für seine Frühstücksbrigade erteilt, mit dem für ihn typischen, leicht süffisanten Lächeln. „Bei uns können Sie schon in der Früh sehen, was Sie zu Mittag speisen werden. So zarte Rehkitze wie hier im Wienerwald gibt es nur selten." Und wie um diese These zu unterstreichen, pickt Hanner mit einer Gabel eine Scheibe hausgebeizten Rehschinken von einer der vorbereiteten silbernen Frühstücksplatten und schiebt mir das ganze Stück in den Mund.

Ich esse folgsam auf. Der Schinken ist wirklich saftig. „Ganz schön viel Reh zu so früher Stunde", sage ich.

Reh ist neben Ente, Taube und Hummer ohne Zweifel eines der Lieblingstiere des Feinschmeckers – und damit auch von Heinz Hanner, der soeben, übrigens gemeinsam mit Ex-Vizekanzler Wilhelm Molterer, spät, aber doch die Jagdprüfung abgelegt hat. „Dabei komme ich ja aus dem Wald und bin nur um ein Haar kein Wilderer geworden. Schon als Kind habe ich mit Bogen auf Wild geschossen. Dass ich dabei niemals etwas getroffen habe, hat meine Jagdlust allerdings im Lauf der Zeit etwas eingebremst."

Zeit, das Wild zu erlegen, das in Mayerling verarbeitet wird, hat Hanner allerdings auch nach abgelegter Jagdprüfung keine – und verlässt sich lieber auf seine Kollegen unter den Hubertusjüngern. „In den von Hain- und Rotbuchen geprägten Mischwäldern zwischen Schöpfl, Anninger, Hohem Lindkogel und Lainzer Tiergarten findet sich immer noch unglaublich viel Wild. Und in Richtung Rax, Schneeberg und

Semmering sind wir sogar von typischer Alpenfauna umgeben."

„Wer würde tatsächlich vermuten, dass man wegen eines guten Gämsenbratens keineswegs in die Tauern oder auf den Großvenediger, ja nicht einmal auf die Rax oder den Schneeberg pirschen muss?", sagt Hanner. „Unsere Gämsen stammen tatsächlich vom Eisernen Tor, einer Felsenwand gleich hinter Baden, und sogar die köstlich mundenden Mufflons findet man in unserer Gegend."

LIEBE GEHT DURCH DEN WILDSCHWEINMAGEN

Ginge es nach Heinz Hanner, so hätte das Schwein niemals domestiziert werden müssen. „Selbst das edelste aller Zuchtschweine", so ist er überzeugt, „kann nicht mit einer Wildsau aus dem Wienerwald konkurrieren. Der optimale Gourmetschweinsbraten ist immer noch ein Wildschweinbauch."

Das lateinisch *„sus scrofa ferus"* genannte Wildschwein zählt zum Schwarzwild und hat für den Wildliebhaber gegenüber dem meisten anderen Wildbret den Vorzug, dass es das ganze Jahr über gejagt werden darf und so fast immer frisch auf den Tisch kommt.

Physiologisch gesehen, ist das Wildschwein dem Hausschwein eng verwandt, es ist allerdings kürzer und gedrungener, hat stärkere Läufe, einen spitzer zulaufenden Kopf, längere Hauer, aufrecht stehende Ohren und selbstverständlich – als wichtigstes Unterscheidungsmerkmal – lange, schwarze Borsten. Nachdem es sich, bei Tage, meist kontemplativ auf sumpfigen Böden gesuhlt hat, geht das Wildschein bei Einbruch der Dämmerung auf „Raubzug" und ernährt sich dabei vorwiegend von Eicheln, Bucheckern, Nüssen, Kastanien, Wurzeln, Pilzen, Obst, Erdäpfeln, Rüben und Hülsenfrüchten. Es ist bei diesem Diätplan und den zahlreichen Kilometern, die eine Wildsau nach Einbruch der Dunkelheit zurücklegt, nicht verwunderlich, dass ihr Fleisch wesentlich kalorienärmer, verträglicher und überdies noch aromatischer als jenes des gemeinen Hausschweins ist. Wie bei diesem sind freilich auch bei der Wildsau die jüngeren und jüngsten Exemplare – hier Frischlinge genannt – unbedingt vorzuziehen und geben allemal einen köstlichen Festtagsbraten ab.

Auch Wildschweinkeulen mag Hanner allerlei abzugewinnen, vor allem dann, wenn sie „mit Fell und Haxen" verarbeitet werden, wie das einige seiner Freunde im Bad Ischler Salzbergwerk tun. Dort entsteht nämlich neuerdings der hervorragende „Mayerlinger Wildschweinschinken im Fell". Das Grundrezept: „Offene Stelle mit Wildschweinfett abdecken und dann anderthalb Jahre im Salzberg hängen lassen."

LOB DES FELDHASEN

Völlig zu Unrecht, so ist nicht nur Heinz Hanner überzeugt, „steht der Hase immer ein wenig im Schatten von Reh oder Hirsch". Dabei findet man in alten Kochbüchern für aristokratische wie auch bürgerliche Haushalte Hasenrezepte *en masse*, darunter auch den von Mama Hanner bis heute mit besonderer Liebe zubereiteten „Hasen in Blutsauce".

Alleine aus dem berühmten Kochbuch der Katharina Prato ließe sich ein veritables Hasen-Kochbüchlein generieren. Sie brät ihn ganz einfach in Butter und serviert dazu „Compot oder eingesottene Preißel- oder Johannisbeeren". Sie dünstet ihn mit Makkaroni in Rahm. Sie serviert ihn mit Butterteig-Pastetchen und Sauce Salmi, mit eingesottenem Weinmost, als „Hasenjunges" mit Semmeln, Kartoffeln und Grieß oder als Hasen-Pudding mit Speck, Eiern und Rotweinsauce. Sie macht daraus ein Wildbret-Ragout *(Salpicon chasseur)* mit Geflügelleber, Champignons, Trüffeln und Räucherzunge. Oder aber sie bereitet einen köstlichen „Hasenkäse" aus Wildbretfasch zu, wenn sie den Feldhasen nicht lieber doch „auf wälsche Art" mit einigen Sardellen in Aspik serviert.

Das berühmteste Gericht ist allerdings der aus der französischen Küche stammende „Hase Royal", der sich auch in Mayerling immer wieder auf der

Speisekarte findet. Das Originalrezept stammt aus dem französischen Poitou, wo es keineswegs in einem Schloss, sondern in einer bürgerlichen Küche entstanden ist. Das Wichtigste an diesem auch von Meisterköchen wie Auguste Escoffier besonders geschätzten Gericht ist, dass der Hase so lange schmort, dass man zu seinem Verzehr nicht mehr Messer und Gabel braucht, sondern das Fleisch mit dem Löffel stechen kann. Die Zubereitung dauert daher auch etwa sechseinhalb Stunden und erfordert, so findet Paul Bocuse, den Einsatz von zwei Flaschen Chambertin. Heinz Hanner trinkt den Chambertin freilich lieber selbst – und verwendet für den Hasen Royal kräftige, ausdrucksstarke Rotweine aus der Thermenregion oder dem nahen Burgenland.

FASAN UND REBHUHN: ZWISCHEN BRILLAT-SAVARIN UND MAYERLING

Wenn am 1. Oktober der erste Fasanenschuss gefallen ist, wird alles anders. Dann türmen sich in den Geflügelhandlungen die prallen, noch im Federkleid abgehangenen oder bereits in dicke Speckstreifen gehüllten Delikatessvögel, und in guten Wirtshäusern wie auch in feinen Restaurants duftet es schon beim Eintreten nach Wild und Wald. (Wobei ich selbstverständlich davon ausgehe, dass es tatsächlich nach Wildfasanen riecht und nicht nach den gezüchteten Exemplaren aus Fasanenfarmen, von denen leider manche ebenfalls als „wild" verkauft werden, nachdem man sie aus den Gehegen freigelassen und den Schrotkugeln jener Waidmänner überlassen hat, die einen schnellen Schuss einer langen Pirsch vorziehen.)

Fest steht jedenfalls: Was sich zwischen April und Juni paarte, hat mittlerweile äußerst wohlschmeckenden Nachwuchs bekommen: große, bunt schillernde, balzende Hähne einerseits und etwas kleinere, überraschend farblose und uneitle (aber im Fleisch viel zartere) Hennen andererseits, die allesamt erst wieder aufatmen können, wenn am 16. Jänner erneut die Schonzeit beginnt.

In der Zwischenzeit steht das Fasanenvolk unter dem gnadenlosen Regiment der Köche, die damit schon immer allerlei anzufangen wussten, auch wenn manche Feinschmecker beklagen, dass beim Fasan eigentlich nur das Brustfleisch bemerkenswert und auch dieses oft beklagenswert trocken sei. Gerade in der Bekämpfung dieser Trockenheit jedoch erweist sich die Größe eines Küchenchefs, der die Herausforderung des großen Gastrosophen Anthelme Brillat-Savarin annimmt, der da schrieb: „Über allen anderen Vögeln steht der Fasan, aber nur wenige Sterbliche wissen ihn zu rechter Zeit aufzutragen." Während ein Fasan, der in den ersten acht Tagen nach seinem Tode gegessen wird, „weder ein Rebhuhn noch selbst ein Huhn aufwiegt", sei, so dekretiert der Ahnvater aller Gourmets, „ein Fasan auf der Polhöhe ein der höchsten Feinschmeckerei würdiger Bissen". Wobei Brillat-Savarin unter Polhöhe – wenig appetitlich – jenen Punkt versteht, an dem der Fasan soeben beginnt, in Verwesung überzugehen.

Was Brillat-Savarin freilich noch nicht kannte, war die Niedertemperaturgarung im Vakuum, mit der sich – auch aus jüngeren und hygienisch daher völlig unbedenklichen Tieren – ähnlich zarte und saftige Fasanen-Erfolge erzielen lassen.

Hirschkalbschlegel

(GRUNDREZEPT)

ZUTATEN | *1 kg Hirschkalbschlegel* | *½ l Rotwein* | *Salz* | *50 g Johannisbeergelee*
1/8 l Schlagobers | *¼ l Weißwein*

ZUBEREITUNG | Den Hirschkalbschlegel einige Tage in Rotwein einlegen, vor dem Braten das Wildfleisch abtrocknen und mit Salz und Pfeffer einreiben, in Speck und Fett anbraten und im vorgeheizten Backofen bei 160 °C 1 ½ Stunden schmoren lassen.
Älteres Hirschfleisch benötigt eine Stunde zum Garen!
Für die Sauce schmeckt man den Bratensatz mit Salz, Pfeffer, Johannisbeergelee, Sahne und Weißwein ab.

ANRICHTEN | Den Hirschkalbschlegel in Scheiben schneiden und mit gebratenen Eierschwammerln garniert anrichten.

Hirschrouladen mit Wurstbrätfülle

ZUTATEN | *2 Zwiebeln* | *2 Scheiben Hirschfleisch à 200 g* | *6 EL Olivenöl*
150 g gekochte Schinkenscheiben | *150 g Champignons, klein* | *¼ l Rotwein* | *1 Bund Petersilie*
350 g Tomaten | *2 Knoblauchzehen* | *300 g Schweinebratwurstbrät*

ZUBEREITUNG | Das Fleisch waschen, trocken tupfen, flach klopfen und mit Salz und Pfeffer einreiben. Die Zwiebeln, den Knoblauch und die Petersilie fein hacken und auf das Fleisch streichen. Die Schinkenscheiben darüberlegen und mit dem Schweinebratwurstbrät bestreichen. Zu Rouladen rollen, umwickeln, mit Öl im Schmortopf anbraten, mit Rotwein begießen und zugedeckt im vorgeheizten Backofen bei 160 °C 2 Stunden schmoren.
Ab und zu wenden und mit dem Bratenfond begießen.
Die Tomaten blanchieren, häuten und vierteln. Die Pilze putzen, das Fleisch aus dem Topf nehmen, in Alufolie wickeln und warm stellen.
Die Tomatenstücke und Pilze in den Fond geben, 10 Minuten köcheln lassen und die Hirschroulade aufschneiden.

ANRICHTEN | Hirschroulade in die Mitte des Tellers setzen und mit den Beilagen servieren.

Hirschrücken im Ganzen

MIT GLASIERTEN KASTANIEN

ZUTATEN | *180 g Butter* | *2 EL Zucker* | *¼ l Rotwein* | *2 EL Mehl* | *¼ l Wildfond*
50 g Fett oder Öl zum Braten | *50 g Esskastanien* | *1 Prise Salz* | *750 g ausgebeinter Hirschrücken*
1 Zwiebel, gewürfelt | *½ Bund Petersilie, gehackt* | *150 g Räucherspeck, gewürfelt*
100 g Steinpilze, in Scheiben | *1/16 l Schlagobers*

ZUBEREITUNG | Den Räucherspeck in einem Bräter auslassen, Fett hinzufügen und den Hirschrücken darin gut anbraten. Die Zwiebel mitrösten, die Steinpilze hinzugeben, mit Rotwein und Wildfond ablöschen, die Gewürze hinzufügen und bei geschlossenem Topf auf Mittelhitze 40–50 Minuten garen.
Inzwischen die Kastanien im Ofen rösten, bis die Schalen aufplatzen, diese dann abschälen und die Kastanien in einem Topf mit Butter und Zucker erhitzen. Unter ständigem Rühren 10 Minuten karamellisieren lassen, mit Fond ablöschen, salzen und zugedeckt bei schwacher Hitze erneut 10 Minuten dünsten, bitte darauf achten, dass die Kastanien ganz bleiben.

ANRICHTEN | Die Kastanien in einer Schale anrichten und warm stellen. Den Hirschrücken aus dem Topf nehmen und in Scheiben schneiden. Dann die Sauce abschmecken, mit Mehl andicken und die Petersilie und das Schlagobers einrühren.
Die Sauce dann über das Fleisch gießen und die glasierten Kastanien dazureichen. Als Beilage serviert man hausgemachte Spätzle oder Kroketten und Feldsalat.

Rehmedaillons

MIT WALDHONIG ÜBERBACKEN

ZUTATEN | *4 Stück ausgelöster Rehrücken, je 170 g* | *Salz, weißer Pfeffer aus der Mühle* | *50 g Tafelöl*
30 g Butter | *1,5 TL gebrochener schwarzer Pfeffer* | *2 EL Thymian, frisch gehackt* | *2 EL Rosmarin, frisch gehackt* | *2 EL Salbei, frisch gehackt* | *2 EL Majoran, frisch gehackt* | *2,5 EL Semmelbrösel*
4 EL Waldhonig | *1 dl Holundersirup* | *2 dl Wildfond* | *0,2 dl Rotwein* | *10 g kalte Butter*

ZUBEREITUNG | Die Rehfilets salzen und pfeffern und beidseitig in einer heißen Pfanne scharf anbraten und beiseite stellen.
Für die Kräuterpaste den gebrochenen Pfeffer und die fein gehackten Kräuter in der geschmolzenen Butter in der Pfanne anziehen. Semmelbrösel hinzufügen und durchmischen. Es soll eine geschmeidige Paste entstehen.
Das Rehfleisch mit Honig bestreichen und die Kräuterpaste darauf verteilen, gut andrücken und im vorgeheizten Ofen bei 200 °C ca. 5 Minuten backen.
Für die Sauce den Sirup, Wildjus und Rotwein aufkochen, würzen und leicht köcheln lassen – je nach gewünschter Süße darf der Anteil von Holundersirup und Wildjus variiert werden – und mit kalter Butter die Sauce aufschwingen.

ANRICHTEN | Die Rehmedaillons mit Sauce übergießen und mit klassischen Wildbeilagen anrichten.

Geschmorte Rehnüsschen

mit Selleriepüree und Dirndln

ZUTATEN | *2 Rehnüsse à 300 g | 400 g Sellerie | 100 g Butter | 200 ml Sahne
100 g Dirndln (Kornelkirschen) | Salz, Pfeffer, Zucker, Cayennepfeffer, Muskat | 2 Karotten | 1 Sellerie
1 Lauch | 2 Lorbeerblätter | 10 Pfefferkörner | 5 Wacholderbeeren, angedrückt | 1 kleine Gewürznelke
1 l Rotwein | ¾ l Kalbsfond | 2 Zwiebeln | 1 EL Tomatenmark*

ZUBEREITUNG | Den Sellerie in kräftigem Salzwasser ca. 35 Minuten kochen. Danach abgießen und in einem Topf mit Butter, Obers, Salz, Pfeffer, Muskat und Cayennepfeffer zu einem Püree rühren.
Das Reh in einem großen Topf in Öl von beiden Seiten scharf anbraten und wieder herausnehmen. Anschließend das Wurzelgemüse und die Zwiebeln kräftig anbraten, etwas Tomatenmark zugeben und kurz mitrösten. Mit Rotwein ablöschen und einreduzieren lassen, mit etwas Fond aufgießen, das Reh wieder hinein geben und ca. 40 Minuten bei geringer Hitze schmoren lassen.
Die Dirndln mit Butter und Zucker in einer Pfanne leicht karamellisieren, bis sie ein bisschen aufplatzen.

ANRICHTEN | Das Selleriepüree mit einem Löffel auf den Teller ziehen, das Reh daraufsetzen, mit den Dirndln bedecken und mit Schmorsaft begießen. Foto rechts

Rehkitzrücken »Apicius«

Kohlsprossenblätter & Linsen auf altrömische Art

Der römische Feinschmecker Marcus Gavius Apicius lebte im 1. Jahrhundert n. Chr. Das unter seinem im 3. oder 4. Jahrhundert n. Chr. veröffentlichte Kochbuch „De re coquinaria" gilt als ältestes Grundlagenwerk der feinen Küche.

ZUTATEN | *4 Rehkitzrücken à 120 g | 200 g Kohlsprossenblätter | 100 g eingeweichte Linsen
20 g Maroni | Kardamom | Salz, Pfeffer | Wildgewürzmischung | 2 EL Rapsöl | 2 EL Butterschmalz*

ZUBEREITUNG | Rehkitzrücken mit Wildgewürz würzen und in Butterschmalz kurz anbraten. Rosa garen, für die Linsen Maroni klein schneiden und in Zucker karamellisieren. Die Linsen hinzugeben und mit Salz, Pfeffer und Kardamom würzen. Die Kohlsprossenblätter in Butter kurz anschwitzen und mit Salz und Muskat würzen.

ANRICHTEN | Den Rehkitzrücken der Länge nach halbieren, Linsen um das Reh verteilen, die Kohlsprossenblätter in die Mitte setzen und mit Rehjus vollenden.

Reh in der Salzkruste & Waldpilzgulasch

ZUTATEN | *2,2 kg Rehrücken | 40 ml Weißwein | 2 Äpfel | 30 g Butter | 200 g Zwiebeln 800 g verschiedene Pilze | Pfeffer, Salz | 2 kleine Zweige Thymian | 1 Eiweiß | 1 kg grobes Salz 5 Scheiben dünner Speck | 10 Wacholderbeeren | 1 Spritzer Fruchtessig, je nach Geschmack 1 EL Paprikapulver*

ZUBEREITUNG | Für den Rehrücken beim Lieferanten das Fleisch auslösen, parieren und die Knochen klein hacken lassen. Das Fleisch salzen und pfeffern, mit Thymian würzen und mit dem Speck umwickeln.
Das Salz mit Eiweiß und ein wenig Wasser gut vermengen, damit es zur weiteren Verarbeitung leicht feucht ist. Das Backblech mit einer Alufolie bedecken, dann den Salzteig 1 cm dick auftragen, den Rehrücken mit den Thymianzweigen in den Teig einrollen, im vorgeheizten Backofen bei 250 °C ca. 10 Minuten und dann noch einmal bei 150 °C ca. 18 Minuten garen.
Dann das Reh aus dem Ofen nehmen und ca. 10 Minuten rasten lassen. Zum Servieren die Salzkruste mit einem Messer aufschneiden.
Für das Waldpilzgulasch die Pilze trocken putzen und die Zwiebeln und Äpfel in Würfel schneiden. Die Zwiebeln in Butter anschwitzen, mit Paprikapulver stauben und mit dem Wein und Obstessig ablöschen. Wenn die Zwiebeln gar sind, die Äpfel untermengen und das Ganze für 1 Minute ziehen lassen. Danach die Pilze zur Zwiebel-Apfel-Mischung geben und kurz ruhen lassen, dann mit Salz und Pfeffer abschmecken.

ANRICHTEN | Die Salzkruste vom Rehrücken vor dem Gast entfernen und das Reh mit dem Pilzgulasch servieren.

Mariniertes Reh

RUCOLA, GELBE PARADEISER, PINIENKERNE & BROTCHIPS

ZUTATEN | *1 Rehkitzrücken | 100 g gelbe Paradeiser | Asmonte (=steirischer Parmesan) Pimentöl | Brot | Salz, Pfeffer | 200 g Rucola | Pinienkerne*

ZUBEREITUNG | Den Rehkitzrücken in eine Klarsichtfolie einwickeln und einfrieren. Anschließend einen Teller nehmen, mit Pimentöl bestreichen und den Rehrücken dünn aufschneiden. Danach mit Salz und Pfeffer würzen und mit Pinienkernen, getrocknetem Brot, Asmonte und Rucola sowie den gelben Paradeisern vollenden.

Foto links

Rehbock aus dem Wienerwald

KNUSPRIGE BROKKOLIRÖSCHEN, BRAUNE BUTTER, FRISCHE MANDELN & RÖSTBROT

ZUTATEN | *4 Stücke vom Rehrücken à 180 g | 150 ml Geflügelfond | 250 g Tempuramehl (erhältlich im Asia-Shop) | 50 g Trisol (Stärkepulver, im Internet unter www.spiceworld.at erhältlich)*
100 ml Wasser | Salz, Pfeffer | Muskat, Cayennepfeffer | 450 g Brokkoli (1 Kopf) | 125 g Butter
1 altes Brotstück | 1 Kornspitz | 4 Stück Rucola | 2 EL braune Butter | 11 g lota
Saft von einer halben Zitrone | 80 g grüne Mandeln | 10 ml Geflügelfond | 1 KL Lecithin | 50 g Mandeln

ZUBEREITUNG | Rehbock | Den Rehrücken mit Salz und Pfeffer würzen und in brauner Butter anbraten. Danach bei 180 °C 17 min im Rohr garen. Anschließend herausnehmen und in einer Folie ziehen lassen. Mein Tipp: Das Rohr ausschalten und das Reh eingepackt dort warm halten.
Knuspriger Brokkoli | Für den knusprigen Brokkoli 150 g Brokkoli, Tempuramehl, Trisol und 100 ml Wasser vermischen. Dann mit Salz, Pfeffer, Muskat und Cayennepfeffer würzen.
Warmes Brokkolimousse | 300 g Brokkoli weich kochen, abschmecken und mit 150 ml Geflügelfond und etwas brauner Butter mixen, mit Salz, Pfeffer, Muskat und Cayennepfeffer würzen. lota in die warme Masse einrühren und in eine Form abfüllen.
Brokkoliwürfel | Brokkolistiele schälen und fein reiben, danach mit Salz und Zitrone abschmecken und Würfel formen. Die grünen Mandeln schälen und warm einweichen. 10 ml Geflügelfond mit brauner Butter, Salz, Pfeffer und Muskat abschmecken und mit dem Lecithin vermengen. Mit dem Stabmixer aufschäumen (nicht heißer als 80 °C, da sonst der Schaum zusammenfällt).
Das alte Brot reiben und dann das geriebene Brot in einer Pfanne braun rösten. Den Kornspitz einfrieren, dann mit einer Aufschnittmaschine aufschneiden und wie die Brotchips, siehe Rezept Seite 36, zubereiten.

ANRICHTEN | Das Fleisch in der Mitte auseinanderschneiden, das Mousse und die Mandeln darauf verteilen, die Brösel und die Chips ebenfalls darauf verteilen, den Brokkoli nebenbei anlegen und den Rucola als Garnitur am Teller platzieren. Abschließend die Würfel und den braunen Butterfond auf das Fleisch geben.

Foto rechts

Wildschweinbraten

SPARGEL, KRENSCHAUM & GRAMMELN

ZUTATEN | *500 g Wildschweinrücken | 300 g grüner Spargel | 2 Schalotten | 50 g Sellerie*
1/8 l Weißwein (Grüner Veltliner) | 20 g geriebener Kren | 4 EL Grammeln | 100 ml Gemüsefond
100 ml Sahne | Salz, Pfeffer | Thymian | Rapsöl | 2 EL Butter

ZUBEREITUNG | Den parierten Wildschweinrücken salzen und pfeffern, von allen Seiten gut anbraten, den Thymian beigeben und dann bei milder Hitze im Rohr zartrosa fertig garen. Den Spargel bis zur Hälfte schälen, in wenig Wasser bissfest kochen und in Butter anschwenken. Schalotten-Sellerie-Würfel in Rapsöl-Butter-Mischung anbraten, mit Weißwein aufgießen und mit Sahne auffüllen. Den Kren mitkochen, salzen und pfeffern. Alles aufmixen, durch ein Sieb passieren und noch einmal aufschäumen.

ANRICHTEN | Das Wildschwein mit dem Spargel, dem Schaum und den Grammeln anrichten.

Geschmorter Bauch vom Wildschwein

BIRNENKAVIAR & TOPINAMBUR-BIRNEN-GRATIN

ZUTATEN | Wildschweinbauch: | *400 g Wildschweinbauch (ersatzweise Schweinebauch) 2 EL Olivenöl | 1 Bund geputztes, klein gewürfeltes Suppengemüse | 150 g gewürfelter und geräucherter Schinken | 4 gewürfelte Schalotten | 2 gehackte Knoblauchzehen | 1 EL Tomatenmark | ½ l Rotwein (Pinot noir) | etwa 2 l Kalbsfond, dunkel | Salz, Pfeffer aus der Mühle | etwas Speisestärke zum Binden*

Birnenkaviar | *½ l Birnensaft | 100 ml Birnenbrand | 3 g Alginat (Bindemittel, erhältlich über www.bosfood.de) | 5 g Kalziumchlorid (löst chemische Reaktion mit Alginat versetzten Lebensmitteln aus; Vorsicht: außen fest, innen flüssig, ebenfalls bei www.bosfood.de, aber auch in der Apotheke erhältlich)*

Topinambur-Birnen-Gratin | *200 g gewaschene, gebürstete Topinamburknollen 125 g Obers | 3 Eigelb | Salz, Muskatnuss | 2 geschälte, entkernte Birnen*

Garnitur | *1–2 EL saure Sahne | Salbeiblüten (ersatzweise Thymian- oder Rosmarinblüten)*

ZUBEREITUNG | Wildschweinbauch | Das Fleisch von Sehnen und Häutchen befreien und trocken tupfen. In einem Bräter in heißem Öl kurz anbraten. Das Fleisch herausnehmen, Suppengemüse, Schinken, Schalotten und Knoblauch im verbleibenden Bratensatz anbraten, mit Rotwein ablöschen und mit ½ l Wildfond aufgießen, sodass das Fleisch bedeckt ist. 1½ Stunden weich schmoren. Zwischendurch immer wieder mit dem restlichen Wildfond übergießen. Das Fleisch herausnehmen, abkühlen lassen und in quadratische Stücke schneiden. Die Sauce durch ein Sieb passieren, stark einkochen lassen, würzen und mit etwas angerührter Speisestärke leicht binden.

Birnenkaviar | Den Birnensaft auf ¼ Liter einkochen lassen, mit Birnenbrand abschmecken, das Alginat mit einem Schneebesen klumpenfrei einrühren und erkalten lassen. Das Kalziumchlorid in ½ Liter kaltem Wasser auflösen. Einen Schaumlöffel 1–2 cm unter die Wasseroberfläche halten, den leicht dicklichen Birnensaft in eine Spritze oder eine Pipette geben und in das Kalziumchloridwasser tropfen lassen. Nach 1 Minute die Kaviarperlen mit dem Schaumlöffel herausnehmen und in kaltem Wasser abspülen. Die Zeit im Kalziumchloridwasser sollte nicht überschritten werden, da die Perlen sonst zu hart werden und nicht mehr nach Birne schmecken. Sie würden dann wie harter Zartweizen schmecken.

Topinambur-Birnen-Gratin | Topinamburknollen in gesalzenem Wasser etwa 30 Minuten weich kochen, die Haut abschälen und mit Sahne und Eigelb fein pürieren, mit Salz und Muskatnuss abschmecken. Die Birnen in dünne Scheiben schneiden und dicht an dicht in eine mit Backpapier ausgelegte Form legen. Die Topinamburmousse etwa ½ cm dick auf die Birnenscheiben streichen, im Ofen bei 160 °C 20–25 Minuten goldgelb backen und in Quadrate schneiden.

ANRICHTEN | Die Fleischstücke in der Sauce erwärmen, je zwei Stück Fleisch nebeneinander auf vorgewärmte Teller legen. Das Fleisch mit etwas Sauce glasieren (überziehen) und mit Hilfe einer Spritze feine Streifen von saurer Sahne auf die Stücke ziehen. Das Gratin neben den Schweinebauch legen, die warme Sauce als Streifen auf den Tellern anrichten und das Ganze mit Birnenkaviar und Blüten garnieren.

Wildschwein-Tagliatelle

ZUTATEN | *1,4 kg Wildschweinragout (2 x 2 cm gewürfelt)* | *40 g Öl* | *etwas Tomatenmark*
eine Handvoll Mehl | *Pfefferkörner* | *Wacholderbeeren* | *1 Lorbeerblatt* | *¼ l Rotwein*
600 g Gemüsewürfel (2 x 2 cm: Zwiebeln, Karotten, Sellerie, gelbe Rüben) | *½ EL Senf*
3 EL Preiselbeerkompott

Nudelteig | *1 kg Hartweizengrieß* | *6 Eier (ganze)* | *2 Dotter* | *6 EL Rapsöl* | *4 EL Wasser*

ZUBEREITUNG | Das Fleisch in Fett scharf anrösten und herausnehmen. Die Gemüsewürfel kurz anrösten und ebenfalls wieder herausnehmen. Im Bratrückstand etwas Tomatenmark rösten und mit Mehl stauben. Das Fleisch wieder zugeben und mit dem Rotwein aufgießen. Kurz einkochen lassen und mit Wasser oder Jus aufgießen.
Nach ca. 1 Stunde das Wurzelwerk zugeben und mitdünsten. Sobald das Fleisch weich ist, gemeinsam mit dem Gemüse herausnehmen. Die Sauce würzen, mit Senf und den Preiselbeeren abschmecken und über das Fleisch passieren.
Für die Nudeln die Zutaten in die Nudelmaschine geben und den Tagliatelle-Aufsatz daraufsetzen. Die Nudeln in Salzwasser al dente kochen.

ANRICHTEN | Das Wildschweinragout im Teller flach anrichten und die in Butter geschwenkten Tagliatelle daraufsetzen.

Feurige Wildschweinrippchen

ZUTATEN | *3 kg Wildschweinrippchen* | *Salz, weißer Pfeffer aus der Mühle*
2 EL geschrotete Pfefferkörner | *2 EL geriebene Zitronenschale* | *2 EL Majoran* | *4 Knoblauchzehen*
1 Ts Olivenöl | *½ Ts Chilis, z. B. von Stekovics in Frauenkirchen* | *2 Zwiebeln* | *½ Ts Honig*
4 EL geriebenen Kren | *1 Ts gehackte Kräuter*

ZUBEREITUNG | Die Rippchen waschen, trocken tupfen und mit Salz und Pfeffer kräftig würzen. Pfefferkörner, Zitronenschale, Majoran und fein gehackte Knoblauchzehen in das Öl einrühren und die Rippchen damit bestreichen. Im Kühlschrank zugedeckt 2 Stunden ziehen lassen.
Die Wildschweinrippchen in den auf 220 °C vorgeheizten Ofen geben und je nach Stärke 20–30 Minuten garen.
In der Zwischenzeit die geschälten Stekovics-Chili mit den fein gehackten Zwiebeln und dem Honig glatt rühren und mit Essig, Kren, Salz und Pfeffer abschmecken. Je nach Geschmack mit Pfeffersauce nochmals schärfen.
Die gehackten Kräuter untermischen und die Sauce nach Ende der Garzeit gleichmäßig über die Wildschweinrippchen verteilen. Weitere 5–10 Minuten garen, herausnehmen, die Rippchen in Stücke schneiden und servieren.

ANRICHTEN | Auf Platte anrichten und mit typischen Grillbeilagen servieren.

Gulasch vom Mufflon

MIT DÖRROBST

ZUTATEN | *250 g Dörrobst (Mandarinen, Äpfel etc.)* | *200 g durchwachsener Speck* | *Suppengrün* *1 kg Gulasch vom Mufflon (wie klassisches Rindsgulasch zubereitet)* | *4 fein gehackte Zwiebeln* *500 ml Hühnerbrühe* | *250 ml guter Rotwein* | *125 ml Rotweinessig* | *1 TL Thymian* *1 Lorbeerblatt* | *1 TL Korianderkörner* | *1 TL Wacholderbeeren* | *1 TL Pfefferkörner* | *2 Nelken* *1 EL Tomatenmark* | *2 EL Johannisbeergelee* | *125 ml Obers* | *1 TL Speisestärke* | *Salz, Zucker*

ZUBEREITUNG | Das Dörrobst in etwas kaltem Wasser einweichen. Den Speck in feine Streifen schneiden, in einen Topf geben und die Speckstreifen darin auslassen. Das Mufflongulasch zugeben und darin anbraten. Die fein gehackten Zwiebeln und das Suppengrün hinzufügen und kurz mitrösten, mit der Hühnerbrühe, dem Rotwein und dem Rotweinessig ablöschen und die Gewürze sowie etwa ½–1 TL Salz hinzufügen. Zugedeckt etwa 90 Minuten schmoren, nach 60 Minuten das Dörrobst untermischen und mitschmoren. Nach Ende der Garzeit das Johannisbeergelee und das Tomatenmark in die Sauce einrühren und mit Salz, Pfeffer und Zucker abschmecken. Das Obers mit der Speisenstärke verquirlen, unter die Sauce rühren und aufkochen lassen.

ANRICHTEN | Zum Mufflongulasch Spätzle, Salzkartoffeln oder Knödel reichen. Dazu passt auch ein Salat der Saison.

Hase auf königliche Art

LIÈVRE À LA ROYALE

Der ungekrönte König unter den klassischen Wildgerichten.

ZUTATEN | *1 Wildhase* | *60 g Schmalz (Gänseschmalz)* | *200 g Speck, Fett, roh in Scheiben* *100 g Karotten* | *500 g Zwiebeln* | *3 Knollen Knoblauch* | *2 Bund Kräuter* | *2 Nelken* | *Rosmarin* *¼ l Balsamico* | *Salz, Pfeffer* | *125 g Speck* | *Fett* | *2 EL Cognac* | *1 Flasche kräftiger Rotwein*

ZUBEREITUNG | Den Hasen zuputzen und die Innereien zur Seite legen. Falls Blut vorhanden, dieses auffangen und ebenfalls beiseite stellen. Den Boden eines gusseisernen Topfes mit Gänseschmalz ausstreichen und eine Schicht Speckscheiben darauflegen. Den Hasen mit dem Rücken nach unten darin einbetten und mit Speckscheiben abdecken. Die Karotten in Scheiben schneiden, die Zwiebeln vierteln und 2 geschälte Knoblauchknollen rechts und links des Hasen verteilen. Kräutersträuße, Nelken und Rosmarin dazugeben, pfeffern und salzen. Den Balsamico und 1 Flasche Rotwein darübergießen, zudecken und bei schwacher Hitze 3 Stunden köcheln lassen. Inzwischen die Innereien, den Speck und den restlichen Knoblauch durch den Fleischwolf drehen, pfeffern und salzen. Den Hasen vorsichtig aus dem Topf nehmen und die Brühe mit dem Gemüse durch ein Sieb streichen. Mit den durchgedrehten Innereien und der restlichen ½ Flasche Wein vermischen. Die Masse wieder im Topf verteilen und den Hasen hineinlegen, weitere 2 Stunden leise köcheln lassen. Den Hasen vorsichtig herausnehmen und auf die vorgeheizte Platte legen. Jetzt, wenn vorhanden, das mit 2 EL Cognac verrührte Blut in die Sauce rühren (sonst nur Cognac zufügen). Die Sauce abschäumen und über den Hasen gießen. Wenn nötig, Wacholder zum Schluss dazugeben.

TIPP | Man isst den Hasen keinesfalls mit der Gabel, sondern mit dem Löffel.

Foto rechts

Hasenpfefferragout

ZUTATEN | *2 Zwiebeln | 1 Bund Petersilie | 1 l Wasser | 125 g Mehl | 1 große Tomate 20 Wacholderbeeren | 1 EL Zucker | 0,25 l Rotwein | 1 ganzer Hase (ersatzweise Kaninchen) 4 Knoblauchzehen (eventuell mehr) | 1 l Gemüsefond*

ZUBEREITUNG | Aus Wein, Gewürzen und Gemüse einen Sud vorbereiten. Die ganzen Hasen in dem Sud 24 Stunden einlegen. Den Hasen anbraten, Mehl anrösten, den Saft vom Einlegen hinzufügen und später die Tomate. Das Fleisch ungefähr 1,5 Stunden weich kochen, vom Knochen trennen und klein schneiden. Sauce und Gemüse durch ein Sieb drücken und mit Salz, Pfeffer und Rotwein ablöschen.

ANRICHTEN | Das Hasenragout eventuell binden (frisches Blut) oder Gemüsefond einrühren, dadurch bekommt man eine schokoladenfarbene Sauce. Gemüse oder Spätzle sind die ideale Beilage für dieses Ragout.

Wildhasenpfeffer

Ein wenig aufwändig ist das folgende Rezept zwar schon, aber der Lohn dafür besteht in einem seltenen Hochgenuss! In Mayerling werden dafür neben Hasen aus dem Wienerwald und dem Steinfeld besonders gerne auch Wildhasen aus der Gegend bei Schloss Halbturn verwendet. Deren Fleisch ist durch den zwar „unerlaubten", aber in der Praxis leider nicht zu verhindernden Genuss von süßen Weintrauben besonders geschmackvoll.

ZUTATEN | *1 großer Wildhase (ca. 2,5 kg)*
Marinade | *1 Sellerieknolle, in kleine Würfel geschnitten | 3 Petersilienwurzeln, klein geschnitten 2 Karotten, klein geschnitten | 1 l Rotwein | 250 ml Zweigelt | 4 Lorbeerblätter | 4 Thymianzweige 2 Rosmarinzweige | 10 Wacholderbeeren, angedrückt | 10 Pimentkörner | 10 Pfefferkörner 2 Schalotten, in Ringe geschnitten | 2 Knoblauchzehen, geschält*

Sauce | *1/8 l Rapsöl | 1 Sellerieknolle, kleinwürfelig geschnitten | 2 Petersilienwurzeln, klein geschnitten 1 Karotte, klein geschnitten | 2 Schalotten, geschält | 2 Knoblauchzehen, geschält | 3 EL Tomatenmark 1 l Rotwein | 250 ml Zweigelt | 1 Lorbeerblatt | 2 Thymianzweige | 1 Rosmarinzweig | 5 Wacholderbeeren, angedrückt | 5 Pimentkörner | 2 cl Le Gin, z. B. von Graf Königsegg | 50 g kalte Butterwürfel Salz, Pfeffer*

Hasenpfeffer | *50 g Butter | 3 EL Rapsöl | 70 ml frisches Schweineblut (beim Fleischhauer vorbestellen)*

Rosa Rücken | *50 g Butter | 2 Wacholderbeeren | 1 Rosmarinzweig | 1 Thymianzweig | Salz, Pfeffer*

Geschmorte Trauben | *200 g große, grüne und rote Weintrauben, geschält und entkernt 20 g Butter | 2 cl Trester- oder Traubenbrand | 1 EL Zucker | 1/8 l weißer Traubensaft Salz, schwarzer Pfeffer aus der Mühle*

Treberngnocchi | *500 g mehlige Kartoffeln | 1 Ei | 150 g Mehl | 8 cl Trebernbrand 20 g braune Butter | Salz*

Kohlsprossen | *abgelöste Blätter von 8 Kohlsprossen | 20 g Butter | 50 g Preiselbeeren 1 TL Zucker | Saft von 1 Orange | Salz, Muskatnuss*

ZUBEREITUNG | **Marinade** | Zunächst für die Marinade alle Zutaten einmal aufkochen und auskühlen lassen.

Wildhase | Dann den Wildhasen zerlegen: Die Keulen und Schultern vom Rücken trennen und alles in die Marinade legen. Mit Frischhaltefolie abdecken und zwei Wochen lang in den Kühlschrank stellen. Danach Keulen, Schultern und Rücken aus der Marinade heben und trocken tupfen. Die Marinade abseihen und beiseite stellen. Das Fleisch von den Keulen lösen und für den Hasenpfeffer in kleine Würfel mit ca. 3 x 3 cm Größe schneiden. Den Rücken auslösen, die Rückenstränge und die kleinen Filets beiseite stellen. Für die Sauce die Knochen vom Rücken und von den Keulen mit den beiden Hasenschultern klein hacken. In einem großen Bräter oder schweren Topf in Rapsöl bei großer Hitze rasch anbraten. Dann im Backrohr bei 220 °C weitere 40 Minuten braun rösten. Anschließend das Gemüse zugeben und 30 Minuten lang mitrösten. Den Bräter aus dem Ofen nehmen und auf der Herdplatte Tomatenmark unter ständigem Rühren vorsichtig rösten, bis es leicht gebräunt ist. Das Fett abgießen, nach und nach Rotwein und den Zweigelt untergießen, bis alles verdampft ist. Anschließend mit 3 l Wasser aufgießen, Gewürze und Kräuter zugeben und drei Stunden lang bei kleiner Hitze leise köcheln lassen. Dabei immer wieder den Schaum von der Oberfläche abschöpfen. Anschließend durch ein feines Sieb leeren. ½ Liter davon für den Hasenpfeffer beiseite stellen und den Rest auf ein ¼ l Sauce einreduzieren, mit Salz, Pfeffer sowie Le Gin abschmecken und die kalten Butterwürfel einrühren.

Hasenpfeffer | Für den Hasenpfeffer das ausgelöste, klein gewürfelte Keulenfleisch in heißer Butter mit Rapsöl anrösten. Den Herd auf kleine Hitze zurückschalten und unter ständigem Rühren immer wieder mit der abgeseihten Marinade untergießen. Falls zu wenig Flüssigkeit vorhanden ist, mit der zuvor separierten Hasensauce und eventuell auch ein wenig Wasser aufgießen. Zudecken und ca. 3 Stunden weich schmoren. Abschließend zum Binden das Blut einrühren und den Hasenpfeffer dabei keinesfalls mehr aufkochen, da die Sauce sonst gerinnt.

Rosa Rücken | Für den rosa Rücken die Rückenstränge und Filets salzen und pfeffern. In einer Pfanne Butter erhitzen, das Fleisch darin bei mittlerer Hitze ca. sechs Minuten lang rosa braten. In den letzten zwei Minuten Wacholderbeeren, Rosmarin- und Thymianzweig einlegen. Herausnehmen, in Alufolie wickeln und zehn Minuten lang rasten lassen. Für die geschmorten Trauben grüne und rote Weintrauben in Butter bei mittlerer Hitze kurz anbraten. Mit Trebernbrand ablöschen und flambieren, mit Zucker und einer Prise Salz bestreuen und karamellisieren. Nach und nach den Traubensaft zugießen und die Trauben weich schmoren. Zum Schluss mit schwarzem Pfeffer würzen.

Treberngnocchi | Für die Treberngnocchi Kartoffeln gut waschen und in der Schale weich kochen. Anschließend schälen, ausdampfen lassen und noch lauwarm durch die Kartoffelpresse drücken. Die Kartoffelmasse mit Ei, Mehl, Salz und 4 cl Trebernbrand vorsichtig verkneten. Zudecken und 15 bis 20 Minuten lang rasten lassen. Aus dem Kartoffelteig eine kleine Rolle mit ca. 2 cm Durchmesser formen und alle 2 cm mit einer Teigkarte kleine Stücke abschneiden. Mit einer Gabel zu Gnocchi formen und diese in Salzwasser kochen. Achtung: Das Wasser darf nicht zu kräftig kochen, da sonst die Gnocchi auseinanderfallen. Wenn die Gnocchi an der Oberfläche schwimmen, noch ca. 2 Minuten ziehen lassen. Herausheben, in brauner Butter schwenken und mit dem restlichen Trebernbrand flambieren. Die abgelösten Blätter der Kohlsprossen in Butter anschwitzen, Preiselbeeren zugeben und mit Zucker karamellisieren, mit Orangensaft ablöschen und mit Salz und ein wenig Muskatnuss würzen.

ANRICHTEN | Die Kohlsprossenblätter mit den Preiselbeeren, den Trebernbrandgnocchi und den geschmorten Trauben auf einem großen Teller verteilen. Den Hasenpfeffer mit seiner Sauce und den in Scheiben geschnittenen Hasenrücken dazwischen arrangieren.

Fasanenbrust »Hanner«

Grüne Linsen, Wasserspatzen, Rebhuhn, Champagnerkraut Trauben & Briocheknödel

ZUTATEN | **Fasanenbrust** | *4 Fasanenbrüste* | *1 EL Trüffelbutter*
8 Wacholderbeeren | *4 Scheiben grüner Speck* | *4 Zweiglein Rosmarin*
8 weiße Pfefferkörner | *1 Lorbeerblatt, in 4 Teile geteilt* | *Frischhaltefolie*
Linsen | *120 g Linsen* | *1 Lorbeerblatt* | *Thymianzweig* | *4 Wacholderbeeren*
Liebstöckelzweig | *mit Nelken gespickte Zwiebel* | *½ l Wasser* | *Ursalz* | *ca. 20 g Butterflocken*
Wasserspatzen | *200 g glattes Mehl* | *1 dl Mineralwasser* | *1 Ei, 2 Dotter, Salz*
Champagnerkraut | *1 Spitzkraut* | *1 Zwiebel* | *1 EL Butterschmalz* | *10 g Zucker*
100 g Eiswürfel | *Muskat* | *Salz* | *Zitrone* | *Trauben*
Briocheknödel | *250 g Briochewürfel* | *2 fein gehackte Schalotten* | *1 dl Milch,*
3 EL Sauerrahm | *Salz* | *Muskat* | *weißer Pfeffer* | *gehackte Petersilie* | *2 Eier* | *1 Dotter*
10 g Butter
Rebhuhn | *2 Rebhühner* | *1 Zweig Rosmarin* | *Wacholderbeeren* | *Butterschmalz*

ZUBEREITUNG | **Fasanenbrust** | Die Brüste auf einer Frischhaltefolie mit Speck und Gewürzen verteilen, mit Trüffelbutter das Brustfleisch zur Roulade formen und die sogenannte Fasanroulade im Hold-o-Mat (= Gerät mit trockener Hitze, für das Trocknen geeignet, Alternative: Backrohr ohne Heißluftventilator bei 65 °C) bei 58 °C 8 Stunden garen. Bis zur Verwendung in der Folie kühl stellen.

Die Fasanenbrust aus der Folie lösen und leicht salzen. Mit dem Speck und den Gewürzen in Butterschmalz und unter dem Grill bräunen. Das Bratfett abgießen, ein Stück Butter beifügen (10 g) und mit 4 EL Gemüse-Hendelfond den Bratsatz lösen. Brathendelsaft abschmecken und warm halten.

Vier Würfel von je 15 g Gänsestopfleber auf einer Platte arrangieren. Mit einer Reduktion von rotem Paprika (ca. 2 EL) mittels Pinsel ausstreichen. Die so glasierten Leberwürfel mit Steakpfeffer bestreuen und im Hold-o-Mat bei 70 °C durchwärmen.

Linsen | Die Linsen rasch in Salzwasser blanchieren und anschließend eiskalt abbrausen. Mit Lorbeerblatt, Thymianzweig, Wacholderbeeren, Liebstöckelzweig, mit Nelken gespickter Zwiebel und ½ l Wasser abermals zustellen. Mit Ursalz würzen, Butterflocken beifügen und ca. 20 min köcheln, danach abseihen. Den Fond und die Kräuter jedoch auffangen sowie sämtliche Einlagen entfernen. Aus 1 dl Gemüse-Hendlfond und etwas Kochfond eine Reduktion herstellen, die Linsen beifügen und mit Zitronensaft, Muskat, Salz und Petersilie abschmecken. Abschließend mit einem Spritzer Essig und Limonenöl nochmals abschmecken und warm halten.

Wasserspatzen | Einen mittelfesten Teig herstellen, eventuell etwas Mehl nachgeben. Mit dem Löffel Spatzen abstechen, in Salzwasser kochen und ca. 5 min köcheln, danach kalt abschrecken. Bei Gebrauch Spatzen in Butter erwärmen.

Champagnerkraut | Kleines Spitzkraut in 8 Teile schneiden, den Strunk entfernen und das Kraut in feine Streifen hobeln. Die Zwiebel julienneartig in Streifen schneiden und in 1 EL Butterschmalz mit 10 g Zucker langsam schmurgeln (ohne Farbe). Kraut und 100 g Eiswürfel beigeben und zugedeckt knackig garen. Danach das Kraut erst mit frischem Champagner, eiskalten Butterflocken, Muskat, Salz und Zitrone zu einem sämigen Kraut rühren und warm halten. 5 kernlose Trauben pro Portion mit einem spitzen Messer schälen und kurz vor dem Anrichten im Kraut erwärmen.

Briocheknödel | Die Butter mit den Schalotten anschwitzen, mit Milch aufkochen und kurz ziehen lassen. Die Milch mit sämtlichen Gewürzen abschmecken und über die Briochewürfel seihen. Sauerrahm, Petersilie und Eier mit Dotter zum Schluss unterrühren. Die Masse auf einer Frischhaltefolie häufen und wie einen Serviettenknödel vorbereiten. In siedendem Wasser ca. 25 min köcheln bzw. gar ziehen lassen.
Rebhuhn | 2 Rebhühner salzen, pfeffern, bidieren (abbinden und in Form bringen) und in Butterschmalz mit Wacholder und Rosmarin von allen Seiten bräunen. Unter dem Grill ca. 15 min fertig braten und danach 10 min. rasten lassen.

ANRICHTEN | Kraut mit leicht gebundenem Saft auf einem Teller arrangieren und den Briocheknödel daneben anrichten. Den Bratensatz vom Rebhuhn mit Trüffeljus, Geflügelfond und Traubensaft ablöschen, rasch einkochen und abseihen. Das Rebhuhn von Speck und Knochen lösen und ebenfalls anrichten, mit Saft beträufeln. Eventuell eine knusprig gebratene Speckscheibe über das Rebhuhn legen.

Rebhuhn im Kohlgemüse

ROTE LINSEN AUF WIRSING & SPECKFLAN

ZUTATEN | **Rote Linsen** | *120 g rote Linsen* | *2 dl Gemüsefond* | *1 Spritzer weißer Balsamico* *1 Prise Muskat* | *Salz und weißer Pfeffer* | *20 g Butter* | *20 Liebstöckelfäden*

Kohlblätter | *8 Kohlblätter* | *1 Knoblauchzehe* | *2 Wacholderbeeren* | *Salz und Pfeffer* | *20 g Butter*

Speckflan | *½ l Schlagobers* | *150 g Speckabschnitte* | *3–4 Eier*

Rebhuhn | *4 Rebhühner* | *Salz und Pfeffer* | *4 Briochescheiben* | *4 angedrückte Wacholderbeeren*

ZUBEREITUNG | **Rote Linsen** | Rote Linsen in Salzwasser ca. 5 Minuten blanchieren und anschließend eiskalt abschrecken. Den Gemüsefond mit einem Spritzer weißem Balsamico, Muskat, Salz und weißem Pfeffer kurz einkochen lassen. Die roten Linsen einstreuen und mit eiskalter Butter sowie Liebstöckelfäden vollenden.
Kohlblätter | Die Kohlblätter in Salzwasser sämig weich kochen, eiskalt abschrecken und grob hacken. Die Kohlblätter mit einer ausgedrückten Knoblauchzehe, Wacholderbeeren, Salz, Pfeffer und Butter erwärmen.
Speckflan | Das Schlagobers mit den Speckabschnitten erwärmen, ca. 4 Stunden ziehen lassen und passieren. Mit 3–4 Eiern gut verrühren, in gebutterte Förmchen füllen und bei ca. 90 °C im Wasserbad ca. 20 Minuten pochieren. Danach auf eine Platte stürzen.
Rebhuhn | In Butterschmalz das leicht gesalzene und gepfefferte Rebhuhn goldgelb braten, dabei die Hautseite im Grill bräunen, eventuell ein Stück Speck und 1 Wacholderbeere mitbraten.
4 ausgestochene Briochescheiben mit Bratfett beträufeln und knusprig braten. Rebhuhnbrüste zum Anrichten vorbereiten (eventuell Haxerl als Ragout weiterverarbeiten)

ANRICHTEN | Je einen Esslöffel Wirsing auf den Teller geben und die Linsen mit dem Saft über den Wirsing verteilen. Briochescheiben auf das Ragout setzen, Rebhuhnbrüste auf das Brioche setzen, den Speckflan neben den Brüsten anrichten und eventuell knusprige Speckscheiben auf den Flan geben.
TIPP | Dieses Rezept lässt sich auch sehr gut mit Wachteln zubereiten.

Rebhuhn mit Schwammerlfülle

ZUTATEN | *140 g Butter* | *500 g Eierschwammerl* | *2 Rebhühner à 700 g* | *4 große Speckscheiben* *Salz, Pfeffer* | *½ Bund Estragon* | *¼ l Schlagobers* | *1 Zweig Thymian* | *150 g Kipfler*

ZUBEREITUNG | Die Eierschwammerl säubern, flüchtig in Wasser spülen und auf einem Tuch trocknen. Die Pilze dann in heißer Butter kurz dämpfen, mit Salz und Pfeffer bestreuen und erkalten lassen.
Die Eierschwammerl in die gesäuberten Rebhühner füllen, diese mit Speck fest umwickeln und in heißem Fett braten.
Die Kipfler im Salzwasser weich kochen, dann rundum goldbraun anbraten.
Dazu eine Sauce aus frischem Estragon und Schlagobers servieren. Das Schlagobers mit Estragon, Salz und Pfeffer würzen und mit Thymian einreduzieren. Die Masse aufmixen, bis eine cremige Sauce entsteht.

ANRICHTEN | Das gefüllte Rebhuhn mit den gebratenen Kartoffeln auf einem ovalen Teller anrichten und mit der cremigen Sauce umrunden.

Rebhuhn mit Weintraubensauce

ZUTATEN | *250 ml Weißwein* | *75 ml Kalbsfond dunkel* | *2 Rebhühner, küchenfertig, à 600 g* *Salz, Pfeffer* | *250 ml Rapsöl* | *1 TL Thymian, gerebelt* | *1 TL Oregano, gerebelt* | *400 g helle Weintrauben* *1 Lorbeerblatt* | *500 g Schweineschmalz* | *2 cl Weinbrand* | *1 TL schwarze Pfefferkörner, geschrotet*

ZUBEREITUNG | Die Rebhühner abspülen, trocken tupfen und innen und außen kräftig mit Salz und Pfeffer würzen. Die Weintrauben kurz in kochendes Wasser halten, herausnehmen, in kaltem Wasser abschrecken und enthäuten. Die Rebhühner mit der Hälfte der Trauben füllen, gut verschließen und mit Thymian und Oregano abschmecken.
Das Schweineschmalz mit Rapsöl in einem tiefen Blech erhitzen und die Rebhühner darin goldbraun anbraten, mit dem Weißwein und Kalbsfond ablöschen. Lorbeerblatt und geschrotete Pfefferkörner hinzufügen, den Topf verschließen, die Rebhühner nun bei mittlerer Hitze 60–70 Minuten schmoren lassen.
Dann in einer Schöpfkelle den Weinbrand erhitzen, anzünden und über die Rebhühner gießen. Die restlichen Weintrauben zur Sauce geben und 5–10 Minuten köcheln lassen.

ANRICHTEN | Das Rebhuhn halbieren, anrichten, mit der Sauce überziehen und servieren. Als Beilagen sind Kroketten und Feldsalat zu empfehlen

DESSERTS AUS MAYERLING

Obst, Beeren, Schokolade & Co

HEINZ HANNERS SÜSSE RACHE

Um möglichst anschaulich zu erklären, welchen Stellenwert die süße Küche (in der feinen Küche spricht man meist von „Pâtisserie“) im Hause Hanner einnimmt, seien dem Autor dieser Zeilen ein paar einleitende persönliche Bemerkungen gestattet.

Als Restaurantkritiker habe ich Heinz Hanners steilen Karriereweg schon seit Mitte der 1980er-Jahre verfolgt, und es verging kein Jahr, in dem ich nicht mindestens einmal in Mayerling – damals hieß das Restaurant noch „Kronprinz“ – gespeist hatte.

Eine Ausnahme von dieser Regel ergab sich nur Mitte der 1990er-Jahre. Aus Gründen, an die ich mich heute nicht mehr erinnere (und sie lagen keineswegs an Hanners Küche, sondern nur an mir), habe ich mehr als drei Jahre lang das Restaurant „Kronprinz“ geschwänzt.

Als ich nach dieser langen „Karenzzeit“ das Versäumte dann schließlich doch nachholte, war Heinz Hanner ziemlich ungnädig zu mir. „Es ist wohl klar“, leitete er das Menü ein, „dass ich nach fast vier Jahren mehr als nur ein gewöhnliches Menü machen muss, denn schließlich gilt es ja, meine kulinarische Entwicklung in fast vier Jahren aufzuzeigen.“

Ich nickte wohlwollend, denn wenn man als „Berufsesser“ nicht über eine gewisse Kondition verfügt, so sollte man diesen Beruf besser nicht wählen.

Heinz Hanner setzte seinen Plan gnadenlos in die Tat um. Einem halben Dutzend Amuse bouches folgten zwölf durchwegs recht stattliche Gänge, die von Jakobsmuscheln über Trüffeln bis Taube alle Hanner'schen Leitmotive auf köstliche Weise abwandelten. Nach der Bresse-Taube folgte dann ein Presalé-Lamm, und nachdem ich dasselbe mit letzter Kraft bewältigt hatte, rief ich ein lautes: STOPP!

„Jetzt kommen aber noch die Desserts“, sagte Hanner mit einem freundlichen, wenngleich durchaus ein wenig hämischen, ja geradezu sadistischen Lächeln zu mir. „Vier Jahre wollen abgearbeitet sein.“

„Was gibt's denn?“, fragte ich.

„Nun ja“, erwiderte Hanner achselzuckend. „Nach fast vier Jahren hat sich einiges an Dessertkreationen angesammelt – und wir haben die besten sechzehn davon zubereitet.“

„Sechzehn!?“ Der Schrecken fuhr mir durch alle Glieder. „Das wäre Mord.“

Hanner schien einzusehen, dass es mir mit dieser Feststellung tatsächlich todernst war.

„Dürfen wir die Desserts dann wenigstens zeigen?“, fragte er.

„Zeigen? Selbstverständlich. Aber ich bringe heute keinen Bissen mehr hinunter“, erwiderte ich.

Was darauf folgte, habe nicht nur ich niemals vergessen, sondern vermutlich alle Gäste, die damals Zeuge von Hanners Rache für meine lange Absenz waren: Auf drei Wägen wurde ein Dessertbuffet an meinen Tisch geführt, das durchaus für eine kleinere Hochzeitsgesellschaft gereicht hätte. Freundliche Ober stellten eines nach dem anderen an meinen Platz, ich nickte zustimmend, und dann wurde der Teller wieder weggeräumt, um dem nächsten Platz zu machen. Höflichkeitshalber stocherte ich hin und wieder mit einem Gäbelchen oder Löffelchen in einer Creme oder einem Sorbet herum – doch gegessen habe ich so gut wie nichts.

Seit diesem Abend weiß ich jedoch ganz genau, welchen Stellenwert das Thema „Dessert“ im Hause Hanner besitzt.

DER SÜSSE GESCHMACK DER KINDHEIT

Wie bei so vielen Menschen ist Süßes auch Heinz Hanners älteste und nachhaltigste geschmackliche Kindheitserinnerung. „Noch heute zergehen mir der Kaiserschmarren und der Grießschmarren meiner Mutter auf der Zunge, und dann ist da selbstverständlich auch noch dieser unverwechselbare Duft von Zimt, Bröseln und Butter.“

Butter, Brösel und Zimt – das waren auch die ersten Zutaten, mit denen Sternekoch Heinz Hanner jemals gearbeitet hat. „Ich war damals gerade sechs Jahre alt“, erinnert er sich, „und Brösel in Butter anzurösten und danach, wie ich's bei meiner Mutter

gesehen habe, mit Zimt zu bestreuen, das war meine erste selbständige Koch-Aktion."

Die einzige Konkurrenz, die den Zimtbröseln damals erwuchs, war jene von Walderdbeeren und Himbeeren, die der kleine Heinz direkt von den Sträuchern hinterm Haus pflückte. – Genau das tut er übrigens heute noch: direkt hier von den Sträuchern essen. „Wenn ich mit meinem Hund spazieren gehe und der Waldrand ist ganz rot vor lauter Beeren, dann denke ich, ich lebe schon in einer tollen kulinarischen Welt."

Mittlerweile klettert Hanner allerdings nicht mehr auf Apfel- und Kirschbäume und nascht auch nicht klammheimlich von Mamas süßen Erbsenschoten, sondern er ist unumschränkter Herr über einen anderthalb Hektar großen Obst- und Beerengarten, der voll ist von seltenen Apfelsorten, Kriecherln, Nüssen, Sanddorn, Schlehen, Dirndln, Heidelbeeren, Stachelbeeren, Ribiselstauden, Cassis, Himbeeren, Brombeeren, gelben Himbeeren und gezählten 50 Walderdbeerenstöcken. Das Schönste ist für Hanner allerdings nicht der Garten selbst, sondern die Tatsache, dass der Garten „mitten im Wienerwald mit seinen ungezählten Wildfrüchten liegt", ohne die Hanners feine Pâtisserie völlig undenkbar wäre.

MILCH & SCHOKOLADE

Milch und Schokolade sind nicht nur für Heinz Hanner die beiden Grundpfeiler jeder gehobenen Pâtisserie. Schließlich handelt es sich, wie er überzeugt ist, „um die zwei besten Milchprodukte in der Küche, die eine hell, die andere dunkel – und beide in höchster Vielfalt einsetzbar."

Die „lichte" Seite der Mayerlinger Pâtisserie arbeitet, nicht zuletzt auch aus gesundheitlichen Gründen, hauptsächlich mit Topfen, Sauer- und Buttermilch. „Es wäre aber gelogen", gibt Heinz Hanner offen zu, „wenn ich die – zumindest begrenzte – Verwendung von Schlagobers leugnen würde. Schließlich leben wir in Österreich, und Schlagobers ist nun einmal eine *Conditio sine qua non* der österreichischen Dessertküche."

Die „dunkle Seite" der Mayerlinger Pâtisserie verheißt indessen vor allem „bittersüße Genüsse" auf der Basis edelster Kakaobohnen.

Denn selbstverständlich weiß man auch in Mayerling längst, dass Schokolade geschmacklich wesentlich besser zur Geltung kommt und noch facettenreicher einsetzbar ist, wenn sie hohe Kakaoanteile von 60 bis 99 Prozent aufweist.

„Mit dem Schokoladeneinkauf halten wir es wie mit jenem von Wein", sagt Heinz Hanner: „Nur das Weltbeste kommt bei uns vor." Wobei sich dieses „Weltbeste" in Österreich dank Top-Chocolatiers wie Zotter, Bachhalm und etlichen anderen mittlerweile relativ leicht beschaffen lässt.

„Bei der Schokolade", ist Hanner überzeugt, „geht es jedoch nicht nur um die Reizung des Geschmackssinns, sondern auch um die Pflege der Psyche." Schokolade gilt nämlich, wie man aus der Gehirnforschung weiß, mit Recht als Glücklichmacher, weil sie die Aminosäure Tryptophan enthält, die wiederum eine Vorstufe des Glückshormons Serotonin ist.

„Und Glückshormone zu verbreiten", sagt Hanner lächelnd, „das sollte ja in Wahrheit die wichtigste Aufgabe jedes Küchenchefs sein – vor allem aber jene eines guten Pâtissiers."

Joghurtmousse

WALDERDBEERSORBET & MANDELKROKANTHIPPE

ZUTATEN | Walderdbeersorbet | *120 g Walderdbeeren* | *60 ml Rotwein* | *20 g Zucker*
0,6 cl Likör (Walderbeere) | *1 Eiweiß*

Mandelkrokanthippe | *300 g geschälte und gehackte Mandeln* | *150 g Kristallzucker*
100 g Butter | *50 g Glukose* | *50 g Wasser* | *2,5 g Apfelpektin*

Joghurtmousse | *500 g Joghurt* | *50 g Staubzucker* | *4 g Agar-Agar* | *1 Eiweiß* | *100 g Obers*
Zesten und Saft einer Limette | *Mark einer Vanilleschote* | *Prise Salz* | *Wiesenkräuter zum Garnieren*

ZUBEREITUNG | Walderdbeersorbet | Die Walderdbeeren mit dem Rotwein und dem Zucker weich kochen, alles in einen Mixer geben oder mit dem Pürierstab fein zerkleinern und durch ein feines Sieb passieren. Wenn die Masse etwas abgekühlt ist, den Likör zugeben und gut durchmischen, in die Eismaschine geben oder, falls keine zur Hand, ins Gefrierfach stellen und alle 5–10 Minuten umrühren. Wenn die Masse beginnt fest zu werden, das Eiweiß steif schlagen, unter die Masse heben und fertig frieren lassen.
Mandelkrokanthippe | Den Zucker mit dem Apfelpektin gut vermischen. Die Butter mit der Glukose erwärmen und den Zucker beigeben. Das Ganze kurz aufkochen und dann kühl stellen. Sobald es ein wenig abgekühlt ist, die Mandeln einarbeiten und wiederum kühlen, wenn es ausgekühlt ist, ein wenig von der Masse auf ein mit Backpapier ausgelegtes Blech geben und bei 180 °C goldgelb backen. Aus dem Ofen nehmen, in Rechtecke schneiden und in einer luftdichten Box aufbewahren.
Joghurtmousse | Das Joghurt, den Zucker und die Aromen aufkochen, dann das Agar-Agar einrühren und kalt rühren. Das Eiweiß zu Schnee schlagen und unterheben. Das Obers ebenfalls aufschlagen und unterheben, in ein mit Frischhaltefolie ausgelegtes Blech gießen und gut kühlen.

ANRICHTEN | Wenn das Sorbet gefroren ist, mit einem heißen Löffel ein Nockerl formen, und wenn es im Teller angerichtet ist, mit frischen Wiesenkräutern ausgarnieren.
2 Stück quadratische Mandelkrokanthippen pro Teller zuschneiden. Das kalt gestellte Joghurtmousse auf dieselbe Größe wie die Krokanthippen zuschneiden. Auf ein Blech mit Backpapier legen und für 5 min. bei 180 °C in den Ofen geben. Die lauwarmen Moussestücke jeweils zwischen 2 Mandelhippen legen und auf den Teller stellen.

Holundermilchschaum

ZUTATEN | *90 g Wasser* | *10 g Milch* | *Holundersirup je nach Geschmack*
3 g Xanthana (Bindemittel zum Emulgieren aller Flüssigkeiten) auf 1 l Masse

ZUBEREITUNG | Das Wasser und die Milch aufkochen, dann den Sirup einrühren und die 3 g Xanthana pro Liter hineingeben.

Dirndl-Millefeuille

von der Kornelkirsche & Maroni

ZUTATEN | Dirndlsorbet | *200 g Dirndlsaft (Zimt, Muskatblüte, Wacholderbeeren, Nelken, Piment, Kardamom)* | *4 Blatt Gelatine* | *¼ l Rotwein* | *70 g Zucker*

Dirndlgelee | *½ kg vollreife Dirndln (= Kornelkirschen)* | *250 g Kristallzucker* | *¼ l trockener Rotwein eventuell 1 EL angerührte Maisstärke*

Maronimousse | *15 g Obers* | *80 g Maronipüree* | *15 g dunkle Kuvertüre* | *1 Dotter 10 g Staubzucker* | *50 g geschlagenes Obers*

Strudelteig | *150 g Strudelteig* | *50 g Butterschmalz*

ZUBEREITUNG | Dirndlsorbet | In einem Topf Zucker karamellisieren und mit ein wenig Rotwein ablöschen. Die Dirndln und die Aromen beigeben und einmal kräftig aufkochen lassen. Anschließend bei ca. 85 °C 2 Stunden ziehen lassen und passieren. Den daraus gewonnenen Saft kühl stellen.

Die Gelatine in kaltem Wasser einweichen. Die Gelatine in ca. 20 ml Saft auflösen und rasch zu dem restlichen Saft einrühren. Danach in eine mit Frischhaltefolie ausgelegte flache Form füllen und kühl stellen. Wenn der Saft angezogen hat, in 2 x 6 cm große Stücke schneiden.

Dirndlgelee | Den Wein erwärmen, jedoch nicht kochen lassen, die Dirndln beigeben und ca. 3–4 Stunden ziehen lassen, bis die Haut der Früchte aufspringt und sie weich werden. Anschließend das Ganze passieren. Die Masse erneut aufstellen und den Zucker beigeben. Nun so lange einreduzieren lassen, bis sie geleeartig wird, oder mit Maisstärke abziehen.

Maronimousse | Das Obers mit dem Staubzucker aufkochen und über die Kuvertüre gießen. Die Masse ein wenig abkühlen lassen, den Eidotter und das Maronipüree beigeben. Anschließend das geschlagene Obers unterheben und kühl stellen.

Strudelteigblätter | Die Strudelteigblätter rechteckig mit einem Stanleymesser schneiden (eine Schablone aus Plastik schneiden oder mit dem Lineal, damit alle Rechtecke gleich groß sind). Die Blätter mit Butterschmalz einstreichen und auf einem Backpapier bei 220 °C 5–6 Minuten goldgelb backen.

ANRICHTEN | Das Maronimousse in einen Spritzsack füllen und auf die erste Strudelteigscheibe mittig dressieren. Mit einem kleinen Klecks am Teller fixieren. Ein Stück Gelee ebenfalls mittig auf die zweite Strudelteigscheibe legen. Die letzte Scheibe mit zwei Bahnen Maronipüree und einer Bahn Dirndlsauce garnieren und wieder daraufstapeln. Das Eis mit einem Löffel (oder mit einem Eisportionierer) zu einer Nocke formen und anbeisetzen.

Vanille-Fluid

ZUTATEN | *9 g Vanillezucker* | *1/16 l Beerenauslese* | *1/16 l Weißwein (Grüner Veltliner)*
2 g Xanthana (Bindemittel zum Emulgieren von Flüssigkeiten) | *Vanilleschote* | *Zitronensaft*

ZUBEREITUNG | Den Vanillezucker zu leichtem Karamell erhitzen, mit der Beerenauslese und etwas Weißwein ablöschen. Dann die Vanilleschote und etwas Zitronensaft beigeben.
Mit Xanthana mixen, bis eine Fluid-Konsistenz entstanden ist. Besonders aufpassen, denn Xanthana zieht nach. Diese Masse nun in eine Isi-Flasche füllen und verschließen. Mit einer Kapsel (Isi) Volumen erzeugen.

ANRICHTEN | Den Vanille-Fluid in einem hohen, schlanken Glas anrichten.

Feiner Apfelschaum

ZUTATEN | *1½ l Apfelsaft auf 1 l reduzieren* | *4 g Xanthana (Geliermittel, womit ich Saucen oder Gemüsesäfte eindicke bzw. festmache und diese dann bis zu 70 °C erhitzen kann)*
Vanilleschote | *Zitronensaft*

ZUBEREITUNG | Den Apfelsaft einkochen, auf die Hälfte reduzieren und mit Xanthana vermischen.

TIPP | Am besten mit dem Stabmixer verrühren.

Honigwein-Espuma

ZUTATEN | *300 g Honigwein* | *2 Eiweiß* | *3 Blatt Gelatine*

ZUBEREITUNG | Die Gelatine in kaltem Wasser einweichen, anschließend ausdrücken und mit etwas Honigwein schmelzen. Die Gelatine in den restlichen Honigwein einarbeiten. Das Eiweiß hinzufügen und eine Isi-Flasche damit zur Hälfte füllen.

Rosenwasser-Sphären

mit Marillen, Mandelaufguss & geeistem Grüntee

ZUTATEN | Rosenwasser-Sphären | *500 ml Wasser* | *6 g Xanthana (Bindemittel zum Emulgieren jeglicher Flüssigkeiten)* | *ca. 4 Tropfen Rosenessenz (SOSA), je nach Geschmack* | *5 g Zitronensäure pur (erhältlich im Einzelfachhandel) ½ EL Kandisin* | *15 g säurehaltigen Weißwein* | *2–4 g Disco Sparkle von Chef Rubber (Glitzerpulver, zum Verzehr geeignet)* | *500 ml Wasser* | *3 g Alginat (SOSA), Bindemittel aus Algen (www.spiceworld.at)* | *½ TL Zitronensäure*

Marillenröster | *100 g Kristallzucker* | *½ l Weißwein* | *1 Zimtstange* | *5 Nelken eventuell Sternanis* | *1 kg Marillen*

Mandelaufguss | *125 g Milch* | *125 g Obers* | *50 g Kristallzucker* | *2 Dotter 2–3 g Xantana* | *ca. 2 cl Mandelsirup von Monin (erhältlich im Einzelfachhandel), je nach Geschmack*

Zitronen-Apfel-Sorbet | *1 kg Zitronenäpfel* | *300 g Zucker* | *2 Blatt Gelatine Saft und Abrieb von 2 Zitronen*

Blätterteig | *1 Lage Blätterteig*

Getrocknete Rosenblätter | *200 g Rosenblätter* | *100 g Eiweiß* | *50 g Staubzucker*

ZUBEREITUNG | Rosenwasser-Sphären | Das Wasser aufkochen, Xanthana hinzufügen und mit so wenig Luft wie möglich mit dem Stabmixer mixen. Alle anderen Zutaten hinzufügen und gut abschmecken. Wasser aufkochen und das Alginat hinzufügen, gut durchmixen, mit Zitronensaft, Kandisin, Rosenessenz abschmecken und kühl stellen. Die Masse mit einem Löffel langsam in das Alginatwasser portionsweise einfließen lassen (sodass kleine Kugeln entstehen).

Marillenröster | Den Kristallzucker schmelzen, das helle Karamell mit Weißwein ablöschen, gut durchkochen lassen, bis sich der Zucker aufgelöst hat. Dann die Gewürze und die Marillen hinzufügen, kurz köcheln lassen, bis die Marillen weich sind. Gewürze entfernen und mit dem Stabmixer kurz durchmixen. Es sollen noch Stücke vorhanden sein. Keine Marmelade!

Mandelaufguss | Das Obers mit Zucker und der Hälfte der Milch aufkochen. Dotter mit dem Rest der Milch verrühren. Das aufgekochte Obers-Gemisch vorsichtig zum Dotter-Gemisch und retour zur Rose abziehen. Xanthana hinzufügen und gut durchmixen. Zum Schluss den Mandelsirup je nach gewünschter Intensität hinzufügen. Wenn der Aufguss zu dick ist, kann man ihn mit etwas Obers oder Milch strecken. Der Aufguss sollte sehr flüssig sein.

Zitronen-Apfel-Sorbet | Äpfel mit Zucker und dem Abrieb und dem Saft von 2 Zitronen sehr weich kochen und pürieren, passieren und die eingeweichte, ausgedrückte und aufgelöste Gelatine dazugeben, in den Tiefkühler geben und jede halbe Stunde mit einer Gabel durchrühren, um die Bildung von Eiskristallen zu vermeiden.

Blätterteig | Den Blätterteig auftauen lassen und sehr dünn ausrollen, am besten mit der Nudelmaschine. Maximale Stärke 1 mm, am besten noch dünner. Mit der Rollwalze löchern. Zwischen 2 Blechen bei 180 °C ca. 11 min goldgelb backen und dann in 1,5 x 1,5 cm große Streifen schneiden.

Rosenblätter | Die Rosenblätter auseinandernehmen und mit ein bisschen Eiweiß bestreichen. Die Blätter auf Backpapier auflegen, gut mit Staubzucker bestreuen und bei niedrigster Hitze im Backrohr trocknen lassen (geht am besten über Nacht). Kurz vor dem Servieren die Blätter über dem fertig angerichteten Teller verstreuen.

ANRICHTEN | Als Erstes 4 Liquid-Eier in gleichem Abstand auf dem Teller anrichten. 2 Blätterteigstreifen mit dem Marillenröster bestreichen, mit ein bisschen Mandelgrieß bestreuen und im rechten oberen Eck schräg nebeneinander hinlegen. Den geeisten Grüntee zwischen die Sphären legen und mit zerbröselten Rosenblättern bestreuen. Den Mandelaufguss apart mit einer Silbersauciere servieren.

Gelbe Himbeeren

STERNANIS & SAFRANEIS

ZUTATEN | *150 g gelbe Himbeeren* | *1 Sternanis, gerieben* | *4 Eiklar* | *50 g Zucker*
1 Rolle Blätterteig (in 10 x 4 cm große Rechtecke geschnitten) | *1/8 l Orangensaft* | *1 g Safranfäden*
5 Eigelb | *150 g Kristallzucker* | *½ l Milch* | *1/16 l Marsala* | *1/16 l Cognac*

ZUBEREITUNG | **Safraneis** | Die mit den Safranfäden aufgekochte Milch eine viertel Stunde ruhen lassen. In der Zwischenzeit das Eigelb mit dem Zucker schaumig rühren. Die Milch erneut erhitzen und in den Eigelbschaum unterheben. Die Masse eine Minute über einem Wasserbad weiterschlagen und dabei aufpassen, dass die Eiercreme nicht gerinnt. Abschließend durch ein Haarsieb gießen und unter gelegentlichem Umrühren erkalten lassen. In eine Eisform abfüllen und im Tiefkühler gefrieren.
Gelbe Himbeeren | Das Eiklar mit dem Zucker schaumig schlagen, bis es ganz steif ist, und die Himbeeren mit Sternanis, Marsala, Cognac und Zucker marinieren.
Die Blätterteigrechtecke beschweren und bei 220 °C knusprig backen (ca. 20–30 Minuten Backzeit).

TIPP | Am besten die gewünschte Knusprigkeit kontrollieren.
ANRICHTEN | Die marinierten Himbeeren auf dem Blätterteig platzieren, mit dem Eiklarschnee darauf Punkte setzen und leicht bei 200 °C Oberhitze braun backen. Abschließend ein Safraneisnockerl oder eine Kugel daraufsetzen.
GARNITUR | Vom Melissenblatt bis hin zum Zuckerkunstwerk passt alles. Der Phantasie sind keine Grenzen gesetzt.

Fencheleis

ZUTATEN | *1 g Fenchel* | *100 g Sahne* | *4 Blätter Gelatine* | *70 g Fredo pro Portion (=Bindemittel für kalte bzw. geeiste Gerichte, im Internet erhältlich bei www.spiceworld.at oder vereinzelt im Großfachhandel)*

ZUBEREITUNG | Den Fenchel sehr weich dämpfen, anschließend mit Sahne und der eingeweichten Gelatine mixen und abschließend die 70 g Sorbet Fredo einrühren. Die Eismasse in einer Schüssel im Tiefkühlschrank frieren. Wichtig: Alle halbe Stunde die Masse umrühren – für die Cremigkeit.

ANRICHTEN | Das Fencheleis in einer Porzellanschüssel oder in einem hohen Glas anrichten.
TIPP | Dazu passen ausgezeichnet Dille und Hummercracker (Asia-Shop) dazu.

Hollerdessert »Mayerling«

ZUTATEN | *600 g Joghurt* | *270 g Hollersirup* | *400 g Obers* | *7,5 Blätter Gelatine*
¼ Vanilleschote | *30 g Staubzucker*

Hollerblüten | *8 Strauben Hollerblüten* | *¼ l Hollersirup*

Zitronenmelissepuder | *250 g Malto (Bindemittel von Öl)* | *1 Bund Zitronenmelisse* | *¼ l Hollersirup*

Staberl | *4 Eiweiß* | *210 g Kristallzucker* | *Zitronenabrieb*

Basilikum Zucker | *1 Bund Basilikum* | *150 g Zucker*

ZUBEREITUNG | ¼ Vanilleschote und die Gelatine einweichen. Die Vanille ausschaben und mit Staubzucker eine Masse anrühren. Das Joghurt mit Vanille und Hollersirup zusammenrühren. Das Obers aufschlagen, die Gelatine ausdrücken und in einem Teil der Masse auflösen. Die kalte Masse zu der warmen wieder retourgeben und nochmals abschmecken. Das Obers unterheben und in die gefetteten Formen geben, tiefkühlen, ausbacken und auftauen.
Hollerblüten | Die Hollerblüten zuputzen, mit Hollersirup abspritzen und im Krokanter trocknen.
Zitronenmelissepuder | Die Zitronenmelisse im Dörrapparat max. 1 Stunde trocknen (Alternative: im Backrohr ohne Heißluft bei 65 °C mindestens 2 Stunden trocknen). Mit der Kaffeemühle mahlen, mit Malto vermengen, sodass sie schön grün ist, und etwas Hollersirup unter ständigem Rühren einfließen lassen.
Staberl | Das Eiweiß mit 20 g Zucker aufschlagen. Den restlichen Zucker mit 63 g Wasser aufkochen und auf 119 °C bringen. In einem dünnen Strahl hineinfließen lassen und mit Zitrone und Zitronenmelisse abschmecken.
Dünne Stangerl aufdressieren und im Dörrapparat trocknen.
Basilikum-Zucker | Basilikum zupfen und mit Zucker in der Kaffeemühle mahlen. Den Zucker im Dörrapparat trocknen.

ANRICHTEN | Die Schnitten versetzt zueinander auflegen, längs mit Basilikum-Zucker verbinden und am Rand 2 Striche ziehen, die die Schnitten nicht berühren. Die Erdbeeren verteilen und die frittierte Melisse hineinstecken.
Den Schaum mixen, das Staberl und die Hollerblüten auflegen und das Eis darauf platzieren.

Gelber Paradeisersalat

mit Basilikumeis

ZUTATEN | *400 ml Obers* | *600 ml Milch* | *125 g Zucker* | *8 Dotter* | *4 Eier* | *2 Bund Basilikum*

400 g gelbe Johannisbeerparadeiser | *2 EL Sesamöl* | *1 EL Rapsöl* | *20 g Staubzucker*
Saft und Abrieb von einer halben Limette

ZUBEREITUNG | Das Obers und die Milch mit dem abgezupften Basilikum erwärmen und 15 Minuten ziehen lassen. Anschließend mixen und durch ein Sieb passieren. Die Eier, die Dotter und den Zucker über Wasserdampf schaumig schlagen und anschließend die Flüssigkeit einfließen lassen und so lange über Dampf

rühren, bis die Masse leicht andickt. Die Masse sofort in die Eismaschine füllen und kalt rühren.
Die gelben Johannisbeerparadeiser waschen und Stiele und Blätter entfernen. Danach das Rapsöl, den Staubzucker und das Sesamöl leicht erwärmen und mit etwas Salz abschmecken. Die gelben Johannisbeerparadeiser hinzufügen, mit Klarsichtfolie abdecken und gut durchziehen lassen.

ANRICHTEN | Die gelben Johannisbeerparadeiser auf dem Teller verteilen, mit der Marinade beträufeln, mit der Eismasse eine Nocke formen und auf die Paradeiser setzen.

Das Beste vom Sauvignon blanc

ZUTATEN | Sauvignon blanc | *50 g Zucker* | *375 ml Sauvignon blanc* | *½ Vanilleschote*
5 Blatt Gelatine | *¼ l Stickstoff*

Reduktion | *375 ml Sauvignon blanc* | *5 g Vanillezucker (nach Geschmack)*

Brennnesselchips | *50 g Wasser* | *10 g Glucose* | *5 g Brennnesselmark* | *Maisstärke, Wasser*

Hollergelee | *125 g Hollersirup* | *225 g Wasser* | *5 g Agar-Agar* | *Zitronensäure*

Passionsfruchtkaviar | *50 g Passionsfruchtmark* | *30 g Wasser* | *10 g Zucker*
2 g Algin | *2 g Citras* | *20 g Wasser*

Kandierter Paprika | *1 Paprikaschote* | *250 g Zucker* | *250 g Wasser* | *75 g Zucker*

Cassis-Air | *0,5 L Cassissaft* | *6 g Lecithin*

Éclair | *3/16 l Wasser* | *70 g Butter* | *5 g Salz* | *140 g Mehl* | *4 Eier*

Passionsfruchtmousse | *300 g Passionsfruchtmark* | *30 g Zucker* | *5 g Xantana*

Stachelbeereneis | *180 g Stachelbeeren* | *30 g Staubzucker*

ZUBEREITUNG | Sauvignon blanc:
Die Gelatine einweichen. Sauvignon blanc auf 100 g einreduzieren und durchsieben. Den Sauvignon blanc, die Vanilleschote und den Zucker aufkochen, in den Rührkessel geben und mit dem Stickstoff zur Luft aufschlagen. In die vorbereitete Form gießen und tiefkühlen. In 10 x 3 cm große Streifen schneiden.

Brennnesselchips | Das Wasser mit der Maisstärke anmischen. Anschließend das Wasser mit Glucosepulver aufkochen, mit Maisstärke binden und mit Brennnesselmark färben. Durch ein Sieb streichen, in eine Tropfenform ca. 5 cm lang aufstreichen und im Backrohr bei 50 °C 4 Stunden trocknen

Hollergelee | Ein Blech mit Folie auslegen, alle Zutaten mischen und aufkochen. Kurz durchkochen, danach abkühlen lassen. Auf das vorbereitete Blech gießen und weiter abkühlen lassen. Anschließend in kleine Würfel (0,5 x 0,5 cm) schneiden.

Passionsfruchtkaviar | Das Passionsfruchtmark und Wasser mit Zucker aufkochen. Algin und Citras hineinmixen, auskühlen lassen und mit Wasser in eine schöne Konsistenz zum Kaviar bringen.

Kandierter Paprika | Paprika würfelig schneiden, in kalten Sud legen und aufkochen. Ziehen lassen, bis er erkaltet ist. 75 g Zucker beigeben und erneut kochen. Diesen Vorgang dreimal wiederholen, bis sich schöne Zuckerkristalle bilden.

Cassis-Air | Alle Zutaten in einem großen Gefäß zusammenfügen. Das Gefäß mit Folie halb abdecken, mit dem Stabmixer aufschäumen, 1–2 Minuten rasten lassen und den Schaum oben abheben.

Éclair | Wasser mit Butter und Salz aufkochen, Mehl hinzufügen und unter ständigem Rühren abrösten, bis es sich vom Kochlöffel löst. Mit der Rührmaschine die Eier einarbeiten. Mit Sterntülle Stangen zu je 3 cm aufspritzen und bei 210 °C 5 Minuten anbacken, bei 180 °C 20 Minuten fertig backen.

Passionsfruchtmousse | Das Fruchtmark mit dem Zucker aufkochen, wegziehen, Xantana hineingeben und ständig rühren, bis viele kleine Luftblasen in der Masse sind.

Stachelbeereneis | Die Stachelbeeren entsaften, mit Staubzucker mischen, in eine Sorbetière füllen und frieren.

ANRICHTEN |

Das Cassispulver oben und unten auf den Teller streuen.
Die Éclairs aufschneiden, mit Passionsfruchtkaviar herstellen. Die Sauvignon-blanc-Schnitte in die Mitte des Tellers legen, Èclair in die Mitte der Schnitte setzen und den Kaviar hinzufügen.
Die Cassis-Air aufschäumen, das Sauvignon-blanc-Gelee links vom Èclair streuen. Den Paprika abtropfen und rechts an die Schnitte setzen.
Das Stachelbeersorbet formen, links neben den Paprika setzen und mit Cassis Schaum garnieren.

Schokobrioche

ZUTATEN | *2 Eier* | *50 g Staubzucker* | *375 g Milch* | *30 g Germ* | *Vanillezucker* | *Zitronenschale* *450 g Mehl* | *50 g Kakao* | *50 g Butter* | *5 g Salz*

ZUBEREITUNG | Eier mit Staubzucker, kalter Milch, Germ, Vanillezucker und Zitrone verrühren. Die Masse mit Mehl zu einem Teig verrühren. Die weiche Butter und das Salz einarbeiten, 30 Minuten rasten lassen und bei 170 °C ca. 40 Minuten backen. Anschließend auskühlen lassen und in 3 x 6 cm große Stücke portionieren.

Milchrahmstrudel

AUF ROTEM RÜBENSCHAUM

ZUTATEN | *2 Lagen Strudelteig | 6 Semmeln | ¼ l Milch | 150 g Butter | 50 g Staubzucker Zitronenzesten | 10 g Vanillezucker | 5 Eidotter | ¼ l Sauerrahm | 5 Eiweiß*

Royal zum Übergießen | *500 ml Milch | 100 ml Obers | 4 Eier | 8 Dotter | 70 g Zucker*

Roter Rübenschaum | *½ l Rübensaft | 4 g Lecithin (Stabilisator für Schäume) | etwas Zucker*

ZUBEREITUNG | Die Semmeln in Milch einweichen, die Butter mit Zucker, Zitronenzesten und Vanillezucker schaumig schlagen. Die Dotter nach und nach hinzufügen, die Semmeln auswalken und beimengen. Den Sauerrahm ebenfalls hinzugeben und das Eiweiß mit Zucker zu Schnee schlagen.
In Formen füllen, 20 Minuten bei 180 °C anbacken, Royal darübergießen und nochmals 15 Minuten backen. Den roten Rübensaft auf die Hälfte einreduzieren und mit Salz, Pfeffer und etwas Zucker würzen. Zum Schluss das Lecithin einarbeiten.

ANRICHTEN | Den Strudel mit Staubzucker bestreuen und den roten Rübenschaum seitwärts darübergeben.

Schneenockerl gebacken

Böhmische Palatschinken & Kanarimilch

ZUTATEN | Kanarimilch | *3 Dotter* | *¼ dl Obers* | *50 g Zucker* | *10 g Vanillezucker* | *1 MS Kurkuma*

Palatschinkenteig | *200 g glattes Mehl* | *400 ml Milch* | *100 ml Obers* | *Vanillezucker*
Salz | *2 Dotter* | *2 Eiweiß (Schnee)* | *100 g Powidl*

Gebackene Schneenockerl | *4 Eiweiß* | *85 g Zucker* | *Prise Zimt brauner Zucker*

Sauerrahm | *Zitronensaft* | *Staubzucker nach Belieben*

ZUBEREITUNG | Kanarimilch | Die Dotter mit 2/3 Zucker über Dunst schaumig schlagen. Die Sahne mit Vanille, Kurkuma und den restlichen Zutaten aufkochen und zum Dotter gießen. Die Sauce bis zur Rose abziehen und danach abkühlen lassen.

Palatschinkenteig | Sämtliche Zutaten glatt rühren, das Eiweiß mit einer Prise Salz cremig steif zu Schnee schlagen und unter die Grundmasse ziehen. In einer beschichteten Pfanne mit Butterschmalz 4 flaumige Crepes ausbacken und mit je 1 EL Powidl füllen. Die Palatschinke auf einer Platte bei 80 °C mit Frischhaltefolie bedeckt warm halten.

Schneenockerl | Das Eiweiß mit Zucker steif schlagen, eine Prise Zimt unterheben und das Backrohr auf 180 °C vorheizen. Eine Silikonmatte auf ein Backblech legen, mit einer Teigkarte 4 Nockerl abstechen, die Nockerl auf die Matte legen, mit braunem Zucker bestreuen und ca. 10 Minuten backen.

ANRICHTEN | 2 EL Sauerrahm mit einem Spritzer Zitronensaft und Staubzucker glatt rühren. Die Kanarimilch erhitzen und auf einem Teller anrichten. Die heiße Palatschinke anzuckern und daraufsetzen. Etwas Sauerrahm darüberträufeln und das heiße Schneenockerl danebensetzen.

Süsse Schwarzwurzeln

im Graumohn · Marillensauce & Vanille-Sabayon

ZUTATEN | Marillen-Coulis | *100 g Marillen* | *15 g Zucker* | *1 EL Zitrone* | *1 MS Zimt*

Schwarzwurzeln | *12 ganze Schwarzwurzeln* | *50 g Zucker* | *Saft von einer halben Zitrone*

Vanille-Sabayon | *3 Dotter* | *¼ l Milch* | *50 g Zucker* | *10 g Vanillezucker* | *1 Vanilleschote*
10 g Creme-Pulver | *1 dl cremig geschlagenes Obers* | *100 g Graumohnbrösel*

ZUBEREITUNG | Süße Schwarzwurzeln | Geschälte Schwarzwurzeln etwa 10 Minuten im Läuterzucker weich kochen und in Butter leicht anziehen lassen.

Marillen-Sauce | Die Marillenstücke mit Zitrone und Zucker weich kochen und danach mixen.

Vanille-Sabayon | Die Milch mit der Hälfte des Zuckers, dem Vanillezucker und der Schote aufkochen. Dotter mit dem restlichen Zucker und dem Creme-Pulver glatt rühren. Das Eigelb zur kochenden Milch gießen und ca. 1 min unter ständigem Rühren aufkochen lassen, kalt rühren und in eine ISI-Flasche füllen.

ANRICHTEN | Schwarzwurzeln in Graumohn wälzen, mit der Marillensauce auf dem Teller anrichten und das Vanille-Sabayon über den Schwarzwurzeln verteilen und mit Staubzucker bestreuen.

Heisser Bitterschokoladenkuchen

PASSIONSFRUCHT – MINZ-JULEP · HIMBEER-INGWERSORBET

ZUTATEN | Bitterschokoladenkuchen | *250 g Schokolade*
250 g Butter | *5 ganze Eier* | *5 Eigelb* | *50 g griffiges Mehl* | *125 g Zucker*

Passionsfrucht-Minz Julep | *400 g Passionsfruchtsaft* | *1,5 g Xantana*
40 g Zucker | *4 Tropfen Minzöl* | *3 Isi-Soda-Kapseln* | *eventuell*
1 Schuss Whisky

Himbeer-Ingwersorbet | *900 g Himbeermark (tiefgekühlte Früchte, fein gemixt)* | *300 g Kristallzucker* | *1,5 Blatt Gelatine* | *geriebener Ingwer, je nach Geschmack und Schärfe*

ZUBEREITUNG | Bitterschokoladenkuchen | Butter schmelzen, über die Schokolade gießen und die Eier einarbeiten. Vorsicht: Es soll keine Luft in die Masse gelangen. Kristallzucker und das Mehl einarbeiten und in gebutterte Formen abfüllen.
Passionsfrucht – Minz-Julep | 1/3 des Passionsfruchtsaftes erhitzen, den Zucker beigeben und das Xanthana mit dem Stabmixer einarbeiten. Von der Flamme nehmen und den Rest der Zutaten ebenfalls mit dem Stabmixer einarbeiten. In eine ISI-Flasche abfüllen und die Kapseln eindrehen.
Himbeer-Ingwersorbet | Das Mark mit dem Zucker einmal aufkochen. Die Gelatine einweichen und mit dem Ingwer hinzufügen. Die Eismasse in eine Sorbetière oder Schüssel geben und gefrieren lassen, dabei immer wieder umrühren, damit es cremig wird.

ANRICHTEN | Den Schokoladenkuchen in einem tiefen Teller anrichten und das Minz-Julep seitwärts hinspritzen. Mit dem Eis vollenden und am Tellerrand eine Kugel oder ein Eisnockerl setzen. Foto rechts

Schokodatteln & Safran

ZUTATEN | *400 g dunkle Schokolade* | *36 getrocknete Datteln* | *2 EL Butter*
175 g gesiebter Puderzucker | *250 g ungesalzene Cashewkerne, gemahlen* | *2 Tropfen Bittermandelöl*
1 Portion Döschensafran (Pannonischer Safran), in 2 EL warmer Milch aufgelöst

ZUBEREITUNG | Mit Hilfe eines Zahnstochers oder Nagels 36 Löcher als Raster in einen Karton stanzen. Die Schokolade im Wasserbad schmelzen – darauf achten, dass die Schüssel über dem Dampf das Wasser nicht berührt – und anschließend den Topf vom Herd nehmen. Puderzucker, Cashewkerne, Bittermandelöl und Safranmilch zu einem Teig verkneten und die Datteln entkernen. In jede Dattel etwas Nussmasse füllen. Wenn die Schokolade so weit abgekühlt ist, dass sie nicht mehr zu flüssig ist, die Datteln einzeln der Länge nach mit einem Zahnstocher aufspießen und ganz in die Schokolade tauchen. Noch über dem Topf die Datteln kurz abtropfen lassen und mit dem Zahnstocher in die vorgestanzten Löcher der Schachtel stecken. Erst wenn die Schokolade trocken ist, die Zahnstocher vorsichtig aus den Datteln ziehen. Sie schmecken am besten frisch.

ANRICHTEN | In einer Schüssel servieren und dazu kann man ruhig ein Fläschchen guten österreichischen Rotwein trinken.

Topfensoufflee

MIT ZITRONENSORBET

ZUTATEN | *50 g Butter* | *5 Eigelb* | *50 g Zucker* | *250 g Topfen* | *7 g Vanillezucker*
Abrieb von einer Zitrone | *Salz*

Zitronensorbet | *380 g Zitronenpüree (von der Firma Boiron, erhältlich im Fachhandel)*
200 g Kristallzucker | *150 ml Wasser* | *Abrieb von 2 Limetten* | *2 Eiweiß*

ZUBEREITUNG | Die Butter mit Zucker aufschlagen und Dotter, Topfen und Gewürze hinzufügen. Das Eiweiß zu Schnee schlagen, vorsichtig unter die Grundmasse heben und in eine ausgebutterte Form mit Zucker füllen. Das Soufflee bei 180 °C ca. 14 Minuten (je nach Größe der Form) im Ofen backen.

Das Wasser mit dem Kristallzucker aufkochen, mit Zitronenpüree und dem Limettenabrieb vermengen und in der Eismaschine gefrieren. Sobald das Sorbet halb gefroren ist, das halb geschlagene Eiweiß hinzugeben und fertig gefrieren. Falls das Sorbet zu süß ist, kann man beim Gefrieren in der Eismaschine noch einen Schluck Sekt oder Champagner beifügen.

Kakaosauce

ZUTATEN | *500 g Wasser* | *675 g Zucker* | *112 g Milchpulver* | *150 g Kakao* | *450 g Obers*
4 Blatt Gelatine

ZUBEREITUNG | Die Gelatine im Wasser einweichen. Alle anderen Zutaten auf 102 °C aufkochen und bei 60 °C die Gelatine einrühren. Anschließend kalt stellen.

Canelés

Ein berühmtes Kleingebäck aus der feinen süßen Küche, das seinen Ursprung im Bordelais hat.

ZUTATEN | *1 l Milch* | *4 Eigelb* | *4 Eier* | *150 g Butter* | *170 g glattes Mehl* | *450 g Puderzucker*
200 g Schokolade

ZUBEREITUNG | Die Butter in der Milch schmelzen, alle anderen Zutaten ohne Luft einarbeiten und die Masse bei 180 °C ins Rohr schieben.

ANRICHTEN | Die Canelés kann man mit Karamellsauce oder Fruchtsauce servieren.

Salzburger Nockerl

ZUTATEN | *150 g Eiweiß* | *30 g Zucker* | *3 Dotter* | *1 EL Mehl*

ZUBEREITUNG | Das Eiweiß mit dem Zucker in einer Rührmaschine zu Schnee schlagen. Die Dotter und das Mehl auf den Schnee geben und locker unterheben. In eine ausgebutterte Form Früchte der Saison geben und darüber mit der Masse Nockerln formen. Bei 180 °C auf Farbe backen (etwa 15 Minuten).

ANRICHTEN | Die Form aus dem Ofen nehmen, sofort mit Staubzucker stauben und die Nockerl am besten in der Form servieren.

Lauwarmes Joghurtmousse

ZUTATEN | *1 kg Joghurt* | *4 Limonen* | *Vanille* | *Salz* | *gemahlener schwarzer Pfeffer*
100 g Staubzucker | *8 g Agar-Agar* | *2 Eiweiß* | *200 g Obers*

ZUBEREITUNG | Das Joghurt, den Zucker und die Aromen gemeinsam aufkochen. Agar-Agar einsetzen und kalt rühren. Das Eiweiß zu Schnee schlagen, anschließend unterheben. Das Obers aufschlagen und ebenfalls unterheben. In ein mit Folie ausgelegtes Blech füllen und kühlen.

Schwarzwald versus Wienerwald

Der Schwarzwald ist bekannt für seine Schwarzwälder-Kirschtorte und der Wienerwald für seine Milchrahmstrudel. Der Rezepttitel lautet zwar Schwarzwald VERSUS Wienerwald, jedoch zeigen die folgenden Rezepte, wie gut diese zwei unterschiedlichen Spezialitäten harmonieren.

ZUTATEN | Mehlloser Biskuit | *320 g Schokolade* | *160 g Butter* | *11 Eiweiß* | *200 g Zucker*
11 Eigelb

Kirsch-Ganache | *95 g Schokolade* | *95 g Obers* | *20 g Butter* | *110 g Cocktailkirschen*

Kirschgelee | *750 g Kirschsaft* | *3 g Agar-Agar*

Kirschobers | *5 Eidotter* | *90 g Zucker* | *250 ml Milch* | *4,5 Blatt Gelatine* | *220 g Obers, geschlagen*
30 g Kirschschnaps

Schokomousse | *75 g Obers* | *165 g Schokolade* | *30 g Eigelb* | *100 g Eiweiß* | *25 g Zucker*
2 Blatt Gelatine

Vanilleeis | *700 g Milch* | *2 Vanilleschoten* | *8 Dotter* | *260 g Zucker* | *300 g Obers*

Luft-Schokolade | *500 g Milchschokolade* | *65 g Öl*

Milchrahmstrudel | *Strudelteig* | *6 Semmeln* | *¼ l Milch* | *150 g Butter* | *50 g Staubzucker*
Zitronenzesten | *Vanillezucker* | *5 Eidotter* | *¼ l Sauerrahm* | *5 Eiweiß* | *100 g Kristallzucker*
140 g Sauerrahm | *30 g Vanillezucker* | *1,6 g Zimt*

Royal | *3/8 l Milch* | *3 Eidotter* | *40 g Kristallzucker* | *Vanillezucker*

Weißer Überzug | *500 g Küchensahne* | *500 g Wasser* | *20 g Gelatine* | *100 g Zucker*
5 g Vanillezucker

Kirschmousse | *300 g Kirschsaft (= 600 g reduzieren)* | *5 g Xanthana*

Kirschgelee | *700 g Kirschsaft (= 1400 g reduzieren)* | *5 g Agar-Agar*

Vanillesauce | *125 ml Obers* | *125 ml Milch* | *1 Vanilleschote* | *50 g Zucker* | *70 g Dotter*

Schokosauce | *500 g Wasser* | *675 g Zucker* | *112 g Milchpulver* | *150 g Kakao*
450 g Obers | *4 Blatt Gelatine*

ZUBEREITUNG | Mehlloser Biskuit | Schokolade und Butter schmelzen. Das Eigelb und den Zucker aufschlagen und die Schokolademischung langsam hinzugeben. Das Eiweiß mit Zucker aufschlagen und unterheben, dann das Ganze bei 180 °C 20 Minuten backen.

Kirsch-Ganache | Das Obers aufkochen, die Schokolade, Butter und klein geschnittene Cocktailkirschen hinzufügen.

Kirschgelee | Den Kirschsaft auf 500 ml einreduzieren, Agar-Agar hinzugeben, etwas auskühlen lassen und aufgießen.

Kirschobers | Die Eidotter mit Zucker schaumig schlagen. Die Milch aufkochen, zu den Dottern geben und auf 82 °C bringen. Auf Eis kalt rühren, davor die eingeweichte Gelatine hinzufügen. Das Obers aufschlagen; sobald die Masse kalt ist, das Obers unterheben und den Schnaps hinzugeben. Aufgießen und stocken lassen.

Schokomousse | Das Obers aufkochen, die Schokolade hinzufügen und die Gelatine noch darin schmelzen. Etwas erkalten lassen und die Dotter hinzufügen. Eiweiß mit Zucker zu Schnee schlagen und unterheben.

Vanilleeis | Die Vanilleschoten auskratzen und mit Staubzucker zu einer Paste mischen. Den Dotter mit 40 g Zucker, 50 g Milch und 30 g Obers mischen.

Den restlichen Zucker, die Milch und den Dotter gemeinsam mit der Vanille aufkochen. Von der aufgekochten Mischung etwas in das Dottergemisch rühren und anschließend wieder retour. Zur Rose abziehen, die Masse im Pacojet-Becher abfüllen und tiefkühlen.

Luft-Schokolade | Eine Isi-Flasche in warmes Wasser stellen. Die Schokolade schmelzen und Öl hinzugeben. In die warme Isi-Flasche füllen, so viele Kapseln wie möglich hineingeben, in eine gefrorene Form gießen und eine Nacht im Kühlschrank rasten lassen.

Milchrahmstrudel | Semmeln in Milch einweichen, Butter mit Zucker, Zitronenzesten, Vanillezucker schaumig schlagen. Dotter nach und nach zugeben. Die Semmeln ausdrücken, hinzugeben, den Sauerrahm ebenfalls. Das Eiweiß mit Zucker zu Schnee schlagen. Die Masse in Formen füllen, 20 Minuten anbacken, die Royal darübergeben, und nochmals 15 Minuten backen.

Den Strudel in den Mixer geben und mit den restlichen Zutaten zu einer Masse verarbeiten und 2 cm hoch aufstreichen. Anschließend tiefkühlen und 6 x 2 cm groß schneiden.

Royal | Alle Zutaten vermischen und zum Strudel hinzugeben.

Weißer Überzug | Alle Zutaten kalt verrühren. Im Thermomix auf Stufe 3 auf 100 °C erhitzen und wieder auf 60 °C abkühlen. Die „Milchrahmstrudel" hineingeben, auf ein Blech legen und zurechtschneiden.

Kirschmousse | Den Saft erwärmen, Xanthana mit einem Rührstab und Schneebesen einarbeiten und in einen Dressiersack füllen.

Kirschgelee | In den Saft das Agar-Agar geben, aufkochen und aufgießen. Mit dem Schneidegerät schneiden.

Vanillesauce | Die Gelatine einweichen, das Obers mit der Milch und der ausgekratzten Vanillesauce aufkochen. Die Dotter-Zucker-Mischung einrühren, abziehen und die Masse auf Eis kalt rühren.

Schokosauce | Die Gelatine einweichen. Alle anderen Zutaten auf 102 °C aufkochen. Bei 60 °C Gelatine einrühren und kalt stellen.

ANRICHTEN | Mehllosen Biskuit mit Ganache bestreichen, darauf das Gelee geben. Wieder mit Ganache bestreichen, darauf das Obers geben. Das Schokoladenmousse daraufsetzen, tiefkühlen und in 3 x 6 cm große Stücke schneiden.

Die Saucen zubereiten, Würfel schneiden und die Milchrahmstrudel für 5 min bei 180 °C in den Ofen geben. Diese zwischen den Schwarzwald setzen. Die Milchrahmstrudel aus dem Ofen geben, abflämmen und zurechtschneiden. Das Eis und die Luft-Schokolade auf den Teller setzen.

WEIN & KÄSE

ZWISCHEN KELLER UND FROMAGÈRE

KOCHEN MIT UND ZUM WEIN

Bevor Heinz Hanner in die Mayerlinger Küche übersiedelte, arbeitete er im noblen Wiener Ringstraßenhotel Imperial als Sommelier. „Spätestens seit damals weiß ich", erinnert er sich, „dass eine feine Küche ohne begleitende ebenbürtige Weine nahezu undenkbar ist." Gleichzeitig mit seiner Erkundung erlesener Geschmäcker und Aromen in so gut wie allen großen europäischen Restaurants hat Hanner daher im Laufe der Zeit auch ein höchst ansehnliches „Fahrtenbuch" durch die besten Weingüter zwischen Bordeaux, Burgund, Toskana, Piemont, Rheingau, Elsass und Rioja absolviert, das sich auch im Kellerbuch seines Restaurants in Mayerling auf höchst eindrucksvolle Weise niederschlägt.

Trotz so vieler Weinreisen kam Hanner jedoch auch immer wieder auf die Tatsache zurück, „dass Österreich in zahlreichen önologischen Disziplinen Weltspitze ist". Und dabei denkt Hanner keineswegs nur an Rieslinge, Grüne Veltliner sowie Auslesen, Ausbrüche und Trockenbeerenauslesen. Er hat vor allem „mit zunehmender Dankbarkeit erkannt, dass Mayerling inmitten eines der interessantesten Weingebiete Österreichs, nämlich in der Thermenregion liegt und mit Rotgipfler und Zierfandler über zwei unverwechselbare Rebsorten von absoluter Weltgeltung verfügt".

Doch Wein ist für einen leidenschaftlichen Koch wie Hanner trotz allem nicht „nur" ein kongenialer Begleiter für geniale Gerichte, er ist vielmehr selbst „eine der interessantesten Ingredienzen, die die feine Küche kennt". Weshalb Hanner auch unumwunden zugibt, dass er „die hohe Kunst des richtigen Abschmeckens nicht in der Küche, sondern eigentlich beim Weinkosten gelernt" hat.

WEIN ALS GESCHMACKSTRÄGER

Der wichtigste Geschmacksträger in der Küche ist – auch wenn Diätassistentinnen und Ernährungsberater das nicht gerne wahrhaben wollen – das Fett. Wer den Geschmack des Weines in seiner Sauce und damit auch auf der Zunge verspüren möchte, muss daher dafür sorgen, dass Sauce und Fett sich verbinden, und das geht so: Man erhitzt Pflanzenöl, Butter oder Schmalz in einer Pfanne und lässt darin entweder fein gehackte Zwiebeln, Schalotten oder ein anderes, möglichst saugfähiges Gemüse (z. B. Porree) glasig, aber keinesfalls braun anlaufen. Sobald das Gemüse goldgelb geworden ist und „zusammenhält", kann mit Wein aufgegossen werden. Das muss gar nicht so viel sein. Normalerweise reicht ein knapper Deziliter, den man bei relativ hoher Hitze eindampfen lässt, bis er sich mit dem Fett verbunden und im Gemüse ein für allemal festgesetzt hat. Nun kann man nach Belieben Fleisch, Fisch, Geflügel oder weitere Gemüse – etwa (nicht zu säuerliche) Tomaten oder Pilze – hinzufügen und mit Suppe oder Fond aufgießen: Der typische Geschmack des Weines wird aus der Sauce kaum noch zu vertreiben sein.

Es hängt nunmehr vor allem von der Art des Weines ab, ob die Sauce weinig oder letztlich doch essigstichig-säuerlich mundet. Sobald sich die Anzeichen mehren, dass die Sauce durch zu viel Säure nicht wirklich harmonisch gerät, können KöchInnen gezielt gegensteuern. Der Feind der Säure ist nämlich wieder einmal das liebe Fett, und mit ein, zwei Esslöffeln Crème fraîche oder Schlagobers (keinesfalls aber Sauerrahm) lässt sich so mancher Säurespitze der Garaus machen. Ein alter Trick der Meisterköche besteht auch darin, einen Schuss Pernod oder Noilly Prat in die Sauce zu gießen und ihr damit eine leicht süßliche Abrundung und auf diese Weise mehr Harmonie zu verleihen.

WELCHER WEIN FÜR WELCHES GERICHT?

Die Franzosen sprechen schlicht von „*Marriage*": also von der Hochzeit zwischen dem, was am Teller ist, und dem, was man dazu trinkt. Ob daraus eine harmonische Ehe oder eine aufreibende Beziehungskiste wird, lässt sich zwar niemals genau voraussagen, aber doch einigermaßen einschätzen, indem man vor der Eheschließung gut darüber nachdenkt.

Grundsätzlich gilt: Wenn Zutaten und Weine miteinander harmonieren, so harmoniert auch der Wein mit der Sauce. Süßwasserfische beispielsweise freuen sich über die Begleitung durch Riesling und Grünen Veltliner, und zwar sowohl im Glas als auch in der Sauce. Meeresfische und Krustentiere wiederum harmonieren eher mit weißen Burgundern und Chardonnays, aber auch mit Sauvignon Blanc. Und wenn man die Sauce dazu richtig zubereitet und einen guten Wein dafür verwendet, so kann es durchaus passieren, dass nicht nur der Wein selbst, sondern auch die Sauce einen „starken Abgang“ hat.

Auch Champagner eignet sich großartig zur Saucenbereitung, und zwar in einer relativ großen geschmacklichen Bandbreite, die von Lachs, Muscheln und Schaltieren bis hin zu Kalbskutteln reicht. Ob man tatsächlich Champagner oder lieber doch Sekt, Prosecco & Co. verwendet, ist nicht zuletzt eine Frage des Geldbeutels. Das „gewisse *Mousseux*“ sollte aber auf der Zunge noch leicht spürbar sein.

Ideale Saucen-Geschmacksträger sind auch viele Süßweine. Ob ein Ruster Ausbruch zum Kaninchen oder eine Trockenbeerenauslese aus dem Seewinkel zur Gänseleber mit Apfelscheiben – auf diesem Gebiet lassen sich wunderschöne Geschmacksspielereien mit süßen und leicht säuerlichen Komponenten betreiben. Profiköche schwören vor allem auch auf Madeira, der in der billigeren Version des „Koch-Madeiras“ in vielen Küchen als geradezu unentbehrlicher Saucenhelfer gilt.

Bei Rotweinen in der Saucenküche sollte man darauf achten, dass sie nicht zu viel Säure haben. Ein Cabernet oder Merlot (oder eine Cuvée aus beiden) kann jedoch in Saucen zu Rindfleisch, Hirsch, Lamm oder Reh unendlich viel Freude bereiten; mindestens ebenso viel Freude bereitet jedoch der Pinot Noir (Blauburgunder), der wegen seiner Aromenfülle vor allem zu Wildgeflügel, aber auch zu Hase, Ente oder Gans passt.

Und sollte die Rotweinsauce – was schon einmal passieren kann – vor dem Servieren noch immer zu wenig nach Wein schmecken, so hilft ein alter Trick der Meisterköche: Einfach einen Schuss Brombeerlikör hinzufügen, und es mundet, als hätte man nur mit den teuersten aller Weine gekocht ...

KÄSE – DAS ZUCKERBROT DES SÄUFERS

Käse ist einer der ältesten Bestandteile der feinen Küche. Das älteste bekannte Käserezept ist bereits aus der Römerzeit überliefert und stammt von keinem Geringeren als dem berühmten Kochbuchautor Apicius, der seinen Lesern verriet, wie er seine *„Sala cattabia Apiciana“* zubereitete, nämlich als Eintopfgericht aus Hühnerfleisch, Kalbsbries, Honig, Öl, Wein, Koriander, Ingwer, Rosinen, Gurken, Pinienkernen sowie einem *„caseus Vestinus“*, einer speziellen Käsesorte aus den Abruzzen.

Von Apicius führt eine direkte Brücke zu einem anderen großen historischen Feinschmecker, nämlich zum französischen Gastrosophen Anthelme Brillat-Savarin, der dem Käse seinen bis heute häufig zitierten Spitznamen „das Zuckerbrot des Säufers“ verpasste – wobei er unter „Säufer“ wohl scherzhaft einen elaborierten Weinkenner bezeichnet, wie er selbst einer gewesen ist.

Nicht zuletzt aus diesem Grund hat Hanner seine Käsekultur in die Hände von keinem Geringeren als Maître-Fromager Bernard Antony gelegt, dem regierenden „Käsepapst“ aus Vieux-Ferrette, einem kleinen Städtchen im Süden des Elsass, wo Antony dafür berühmt ist, die besten Käse der Welt nicht nur zu lagern, sondern vor dem Weiterverkauf in speziell adaptierten Reifekellern mit viel Liebe zu „affinieren“ – also bis zu jenem Moment zu verfeinern, an dem sie ihren optimalen „Punkt“ erreicht haben, der ja nicht nur bei Käse das Ziel jeder feinen Küche ist.

Da Antony keine große Lagerkapazität hat, versorgt er mit seinen Käsen nur die Besten der Besten, wie etwa die Brüder Haeberlin, Alain Ducasse oder Jean-Claude Bourgueil, das Island Shangri-La in Hongkong, das Adlon in Berlin, das Storchen in Zürich, Harrod's in London oder das KaDeWe in Berlin.

Heinz Hanner ist also, auch was die Käsekultur betrifft, in allerbester Gesellschaft.

Käsekrapfen

ZUTATEN | Teig | *500 g Mehl* | *4 EL warme Milch* | *4 Eier* | *1 TL Honig* | *150 g Butter*
1 Würfel Hefe | *1 TL Zucker* | *1 TL Salz*

Belag | *2 Eigelb* | *200 g Schafskäse* | *1 Scheibe eingelegte Paprikaschote*
2 EL geriebener Käse | *2 EL Schlagobers* | *4 EL Crème fraîche* | *Oregano, Salz*

ZUBEREITUNG | Aus den Zutaten einen Teig herstellen und diesen 1 Stunde zugedeckt rasten lassen. Käse, Crème fraîche, Oregano, Salz und gewürfelte Paprika mischen. Den Teig ausrollen und 6 Kreise ausstechen. Den Backofen auf 200 °C vorheizen.
Die Käsemasse auf 3 Teigkreise verteilen und mit den übrigen Kreisen abdecken. Die Ränder zusammendrücken und auf ein gefettetes Blech legen. Sahne, Eigelb und Käse verrühren, auf die Krapfen streichen und 20 Minuten backen.

Käsebiskuits

ZUTATEN | *100 g Mehl* | *1 ½ TL Backpulver* | *½ L Butter* | *½ Tasse Milch und Wasser, zu gleichen Teilen* | *½ Tasse geriebener Käse* | *½ TL Salz*

ZUBEREITUNG | Aus den angegebenen Zutaten einen Teig kneten und ausrollen. Formen ausstechen und im Ofen bei 180 °C ca. 12 Minuten backen.

ANRICHTEN | Als Beigabe zu Cocktails servieren.
TIPP | Diese Biskuits mit Käse können ein tolles pikantes Petits Fours sein.

Käsestrudel

ZUTATEN | *1 Rolle hausgemachter oder fertiger Strudelteig*
Fülle | *20 dag Butter* | *3 Eier* | *2 Dotter* | *4 EL Obers* | *1 Prise Salz* | *20 dag Reibkäse* | *3 dl Milch*

ZUBEREITUNG | Für die Fülle Butter, Eier, Dotter und das Schlagobers schaumig rühren. Das Salz hinzufügen und den ausgezogenen Strudelteig dünn mit der Fülle bestreichen. Mit der Hälfte des geriebenen Käses bestreuen und den Teig einrollen. In eine gefettete Pfanne geben, die Milch darübergießen und mit dem restlichen Käste bestreuen. Bei 140 °C ca. 25 Minuten im Rohr backen, bis die Milch verdunstet ist.

TIPP | Ein typisches Gericht für die fleischlose Zeit im Jahr. Herzhaft im Geschmack und sehr nahrhaft.

Ziegenkäse im Speckmantel

POLENTA, KNOBLAUCHKRUSTERLN UND VOGERLSALAT

ZUTATEN | *0,5 l Gemüsesuppe | 100 g Polenta | 250 ml Milch | 2 Zweige Rosmarin 8 Ziegenkäsemedaillons im Speckmantel (oder 2 Ziegenkäserollen und 24 dünne Scheiben Hamburger Speck) | 200 g Vogerlsalat | 2 EL Kernöl | 1 EL Apfelessig | 3 EL Suppe | Salz, Pfeffer 2 EL Kürbiskerne | 4 Scheiben Toastbrot | 2 Knoblauchzehen*

ZUBEREITUNG | Die Gemüsesuppe zum Kochen bringen, den Maisgrieß einrieseln lassen und dabei ständig umrühren. Den Ziegenkäse in 12 Scheiben schneiden, in Speckscheiben wickeln und in der Pfanne ohne Fett kurz knusprig braten. Aus Öl, Essig und Suppe eine Marinade rühren, salzen und pfeffern, damit den Vogerlsalat marinieren. Die Kürbiskerne kurz ohne Fett knusprig rösten und salzen.
Die Weißbrotscheiben entrinden, kleine Würfel schneiden und in Butter braun rösten, am Ende die Pfanne mit dem Knoblauch ausreiben und so die Croûtons aromatisieren.

ANRICHTEN | Die warme Polenta auf die 4 Teller verteilen, je 3 Käsemedaillons darauf anrichten, den Vogerlsalat, die gerösteten Kürbiskerne und die Croûtons rundherum schön arrangieren. Foto rechts

Käsesuppe & Pumpernickel

ZUTATEN | *5 dag Butter | 1 kleine Zwiebel | 10 dag Bergkäse | 10 dag Graukäse ¾ l Wasser | ¼ l Sauerrahm | 2 ganze Erdäpfel | Salz, Pfeffer, Kümmel | ½ Bund Schnittlauch 2 Pumpernickelscheiben*

ZUBEREITUNG | Die Zwiebel fein schneiden und in Butter anrösten. Rohe Erdäpfel, Bergkäse und den Graukäse klein würfelig schneiden und mit Wasser zur Zwiebel geben. 20 Minuten lang leicht köcheln lassen und würzen, zuletzt Rahm hinzufügen und noch einmal aufkochen lassen.

ANRICHTEN | Das Pumpernickelbrot würfeln, rösten und mit etwas klein geschnittenem Schnittlauch über die Suppe streuen.

Käsesoufflee

ZUTATEN | *100 g Mehl | 250 ml Milch | 6 Eier | 100 g geriebener Käse | 60 g Butter Salz, Pfeffer | Muskat*

ZUBEREITUNG | Butter und Mehl in einem Topf erwärmen und mit der Milch unter ständigem Rühren aufkochen. Vom Herd nehmen und das Eigelb unterrühren, Käse, Muskat, Salz und Pfeffer zugeben. Das Eiweiß steif schlagen und unterheben, in eine gefettete Auflaufform geben und 30 Minuten bei 190 °C backen.

ANRICHTEN | Dazu passen gute eingekochte Quitten oder Birnenkompotte.

Frischkäsefrühlingsrolle

mit Kürbiskernlack

ZUTATEN | *4 Blatt Frühlingsrollenteig | 150 g Kürbiskerne | 1/8 l Kürbiskernöl | 10 g Kristallzucker 250 g körniger Frischkäse | 100 g Sauerrahm | 2 EL Crème fraîche | 1 Karotte | 1 Bund Petersilie 1 Bund Basilikum | 3 Schalotten | Salz, schwarzer Pfeffer | 1 Eiklar | ½ l Tafelöl | 1/8 l Balsamicoessig weiß*

ZUBEREITUNG | Die Schalotten klein schneiden, die Kräuter waschen, abtropfen lassen und ebenfalls klein hacken. Die Karotte schälen und fein raspeln. Den Frischkäse, Sauerrahm und Crème fraîche zugeben und mit Salz und Pfeffer abschmecken. Die Fülle auf den Frühlingsrollenteig geben, einrollen und die Enden mit dem Eiklar bestreichen – der wie Kleber wirkt. Im 160 °C heißen Fett kurz rausbacken.
Den Zucker in einer heißen Pfanne zergehen lassen, mit Balsamicoessig ablöschen, einreduzieren und zum Schluss Kürbiskernöl hinzufügen, bis ein dicker Sirup entsteht.

ANRICHTEN | Die Frühlingsrolle in der Mitte teilen.
Mit einem Pinsel mit dem Lack einen Strich auf dem Teller ziehen.
TIPP | Verfeinern können Sie die Frühlingsrolle, indem Sie eine pikante Sauce dazu reichen und zum Garnieren nehmen Sie einfach Gartenkresse.

Hanners feine Kochwerkstatt

STREIFZUG DURCH EINE KÜCHENLANDSCHAFT

Um in Heinz Hanners Küche zu gelangen, muss man an einem Staketenzaun aus allen Hölzern des Wienerwalds vorbei und lässt während dieses langen Marsches allerlei Bar-, Aperitif- und sonstige kulinarische Präliminarien hinter sich. „Das Verhältnis der Hölzer", sagt Heinz Hanner mit dem Stolz eines Oberförsters, „entspricht proportional jenem der Mischwälder rund um Wien."

Apropos Proportionen: Aus Hanners neuer Küche allein hätte ein ökonomisch denkender Gastronom zwei Restaurants gemacht. Und auch sonst lassen sich die Räume des rundum erneuerten und von allen früher hier befindlichen Monarchie-Versatzstücken radikal entschlackten Luxushotels im Wienerwald nur mit dem Epitheton „verschwenderisch" beschreiben: weite Hinterglas-Fluchten mit viel Landschaft davor, aber nur wenigen, dafür umso schöner gedeckten Tischen dahinter.

Der Personalraum, durch den man die Küche betritt, mündet in eine Bildwand von Kinocenter-Dimensionen, vor der die Köche bei laufendem Fernsehprogramm tief Atem holen können, wenn sie nicht gerade im computergesteuerten 20-Minuten-Rhythmus auf ihre Gäste hochexplosive Geschmacksgeschosse abfeuern. Diese duften saisonbedingt meist nach schwarzen Trüffeln und tragen Namen wie Hummer mit Selleriebavaroise, Rote Rübe in der Salzkruste mit Entenleber, Sauté von der Bresse-Taube mit Erdäpfelbisquit oder Bitterschokoladen-Gâteaux mit Blutorangen-Emulsion und gebranntem Erdnuss-Sorbet.

Von einem dermaßen lichtdurchfluteten wie geräumigen und technisch perfekt ausgestatteten Küchenreich hat Heinz Hanner zwei Jahrzehnte lang geträumt, bevor er es zu Beginn des neuen Jahrtausends in die Tat umsetzen konnte.

VOM SOMMELIER ZUM MEISTERKOCH

Dabei war Hanner der Kochberuf keineswegs an der Wiege gesungen. Nach dem Gymnasium in Baden wechselte er zwar zunächst in die Hotel- und Gastgewerbeschule sowie die Tourismusfachschule St. Pölten, wo er auch die Konzessionsprüfung ablegte. „Aber sicherlich nicht, um Koch zu werden", wie Hanner beteuert, „sondern einzig und allein, um einmal das Hotel meiner Eltern weiterführen zu können."

Wesentlich mehr als das Essen beeindruckte den damals 20-Jährigen der Wein – weshalb Hanner sich auch mit Haut und Haar dem Sommelierberuf verschrieb, den er im traditionsreichen Wiener Ringstraßenhotel Imperial, vor allem bei der Eröffnung des Gourmet-Restaurants „Zur Majestät", auch einige Monate ausübte.

Am Wochenende rief allerdings die Frau Mama, eine „g'standene Köchin" aus dem steirischen Vorau, die sich „wie keine andere auf klassische Küche verstand", den umtriebigen Filius zur „Verstärkung" in den Familienbetrieb. Dort machte Hanner überall mit, wo gerade Not am Mann war, bis er endgültig in die Küche heimkehrte. Sein erklärtes Ziel: „Ich wollte neben dem Ausflugsgasthaus unbedingt mein eigenes Gourmetstüberl führen."

Die Voraussetzungen für diesen ehrgeizigen Plan waren gar nicht so schlecht. Denn neben der schon seit Kindheitstagen genossenen „Grundausbildung" in Mamas Küche hatte Hanner im Imperial „Gourmetblut geleckt" und bei den damaligen Starköchen Werner Pusswald, Wolfgang Schlüter und Sepp Zotter begierig Häferl geguckt. „Dass ich in Mayerling als Autodidakt beginnen musste", resümiert Hanner heute, „wäre schon eine starke Untertreibung."
Doch gerade wegen des im Imperial erworbenen Know-hows war Hanner klar, was er noch zu lernen hatte, um vom Koch, wie er sich das nunmehr vorgenommen hatte, zum Meisterkoch zu werden. „Die beiden ersten Kochbücher von Werner Matt und Eckart Witzigmann waren damals meine zwei Bibeln", erinnert sich Hanner heute, „und der Rungis-Express" aus Paris machte nun plötzlich auch im Wienerwald Station.
In Brigitta Lashofer, die damals als Lehrling in Hanners Hotel einzog, fand er für seine ehrgeizigen Pläne bald eine kongeniale (Lebens-)Partnerin. 1987 schrieb er sich – übrigens gemeinsam mit Johanna Maier aus Filzmoos – in einen Intensivkochkurs beim deutschen Kultkoch Dieter Müller ein – und erntete als „Belohnung" schon ein Jahr später die erste Gault-Millau-Haube. Bereits 1989 (in dem Jahr, in dem sich auch Sohn Heinz Viktor einstellte) wurden daraus zwei. 1990 übernahm Hanner den Betrieb von seinen Eltern.
„Wir haben damals sieben Tage die Woche achtzehn Stunden täglich gearbeitet", erinnert Hanner sich heute. Wobei ein wesentlicher Teil der Arbeit auch darin bestand, die Asialäden Wiens nach ausgefallenen Zutaten zu durchforsten und sie dann in neue Kreationen wie Lammhirn mit Berberitzen umzusetzen. Ein nicht weniger umfangreiches „Arbeitsgebiet" waren regelmäßige Parisbesuche und das „Lernen bei alten Meistern" wie Karl Eschlböck, Rudolf Kellner, Eckart Witzigmann oder Reinhard Gerer, bei denen Hanner damals zu Gast war.

Drei Arten von Köchen – und ein leerer Teller

„Im Grunde gibt es nur drei Arten von Köchen", philosophiert Heinz Hanner heute: „die Kopierer, die Interpreten und die Kreativen. Was mich betrifft, hoffe ich alle drei Phasen durchlaufen zu haben: nämlich das Aneignen von Techniken anderer, ihre Umsetzung in eine eigene Version und zuletzt die Qual, aus den gewonnenen Erkenntnissen neue, nie dagewesene und unverwechselbare Gerichte zu komponieren." Das Problem dabei: „Es kann einem passieren, dass man dieses Ziel tatsächlich erreicht. Doch kaum hat man das geschafft, erfährt man durch Zufall, dass ein anderer, irgendwo anders auf der kulinarischen Welt, das auch schon gemacht hat."
Hanners Ehrgeiz wurde trotz solcher gelegentlicher Niederlagen letztlich doch noch belohnt: 1996 heimste er die dritte Haube ein und wurde 1997 von Christian Millau persönlich als „Koch des Jahres" ausgezeichnet. (Der Verfasser dieser Zeilen, der am Tisch von Monsieur Millau speiste, erlaubt sich, an dieser Stelle das verbürgte Zitat des französischen Gourmetpapsts einzufügen, der meinte: „So gut wie hier habe ich in Österreich überhaupt noch nie gegessen.")
Das Millennium brachte Heinz Hanner schließlich den ersten Michelinstern und animierte ihn zu jenem großen Umbau des gesamten Mayerlinger Anwesens, das seit 2007 zwei Michelinsterne trägt.
Wenn man Heinz Hanner nach dem Geheimnis dieses Erfolgs befragt, so lächelt er (was er gerne tut) ziemlich verschmitzt und meint: „Das wahre Geheimnis ist immer ein leerer Teller. Nichts auf der Welt ist für einen Koch und einen Gast spannender als ein Teller, auf dem sich – noch – nichts befindet. Ein leerer Teller ist immer eine Verheißung."

Rezeptregister

c+c pfeiffer
Das Beste für die Gastronomie
COOK 2.0
C+C PFEIFFE
ALS ZUVER-
LÄSSIGER
PARTNER!
„Weil das Beste für die Gastronomie
von der Beratung über den Service
hin zu Auswahl, Qualität und Preis –
mein Garant für zufriendene Gäste i
Heinz Hanner
DIE ZUTAT
MEINES
ERFOLGSREZEPTS:
8720 Spielberg • 1220 Wien • 4600 Wels
5071 Salzburg/Wals • 8055 Graz/Seiersbe
4050 Traun • 2345 Brunn am Gebirge
www.ccpfeiffer.at